AF269523

Naturaleza humana
y espiritual

HAROLD MOSKOVITZ

Naturaleza humana y espiritual

EDICIONES OBELISCO

Si este libro le ha interesado y desea que le mantengamos informado
de nuestras publicaciones, escríbanos indicándonos qué temas son de su interés
(Astrología, Autoayuda, Ciencias Ocultas, Artes Marciales, Naturismo,
Espiritualidad, Tradición...) y gustosamente le complaceremos.

Puede consultar nuestro catálogo en www.edicionesobelisco.com

Colección Estudios y documentos
NATURALEZA HUMANA Y ESPIRITUAL
Harold Moskovitz

1.ª edición: junio de 2018

Corrección: Sara Moreno
Maquetación: Juan Bejarano
Diseño de cubierta: Enrique Iborra

© 2018, Harold Moskovitz
© 2018, Ediciones Obelisco, S. L.
(Reservados los derechos para la presente edición)

Edita: Ediciones Obelisco, S. L.
Collita, 23-25 - Pol. Ind. Molí de la Bastida
08191 Rubí - Barcelona - España
Tel. 93 309 85 25 - Fax 93 309 85 23
E-mail: info@edicionesobelisco.com

ISBN: 978-84-9111-359-1
Depósito Legal: B-12.491-2018

Printed in Spain

Impreso en España en los talleres gráficos de Romanyà/Valls, S.A.
Verdaguer, 1 - 08786 Capellades (Barcelona)

Agradecimientos

Este libro se basa en cincuenta años de estudio, enseñanza y aprendizaje sobre nuestra naturaleza como seres humanos y como seres espirituales.

Agradezco a los miles de estudiantes que a través de sus preguntas y experiencias personales me han guiado a una comprensión más profunda de la vida, la condición humana y nuestra naturaleza espiritual. Primero quisiera agradecer a Flordeliz Valer Contreras, mi esposa, quien me guio, me apoyó emocionalmente y trabajó conmigo en este viaje de autodescubrimiento y comprensión. También a Carolina Ortiz Letora, presidenta de Luz Dorada International, que ha apoyado constantemente la difusión de esta información y me ha ayudado a aclararla y refinarla. Y Cristian Sosa por ayudar a continuar estas enseñanzas en México.

Ha habido muchas manos, cerebros y espíritus que han ayudado en la redacción y edición de este libro, sin cuya participación el libro aún estaría incompleto: Abril Gonzales, Elena Vilches, Henry Rafael, Natalie van Put y Josue Tirado Valer.

Y me gustaría agradecer a Guillermo Alcántara que nos proporcionase los medios para tener un lugar permanente para Desarrollo Luz Dorada en México para continuar la expansión de estas ideas, que así la felicidad, la confianza y la abundancia se manifiesten en las vidas de todos los mexicanos.

La vida como la conocemos no solo abarca el mundo material, sino también el mundo espiritual o «no físico». Es así que también me gustaría agradecer a mis maestros espirituales, por supuesto mi madre, padre y padrastro, Levanah, Lewis Bostwick, Baba Muktananda, mi maestro budista tibetano, mi profesor de energía de polaridades, Pierre Pannitier, y a Merlín, Buda, El Cristo y el Ser Supremo.

Gracias a todos, os invito a vivir en vosotros mismos, ya que es una experiencia de enseñanza y aprendizaje sin fin.

Gracias.

Harold Moskovitz

Prólogo

La mayoría de la gente vive en automático, sin preguntarse por qué la vida es de uno u otro modo y sin cuestionarse siquiera quiénes son ellos mismos. Por razones principalmente fundamentadas en el miedo a lo desconocido, desde pequeños nos han enseñado a ridiculizar a quien piense y actúe diferente. El sistema de creencias con el que hemos sido programados no le permite a la gente sentirse cómoda con algo que se oponga o sea diferente a sus creencias. Por ejemplo, ¿qué haría la mayoría de las personas si un indigente les intentara regalar dinero en lugar de pedírselo? Es probable que muchos reaccionen con desconcierto, otros con miedo y algunos más con violencia, pues este acto desafía el concepto de lo que asumían que era un indigente.

Planteemos otro ejemplo, digamos que un niño puede predecir las cosas que van a pasar en el futuro; si su madre tiene la creencia de que predecir el futuro es imposible o un pecado para ella esto sería *malo* porque se desvía de lo que consideramos normal. Ante el miedo y la incertidumbre, ella concluirá que lo más conveniente sería llevarlo al médico para recibir una explicación que se adecúe a lo que ella considera posible. Probablemente, el médico le diagnosticaría al niño alguna enfermedad mental y sugeriría un tratamiento que atentaría contra sus facultades y su personalidad... ¿Cómo es posible que se haga eso con los niños sólo porque, según los adultos, su comportamiento no es *normal*? ¿Por qué se limitan y reprimen sus capacidades psíquicas si esto lastima su desarrollo? El niño de este ejemplo no está enfermo, sencillamente su consciencia está muy despierta.

La mayoría de las personas durante su infancia fueron criadas con la idea de que las cosas eran tal como su mamá les decía. Su mamá concluyó que así era el mundo porque eso fue lo que le dijo su madre, quien a su vez lo aprendió de su respectiva madre. ¿Te das cuenta del patrón en nuestro aprendizaje? Durante generaciones aceptamos la realidad sin que se nos ofreciera una explicación lógica o convincente y nunca se nos concedió la alternativa de expresar una opinión diferente sin que se nos mirara con sospecha o desconfianza. Analizando cómo nuestros entendimientos se han moldeado de acuerdo a las creencias de otras personas, sería oportuno preguntarnos ¿de dónde viene esta manera de actuar?

En las estadísticas de la Organización Mundial de la Salud (OMS),[1] se observó que en el año 2012 perecieron 56 millones de personas en el mundo. De esa cifra, el 68 por 100 murió de enfermedades no contagiosas, es decir, de enfermedades autocreadas como cáncer, diabetes, neumopatías, enfermedades de los riñones, etc. Estoy seguro de que en este momento se están preguntando a qué me refiero al insinuar que las personas son las responsables de crear sus enfermedades. A lo largo de este libro aclararemos por qué estos padecimientos son *enfermedades autocreadas* y trataremos de responder a qué se debe el gran deseo de morir de todas esas personas y cómo es posible que seamos nosotros mismos la fuente de nuestra muerte.

Por otro lado, según las estadísticas del Instituto Nacional de Estadística, Geografía e Informática (INEGI)[2] en México cada año se registran 5 190 suicidios, lo que sitúa a este país como el noveno en la lista de países con más suicidios en el mundo. A su vez, durante los últimos años se ha dado un incremento considerable de este fenómeno en niños menores de diez años. ¿Qué está ocurriendo en una sociedad en la que los niños deciden renunciar a su vida?

Muchas de las personas que han tomado los cursos de Sanación en Desarrollo Luz Dorada han revelado que en algún momento de su infancia desearon morir debido a la desvalorización que vivieron por parte de sus padres, familiares y gente de su entorno. Las estadísticas de la OMS también arrojan que la causa principal de muerte en el mundo

---

1. Centro de prensa de la Organización Mundial de la Salud, portal electrónico: http://www.who.int/mediacentre/factsheets/fs310/es/index2.html.

2. Portal electrónico de la Universidad de Guadalajara, datos arrojados del 5.º curso: «Riesgo suicida: clasificación e intervención», que se llevó a cabo con motivo del Día Mundial en Prevención del Suicidio: http://www.cucs.udg.mx/principal/noticias/archivo-de-noticias/el-suicidio-es-la-segunda-causa-de-muerte-en-m-xico.

son las enfermedades cardiovasculares; tres de cada diez personas fallecen por ello,[3] lo cual, desde el punto de vista espiritual, quiere decir que las personas sufren de una profunda desvalorización y su reacción ante ésta es un fuerte enojo que se expresa en el colapso de su sistema cardíaco.

Gran parte de las enfermedades no contagiosas guardan gran relación con las características del sistema capitalista, el cual nos incita constantemente a probar nuestro valor como personas a través de objetos materiales. Desde que somos niños, nuestra valía se ve condicionada a factores externos, se nos dice, por ejemplo: «Tú no vales si no tienes...», «Tú no cuentas si no eres...», y esto a nivel energético promueve nuestra propia muerte, lo cual explicaremos a detalle a lo largo del libro.

La cultura de la muerte está fuertemente arraigada en las sociedades, esto se puede observar en muchas de nuestras prácticas, entre ellas en el ámbito médico, el cual, si bien ha avanzado en muchas áreas, sigue sujeto a las leyes del paradigma que lo rige. Por ejemplo, para hacer un trasplante consiguen un órgano sano que sea compatible con el sistema de una persona con una enfermedad sin considerar que ese sistema ya está programado para degenerarse, de manera que si el receptor no ha cambiado sus patrones emocionales, el órgano se dañará de nuevo.[4] En muchos casos médicos, los seres humanos son tratados como máquinas que no *deben* dejar de funcionar, premisa que contradice nuestra verdadera naturaleza espiritual.

Al sistema social contemporáneo no le interesa la integridad humana, sino lo que podamos producir y consumir. Dejamos de ser personas para convertirnos en engranes de la máquina del *progreso,* de manera que cuando llega el día en que ya no somos aptos para integrarnos a esta lógica de *ser productivos,* se nos relega del sistema tal como ocurre

---

3. Organización Mundial de la Salud (2012), «Las 10 principales causas de defunción en el mundo», http://www.who.int/mediacentre/factsheets/fs310/es/index2.html.

4. Información extraída del documental *Los mensajes del agua,* donde usando como referencia los experimentos de Masaru Emoto, se explica cómo las moléculas del agua responden a patrones emocionales; igual que nuestro cuerpo que es aproximadamente un 80 por 100 agua. https://www.youtube.com/watch?v=01gYfRr4boI.

con los mayores o las personas con alguna discapacidad. Incluso la ciencia médica colabora en esta estrategia, lo cual se evidencia, por ejemplo, en el caso de la gente que queda en estado vegetal o en coma durante años. A ellos no se les pregunta si quieren o no seguir viviendo, simplemente se les conecta a respiradores artificiales, anulando su libre albedrío y reduciendo la vida humana a las funciones biológicas más básicas. ¿Cómo es posible que se prolongue la estancia en este planeta de alguien que claramente ha decidido dejar de vivir?

La muerte está presente incluso en la forma en la que la gente se alimenta; empresas como Monsanto, dueña del 90 por 100 del mercado mundial de semillas transgénicas, usan productos químicos para la agricultura que afectan gravemente la salud no sólo de los seres humanos, sino también de los animales. Se vende y distribuye comida modificada genéticamente para generar una muerte prematura o una vida deficiente; los seres humanos están comiendo veneno, pero no les parece real porque no son testigos del proceso y porque aparentemente no pueden ver los efectos en su organismo. Sin embargo, las evidencias de estas prácticas son avasalladoras, por ejemplo, en el 2010, en Estados Unidos, Monsanto fue condenada a pagar 2,5 millones de dólares por cometer más de 1700 violaciones a los códigos de bioseguridad.[5]

La crueldad y la violencia del sistema también se expresan en los alimentos de origen animal, y esto se puede observar, por ejemplo, en lo normal que nos parece llamar a un lugar *matadero*. La manera en la que los animales son asesinados para proveer de carne al mundo es atroz, aunado a que mientras son criados se les inyectan esteroides y otras combinaciones artificiales de hormonas para que engorden y crezcan más, como si el único fin de su existencia fuese estar a disposición de los humanos.

En el marco de los preparativos para los Juegos Olímpicos de Pekín 2008, un encargado del Comité Olímpico de Estados Unidos encontró en una pechuga de pollo de medio kilogramo esteroides suficientes

---

5. SDP Noticias (2013), *Ética y transgénicos: Monsanto y la pobreza alimentaria,* https:// www.sdpnoticias.com/columnas/2013/05/29/etica-y-transgenicos-monsanto-y-la-pobreza-alimentaria.

para que todos los atletas que la consumieran dieran positivo en el examen antidopaje.[6] Cada vez se hace más visible lo pernicioso que resulta para la salud el consumo excesivo de carne; de hecho, en el año 2015 la OMS publicó un informe del Centro Internacional de Investigaciones sobre el Cáncer (CIIC) en el que se reveló que el consumo de carne roja y carnes procesadas se asocia con cáncer de colon, recto, páncreas y próstata;[7] lo que confirma que pocas veces somos conscientes de qué tipo de sustancias estamos permitiendo entrar a nuestro cuerpo.

Quiero aclarar que de ninguna manera estoy tratando de persuadir al lector para que deje de comer carne, sino que mi intención es explicar de qué manera contribuimos directa o indirectamente a la cultura de la violencia, pues los animales, al igual que nosotros, también son tratados como mercancía. Sin embargo, es posible crear otras formas de consumo, por ejemplo, en el Tíbet hay budistas que comen carne,[8] pero a diferencia de lo que comúnmente ocurre en un matadero, ellos honran al animal antes de matarlo o comerlo, agradeciendo su sacrificio y procurando siempre evitar su sufrimiento.

Las sociedades son más violentas cada día y en ellas el valor y la honra a la vida humana se han desdibujado casi hasta el grado de volverse invisibles. Vemos personas capaces de matar a sus semejantes por algo tan banal como un teléfono móvil o una cartera, y mientras los humanos nos empeñamos en destruirnos los unos a los otros, hay animales que demuestran incluso más compasión por otras especies que nosotros mismos; pero ¿cómo es eso posible si llevamos más de 30.000 años de evolución desde que aparecieron los primeros *Homo sapiens?*[9] ¿A qué se debe que en tantos milenios de evolución hayamos desarrollado más la crueldad que el amor? En este libro el lector encontrará información que le permitirá identificar la programación a la que ha

---

6. Diario *El País* (2008), «Pechugas de pollo llenas de esteroides», extraído de *The New York Times,* http://elpais.com/diario/2008/03/13/deportes/1205362810_850215.html.

7. Organización Mundial de la Salud, «Carcinogenicidad del consumo de la carne roja y de la carne procesada», http://www.who.int/features/qa/cancer-red-meat/es/.

8. Radio *La Voz de Rusia* (2012), *XIV Dalái Lama: el vegetarianismo no es necesario,* http://mundo.sputniknews.com/spanish_ruvr_ru/radio_broadcast/23054910/63665187/.

9. Charles Darwin (1859), *El origen de las especies,* John Murray Pub.

sido sujeto, crear su propia interpretación de lo que implica ser humano y construir nuevos entendimientos para su propia vida.

La violencia, como todos los actos que involucran una emoción negativa, envuelve nuestro campo energético hasta que caemos en la ilusión de que la realidad es de esa manera. En su ensayo *Lo que realmente quiere el tío Sam (2012)*, el escritor estadounidense Noam Chomsky[10] narra una anécdota que lo ejemplifica claramente: «En el instituto aprendí boxeo. Para ello teníamos que pelear con un amigo como *sparring*. Bien, después de un rato de golpes, realmente quería hacer daño a mi mejor amigo [...]. ¿Significa esto que el sentimiento de matar es innato? En ciertas circunstancias surge ese deseo incluso con tu mejor amigo. [...] Pero hay otras circunstancias en que prevalecen otros aspectos del género humano. Si se quiere crear un mundo más humano, hay que cambiar las circunstancias».

Chomsky se basa en la idea de que el instinto de matar es innato a la naturaleza humana y está en lo cierto, aunque únicamente en circunstancias de sobrevivencia. En su ejemplo, él estaba en medio de una pelea, lo cual pudo detonar en su cerebro la alarma de que su cuerpo estaba en peligro, por lo tanto tuvo el impulso de atacar a su adversario. Por otro lado, hace alusión a que son las circunstancias las que determinan la emoción del individuo. En capítulos posteriores hay referencias científicas que demuestran que las moléculas de un cuerpo reaccionan a su entorno, que es precisamente lo que Chomsky quiere demostrar.

Si las circunstancias del sujeto cambian, sus emociones también; en otras palabras, si la persona logra *desprogramarse* de su entorno violento, dejará de ser violenta para comenzar a vivir en armonía consigo misma y, por ende, con los demás. En este sentido, la organización internacional Desarrollo Luz Dorada, fundada por Harold Moskovitz, durante décadas ha enfocado múltiples esfuerzos para invitar a las personas a identificar las creencias que las han llevado a interpretar el mundo de determinada manera y transformar el paradigma de violencia que hasta entonces habían asumido como único y verdadero.

______

10. Noam Chomsky (2012), «Lo que relamente quiere el tío Sam» en *Cómo funciona el mundo, conversaciones con David Barsamian*, Siglo XXI Editores.

¿Cuánta gente educa a sus hijos basándose en la amenaza, el castigo y los golpes? En Latinoamérica existe la idea de que una nalgada a tiempo puede prevenir que el individuo se vuelva una *mala* persona. Dentro de unos cuantos capítulos se hablará del error que existe en los conceptos de *bueno* y *malo,* pero ¿acaso no es absurdo pensar que con violencia se va a prevenir que el niño más tarde se convierta en delincuente? Sin embargo, se cree que es así porque la gran mayoría de las religiones han mostrado que el aprendizaje se obtiene a través del castigo y el sufrimiento, incluso afirman que nuestros penares complacen a Dios. Consecuentemente han creado la imagen de un Dios *bully,* castigador y amenazante al que hay que complacer constantemente para evitar su ira; creencia que carece absolutamente de sentido cuando comprendemos que la naturaleza Dios es fundamentalmente el amor.

Gran parte de los conflictos armados se gestan *en nombre de Dios;* de hecho, según el International Institute for Strategic Studies,[11] en 2013 las guerras se cobraron 112.900 vidas, sin contar otras atroces prácticas como las miles de niñas que son obligadas a soportar la tortura de la ablación genital, que consiste en la extirpación total o parcial de los genitales femeninos externos, o a las mujeres musulmanas que son lapidadas por enseñar apenas dos centímetros de la piel de su tobillo.

¿Dios querría que se hicieran todas esas cosas en su nombre? ¿Por qué, si Dios es amor, muere tanta gente por conflictos religiosos? Basta con recordar la Inquisición, período en el que miles de personas murieron bajo el pretexto del catolicismo. En palabras del escritor y ocultista francés Eliphas Levi: «En Dios todo es justicia, ya que todo es bondad; nunca perdona la conducta de los hombres porque él nunca se enfada como ellos».[12] Es decir, Dios no castiga porque no juzga, él fundamentalmente ama su creación y honra su libre albedrío, no obliga a nadie a obedecerlo; sin embargo, son los hombres, como especie, quienes han creado religiones para beneficiarse de ellas.

---

11. Miguel Máiquez (2014), «Gaza, Ucrania, Siria, Irak, Sudán del Sur... 13 conflictos que empañan el mundo ahora mismo», *20 minutos,* edición España: http://www.20minutos. es/noticia/2197753/0/guerras/actuales/mundo/#xtor=AD-15&xts=467263.

12. Eliphas Levi (1859), *Historia de la magia,* Ed. Humanitas.

Progresivamente se ha perdido la empatía, el sentido tanto del valor humano como del planeta. Estamos tan inmersos en el egoísmo que no somos capaces de ver que cada una de nuestras acciones conlleva una consecuencia a nivel ambiental. Por ejemplo, de los casi 4000 millones de hectáreas de bosque que cubren la superficie terrestre (un poco más del 30 por 100 de su área total), cada año se pierden cerca de 7,3 millones. Desde que empezó la agricultura, hace 11.000 años, los bosques del mundo se han reducido en un 40 por 100.[13]

A lo largo del libro se emplean sustantivos en forma femenina para referirse al universo y al planeta; es decir, hablamos de *la universa* y *la planeta* porque éstas son energías femeninas, receptoras y dadoras de vida. Sin embargo, durante milenios los hombres han rechazado este lado de la existencia, viéndolo como una amenaza y no como un complemento. El machismo es una de las principales causas de enfermedades a nivel global; esto lo he podido constatar a través de décadas de investigación en las que, gracias a intensos estudios y a los miles de casos que he tratado, concluí que las creencias y conductas machistas desencadenan osteoporosis, miomas, quistes, cáncer de matriz y de seno, así como cáncer de próstata, pues esta actitud no sólo afecta a las mujeres, sino a toda la sociedad.

Las emociones negativas gobiernan muchas de nuestras decisiones y nublan nuestros entendimientos hasta tal grado que perdemos la perspectiva de las capacidades espirituales que nos son innatas. Nos olvidamos de que cada uno de nosotros es creador de su propia vida, y en vez de asumirnos como tales, buscamos a quien responsabilizar o culpar de lo que nos acontece. En muchos casos recurrimos a la figura de Dios para atribuirle cuanto pasa en nuestra vida; no en balde son sumamente comunes expresiones como «gracias a Dios», «es la voluntad de Dios» o «si Dios quiere».

Igual que buscamos la causa, también queremos encontrar en el exterior la solución; acudimos al médico para que sane nuestro cuerpo, al psicólogo para que nos diga cómo manejar nuestras emociones y

---

13. Mundo Terra (2007), «Los bosques del mundo continúan reduciéndose», http://www. terra.org/categorias/articulos/los-bosques-del-mundo-continuan-reduciendose.

al sacerdote para encontrar paz espiritual; y todo esto porque no nos hemos dado cuenta de que todo cuanto requerimos para transformar nuestra vida está en nosotros mismos. Muchas personas piensan que deben *encomendarse* a Dios porque ignoran que ellos son una expansión de la divinidad y, por tanto, pueden crear cuanto deseen. Como dice la sabiduría popular: «Ayúdate a ti mismo y Dios te ayudará».

Generalmente, las personas ponen su vida en las manos de alguien más debido a que han desarrollado una baja autoestima que no les permite reconocer su propio valor ni su rol como creadores de su vida. La ilusión de que estamos *indefensos* nos hace manipulables ante las exigencias del sistema, y aprendemos a comportarnos de maneras que no nos hacen sentir cómodos por el solo hecho de que así lo dictan los parámetros sociales. Quizá a muchos no los hace felices trabajar en una oficina y lo que en realidad quieren hacer es dedicarse al arte o a viajar por el mundo, pero el sistema de creencias dicta que todo individuo *debe* tener un trabajo fijo y rutinario para ser considerado una persona de *éxito,* pero ¿quién determinó que ese estilo de vida era tener éxito? Ninguna persona en *la planeta* tiene un punto de vista universal de la consciencia humana, puesto que todo cuanto conocemos es relativo. Incluso hay creencias que durante milenios fueron absolutamente aceptadas, para después de un tiempo ser refutadas. Como ejemplo de esto, citaremos el momento en el que Charles Darwin expuso su teoría de la evolución y fue sujeto de críticas, pues hubo un grupo de personas que defendían la teoría creacionista del mundo, la cual sostiene que el único y absoluto creador de todo cuanto existe es Dios. Ellos tildaron de loco a quien después sería conocido como uno de los más grandes científicos de la historia.[14]

La mayoría de nosotros fuimos educados para vivir sintiendo miedo. Tememos a lo desconocido, al cambio y a todo aquello que signifique modificar nuestro sistema de creencias. Con tal de no enfrentarnos a la crítica, al rechazo o a la burla, nos obligamos a aceptar situaciones con las que interiormente no estamos conformes, permitiendo entrar

---

14. Pablo Jauregui (2009), «Darwin vs Dios», http://www.elmundo.es/especiales/2009/02/ciencia/darwin/seccion4/seccion41.html.

a nuestra vida una serie de emociones negativas que desencadenan enfermedades. En este sentido, podríamos referirnos, por ejemplo, a los millones de parejas que siendo infelices se mantienen unidas por sus hijos, por situaciones económicas o incluso por temor a la soledad. Según la División de Estadísticas de las Naciones Unidas, a nivel mundial, Bélgica es el país con la mayor tasa de divorcios, el 70 por 100, seguida por República Checa, Portugal, Hungría y España, que registran el 60 por 100.[15] ¿Qué pasa? ¿Por qué las relaciones no son felices? ¿Por qué las tasas de divorcio son tan altas?

Ahora que hemos esbozado de manera general el panorama actual del mundo, me gustaría preguntaros, ¿creéis que es posible vivir de otra manera? Justo en este momento nos encontramos en la antesala del despertar, pues el planeta Tierra está viviendo grandes transformaciones energéticas. Estamos a punto de dar el primer paso en un viaje a través de la consciencia del ser humano; un viaje que Luz Dorada inició desde hace décadas y en el que nos han acompañado miles de personas alrededor del mundo que decidieron tomar las riendas de su vida y convertirse en los arquitectos de su realidad. ¡Bienvenido a esta travesía hacia tu propia esencia!

15. Negocios 1000 (2015), «Ranking de países con la tasa de divorcios más alta de todo el mundo», http://derivados.negocios1000.com/2014/05/ranking-paises-tasa-divorcios-mas-alta-mundo.html.

Recomendación al lector

Al leer este libro, es posible que experimentes una disonancia cognitiva, comúnmente llamada congelamiento cerebral. Ocurre cuando no se puede procesar más información. Si esto sucede, deja el libro por unos minutos y sal a caminar o mira por la ventana buscando relajarte.

Nuestro cerebro cuenta con la capacidad innata de formar nuevas rutas de conexión neuronal con cada nuevo pensamiento. Sin embargo, debido a que la información de este libro va en contra de todo lo que nos han enseñado, estarás en un constante choque de creencias que pueden conllevarte a una disonancia cognitiva.

Me gustaría explicar más sobre este fenómeno y luego, al final de esta sección, ofrecerte a ti, querido lector, una técnica para ayudarte a aliviar o sosegar la disonancia cognitiva. Técnicas adicionales se presentaran a lo largo del libro para liberar creencias que han dominado nuestras vidas y las han enfermado.

Todos tenemos la capacidad de volver a aprender. Pero hemos sido programados desde nuestro nacimiento para no usar esta habilidad; de hecho, hemos sido condicionados a lo largo de nuestra vida para no aprender nuevas formas de conceptualizar nuestras vidas.

Ésta es la razón por la cual la gente se adormece momentáneamente cuando les enseño los conceptos de este libro en mis seminarios. Y es probable que esto suceda en el trascurso de esta lectura. Lo que he llegado a comprender es que las personas experimentan disonancia cognitiva, básicamente, cuando reciben demasiada información que no pueden procesar. Al igual que una computadora, el cerebro necesita un reinicio.

Es una experiencia muy común y ha sucedido muchas veces, especialmente cuando estoy enseñando esta información.

La disonancia cognitiva se muestra cuando la gente se adormece, sin embargo, la razón de este suceso es emocional y no física, como solemos pretender al creer que nuestro cuerpo está cansado.

Lo que entiendo y veo en su aura cuando esto sucede es que mientras experimentan las técnicas en mis seminarios, las personas tienen una sobrecarga entre la comprensión cognitiva y emocional.

A pesar de que es una capacidad natural para todos nosotros generar nuevas conexiones neuronales, la disonancia cognitiva ocurre en mis seminarios y libros porque van en contra de todo lo que hemos sido programados para creer. El 99 por 100 de nuestras suposiciones sobre la vida provienen de la programación religiosa, que se basa en la fe (que es una mentira) y no en la autoconfianza y autovaloración.

Todo se nos enseña bajo la idea de que «la vida es así porque es así». Ésa es la explicación y la justificación de la autoridad, lo correcto y lo incorrecto, el machismo, el racismo, el clasismo, etc. El problema con este tipo de pensamiento excluyente es que causa una mentalidad en la cual la gente puede decir: «Tú no estás en mi religión por lo tanto no tienes ningún valor». Éstas son distorsiones que las personas han aprendido a aceptar como verdad a través de la programación religiosa.

Se indica que la disonancia cognitiva ocurre cuando la persona no puede procesar más información. Pero eso no termina de ser cierto. Lo que realmente está sucediendo es que la información que se intenta procesar está en contradicción con la información que se ha aprendido. Entonces, ¿por qué no pueden procesar diferentes tipos de información? Porque a las personas se les ha enseñado a no pensar y no usar la razón. En cambio, se las instruye para confiar en la fe, lo cual es ilógico en el sentido del abandono y la ausencia del reconocimiento de la propia capacidad creadora que cada uno de nosotros posee.

La fe es no comprender, no cuestionar, no razonar. Entonces eso es lo que le sucede a las personas cuando leen este libro que contiene información tan diferente de todos sus entendimientos basados en conceptos religiosos; ni siquiera saben que éstos son conceptos religiosos. Y por eso las personas tienen muchas dificultades para procesar esta información. Nunca se les dijo que lo que están aprendiendo (y enseñando a sus hijos) son sólo creencias. Porque nuestra capacidad de analizar y cuestionar ha sido programada fuera de nuestra sociedad.

Cuando las personas leen este libro o asisten a uno de mis seminarios, a menudo experimentan una disonancia cognitiva debido a la programación de no pensar, de no razonar, de no entender, de no cuestionar. Sin embargo, uno aprende a eliminar la disonancia cognitiva aprendiendo las técnicas de los seminarios de Desarrollo Luz Dorada.

A continuación y al final de los primeros cuatro capítulos encontrarás técnicas de energía y conciencia que te ayudarán a procesar la información del libro.

Disonancia cognitiva - Técnica 1

Si ahora estás experimentando una desconexión emocional abrumadora,
aquí hay una pequeña técnica que te ayudará:

Mientras estás sentado, imagina que desde tu sacro, un rayo de energía
se extiende hacia abajo a través de tu silla, a través del piso, hacia la tierra,
6000 kilómetros directamente hacia el centro de la tierra (núcleo de la tierra).

Este rayo de energía se conecta al centro de la tierra.

Ahora respira profundamente y envía toda esta energía negativa, emociones
y creencias confusas por este rayo de energía.

Éste es tu cordón de contacto al centro de la tierra, donde esta energía se disuelve.

Si todavía sientes energía negativa y confusa, repite la técnica tres veces.

Una escuela para la vida

Un día, iba caminando por una feria de mi ciudad, Santiago de Chile, y me encontré de frente con una cámara fotográfica muy rara. Lo extraño de esa sensación era que sólo unos días atrás había despertado con la «loca» idea de querer saber cómo era mi aura. Y de pronto, aquel día estaba frente a una maquina extraña que desató mi absoluta curiosidad. Me acerqué y pregunté qué hacía ese artefacto, y la persona que estaba a cargo me dijo... «Es una cámara que saca fotos del aura. Si deseas, después, te la interpreta ese señor que está ahí», me respondió. Ese hombre era Harold Moskovitz.

Me entusiasmé y muy emocionada me acerqué a Harold para mostrarle mi foto. Quería que me interpretara los colores de mi aura, que en ese momento tenía mucho verde y un rojo intenso. Harold miró la foto y de manera amable, pero sin mostrar ningún tipo de emoción, me dijo que veía en mi aura mucho enojo guardado desde mi infancia, y siguió conversando con las personas que se le acercaban. Fue muy rápido y directo. Me miró a los ojos como quien adivina mi curiosidad y frustración por haber querido tener otro tipo de respuesta, y antes de retirarme me invitó a asistir una conferencia que daría al día siguiente en un prestigioso hotel de la ciudad.

Me fui molesta. No me gustó lo que me dijo y salí a regañadientes diciéndome a mí misma que nunca más quería ver a ese señor. En la noche, en mi casa, no podía dormir. Las palabras de Harold estaban en mi cabeza, y me daban vueltas y vueltas. En un momento pensé «¿Por qué estoy tan enojada?». Por más que en mi cabeza retumbaba todo tipo de respuestas negando esa afirmación, lo cierto es que cuanto más tiempo pasaba sobre mi almohada, más veces comenzaba a brotar desde el fondo de mi corazón un solo pensamiento: «Estoy enojada porque tiene razón en lo que me dijo».

Ése fue el momento en que la claridad comenzó a abrirse paso en mi vida para encontrarme con una nueva etapa de entendimientos, oportunidades y desafíos. Un mundo nuevo se abrió ante mis ojos.

Yo había estudiado otras técnicas de meditación y sanación, como reiki y energía universal, pero la información no me cerraba. Sentía que no era completa y que algo me faltaba y entonces decidí ir a la conferencia. Debo admitir que sentí algo de pánico cuando al llegar vi que había más de quinientas personas pugnando por entrar. Aun así, me senté adelante y Harold empezó a explicar «el proceso de manifestación». Al principio lo escuchaba con miedo. Por momentos con frustración. Pero a medida que él iba hablando, todo poco a poco comenzó a tener sentido para mí. ¡Fue maravilloso! Entendí como es que creamos nuestra realidad, entendí que lo que no me gustaba de mí, y mis limitaciones eran consecuencia de programación de mi infancia. Entendí rápida y profundamente que la felicidad, que mi felicidad, estaba en mis manos.

Salí de la conferencia mirando la vida de una forma diferente. Desde entonces, mi vida, y estoy segura que la de miles de personas que han leído o escuchado a Harold Moskovitz, es otra.

En este libro, Harold expone magistralmente los temas centrales que todo ser humano necesita entender para vivir libremente sin estar sujeto a estructuras falsas que sólo buscan condicionarlas para servir a estas estructuras sociales creadas por el hombre, en vez de servir a la integridad y felicidad de uno mismo.

Reconocer y experimentar que somos espíritus con cuerpo y no cuerpos con espíritu cambia el norte de nuestras vidas. Entender que nuestras experiencias son consecuencia de nuestras creencias nos entrega la libertad de cambiarla y cambiarnos según nuestras preferencias.

Si integramos esta información, cambiamos el paradigma de cómo funciona la vida, y al mismo tiempo nos da la responsabilidad de comunicarlo para asumir los cambios que son urgentes y necesarios en *la planeta*.

Dejar de vivir en nacionalismos, dejar de alimentar guerras, dejar de alimentar el dolor y la pobreza. Honrar la infancia. Realmente educar, que significa «sacar de adentro» en vez de «formar» o imponer creencias en los niños. Disfrutar de nuestra vida y de nuestros cuerpos, educar en confianza en vez de en desconfianza, dejar de alimentar miedos, envidias y celos, son parte de las enseñanzas que nos brinda Moskovitz.

Porque somos espíritus con cuerpos y no cuerpos con espíritu, lo que implica que naturalmente vivimos con autoestima y compasión. Todo lo contrario a lo que la mayoría del mundo experimenta, que es la creencia de que nuestra existencia no es suficiente y que tenemos que demostrar nuestro valor frente a un Dios.

Ésta es la creencia que nos dice que «no somos suficiente», ni «valiosos», que «no merecemos» y que por lo tanto todo en nuestra vida es una prueba.

Esta obra maestra que tienes en tus manos nos enseña que la vida es una oportunidad compleja, pero no complicada. Lo que complica la vida somos nosotros, que así la vivimos y por tanto la creamos.

Estamos en el jardín del Edén, pero lo convertimos en un infierno. Nos cuesta aun entender que como seres divinos en cuerpos físicos, tenemos el derecho a vivir en honor y amor.

Este libro es la esencia de la nueva «Escuela para la Vida». Gracias Harold Moskovitz por compartir y dar conocimiento. Por ayudarnos a entender, liberar y renacer.

Carolina Ortiz
DIRECTORA DE LUZ DORADA INTERNACIONAL

Capítulo I

Nada es lo que parece

Quizá hoy en día nos parezca absurdo pensar que la Tierra es el centro de *la universa*,[16] sin embargo, hubo un momento en la historia de la humanidad en que insinuar lo contrario nos habría costado la vida. Remontémonos al siglo XVI, cuando no había telescopios y lo único que podíamos conocer del cosmos era lo que nuestra limitada vista nos revelaba. Sin embargo, en esos días existió un hombre que creía que si Dios no tenía límites, entonces el universo que creó tampoco. Giordano Bruno recorrió Europa predicando su visión, confiando en que quienes también amaban a Dios abrazarían la idea de que su creación no tenía fin y que cada estrella podía ser un sol que alumbrase millones de planetas como el nuestro; pero Bruno fue demasiado ingenuo, pues la sociedad rechazó su idea y sobre él cayó la segregación, el castigo y la burla. Finalmente, la Inquisición, institución de la Iglesia Católica encargada de controlar el pensamiento, lo apresó y durante ocho años lo sometió a torturas para que aceptara que estaba equivocado.

¿Por qué la Iglesia tendría tanto miedo a lo que un solo hombre pudiera pensar? Sencillamente porque sus opiniones contradecían sus libros sagrados y ello representaba un riesgo para su autoridad. Finalmente, Bruno fue condenado a morir en la hoguera, pero para él, que defendió la premisa de un universo tan inconmensurable como Dios,

---

16. Como mencionamos en el prólogo, nos referimos al universo en femenino porque todo el mundo físico es producto del lado femenino de Dios. Antes de existir todo, existía Dios, y en su infinita curiosidad por conocerse a sí mismo se dividió en dos, y su lado femenino fue quien recibió su impulso creador que se materializó en *la universa*.

la muerte era una alternativa más honrosa que vivir en un mundo limitado por las creencias de sus gobernantes. Diez años después de su ejecución, Galileo empleó el primer telescopio, demostró que Bruno estaba en lo cierto;[17] y lo que para la Iglesia era una herejía, resultó ser una de las revoluciones científicas más grandes de la historia.

Ahora pensamos en un caso más cotidiano, ¿recuerdas cuando, por ejemplo, querías jugar al futbol con tus hermanos pero tu mamá no te lo permitía porque decía que eso *era sólo para varones?* ¿O aquella vez que quisiste ayudar a preparar la comida y tu papá te regañó por tratar de hacer algo que era *obligación* de las mujeres? ¿Quién definió qué actividades eran para uno u otro género? ¿Quién dictó esas reglas? ¿Por qué nos obligaron a obedecerlas? ¿Cuántas veces durante tu infancia te hiciste esas preguntas y simplemente te dijeron «Es así, porque así es la vida»?

Si estás leyendo estas páginas es porque ya has iniciado un viaje hacia tu autoconociemiento y te interesa descubrir quién eres y qué existe detrás de esta ilusión a la que llamamos realidad. La primera escala en este recorrido es revisar los paradigmas que comúnmente obstruyen nuestro camino hacia la introspección, pero ¿qué es eso de los paradigmas?

Thomas Kuhn, en su obra *La estructura de las revoluciones científicas* (1962), define al *paradigma* como «el conjunto de teorías aceptadas, valores y prácticas científicas dentro del cual un determinado campo de la ciencia opera».[18]

En términos coloquiales, un paradigma es la manera en la que entendemos nuestra existencia, nuestra realidad, la naturaleza y *la universa*. Podría decirse que un paradigma es un modelo de la realidad, un mapa que nos permite guiarnos en ella, sin embargo, tal como dijo Alfred Korzybski (1931),[19] padre de la teoría de la semántica general, «el mapa no es el territorio»; en otras palabras, los paradigmas no son una

---

17. Información extraída del programa televisivo *Cosmos, A Space Time Odyssey,* episodio 1, «Hacia la Vía Láctea, y más allá».

18. Thomas Kuhn (1962), *La estructura de las revoluciones científicas,* University of Chicago Press.

19. Alfred Korzybski (1931), «A Non-Aristotelian System and its Necessity for Rigour in Mathematics and Physics», un artículo presentado ante la American Mathematical Society.

copia absolutamente fiel de la realidad. Toda la información que hemos obtenido hasta ahora es el resultado de las preguntas que muchas personas se han formulado desde hace miles de años, las cuales fueron respondidas de acuerdo al contexto y la experiencia de cada cultura, generando como consecuencia un intenso avance en el conocimiento y, al mismo tiempo, una multiplicidad de teorías y posturas.

Todo lo que constituye la realidad, la ciencia, el arte, la literatura, la religión, la educación, la historia, los idiomas y sus reglas ortográficas, incluso el comportamiento humano, está regido por paradigmas. Sin embargo, todo en *la universa* está en movimiento, incluido el conocimiento, y actualmente han surgido diversas corrientes que están cimbrando el paradigma científico vigente, el cual se sustenta en la premisa de que lo único verdadero es lo que se puede medir, observar, controlar y predecir.

Según Kuhn, los paradigmas atraviesan por un proceso de cuestionamiento colectivo que se inicia con eventos que le resultan inexplicables. La mayoría de las veces estas anomalías (sucesos que se salen de la *norma)* son ignoradas o rechazadas hasta que se demuestra que pueden explicarse con el pensamiento del nuevo paradigma; ante esto, el paradigma vigente rechaza el nuevo modelo, ridiculizando a sus defensores. Podemos ejemplificarlo de manera sencilla:

—Mamá, he visto a mi abuelo en el sillón donde solía sentarse.

—¿Qué? ¿Pero qué dices? ¡Tu abuelo ya falleció! ¡Es imposible que lo hayas visto!

—¡Pero lo he visto, mamá!

—¡No! Tú estás mintiendo y nada de lo que dices tiene sentido.

Ésta es una exageración de la respuesta habitual de las personas ante un evento inexplicable. Tal como en el ejemplo, los argumentos que comúnmente se utilizan para descalificar al nuevo modelo de paradigma suelen ser inconsistentes. En este caso, la reacción de la madre sigue una creencia que fue enseñada por sus padres, sus abuelos y así sucesivamente.

También es frecuente que las personas traten de explicar la supuesta anomalía desde los entendimientos del paradigma existente:

—Tranquilo, hijo, realmente no pasó nada, fue sólo tu imaginación, extrañas tanto al abuelo, tienes tantos deseos de verlo que te lo has imaginado así, tan real.

—No, mamá, yo no estaba pensando en él; realmente **lo he visto.**

—Eso no puede ser, hijo.

O incluso es posible que encontremos explicaciones que partan de algún otro sistema de creencias, como el de la religión:

—¡Oh, Dios mío!, hijo, estás viendo fantasmas, creo que podrías estar poseído por algún demonio.

En cualquier caso, la aceptación o rechazo del nuevo modelo, a menudo, ridiculiza a sus defensores:

—Esas cosas no son reales, hijo, estás loquito, ya no digas tonterías...

Tras atravesar por un período de rechazo, el nuevo paradigma gradualmente gana aceptación y sus fenómenos característicos son tomados como reales. De acuerdo a una frase que se le atribuye a Arthur Schopenhauer (1836), filósofo alemán: «Toda verdad atraviesa tres fases: primero, es ridiculizada; segundo, recibe violenta oposición; tercero, es aceptada como algo evidente».[20] Por su parte, Max Planck, físico alemán considerado el fundador de la teoría cuántica, expuso que «las nuevas verdades científicas no triunfan convenciendo a sus oponentes haciéndoles ver la luz, sino, más bien, sus oponentes eventualmente nacen y mueren, es decir, pasan generaciones hasta que hay una que está totalmente familiarizada con ella».[21]

Con base en el surgimiento de teorías alternativas, es posible concluir que nada es más importante que la consciencia, puesto que es más trascendente que el espacio, el tiempo o la materia. Este tipo de entendimiento, a pesar de haberse originado cientos de años atrás,

---

20. En Mukesh Kapila (2014), *Objetivo Darfur.* Ediciones Rialp.

21. Max Planck (1949), *Scientific Autobiography and Other Papers.* Ed. Edhasa.

está revolucionando el paradigma existente y cuestionando el conocimiento científico actual. Es decir, la ciencia presenta hoy en día una serie de dificultades al no poder explicar muchas de las manifestaciones que están sucediendo en *la planeta*. Diferentes campos de la ciencia se han dado a la tarea de modificar su propia esencia, revolucionando desde lo profundo sus principios ontológicos y cuestionando sus propias teorías acerca de cómo está constituida la vida y *la universa*.

Con respecto a esto, el escritor estadounidense Thomas Merton (1915), uno de los personajes más influyentes en el campo de la espiritualidad, tenía la siguiente convicción:

«Si nos adentramos en las profundidades de la existencia de nuestro ser indefinible, resultaría ser nuestro **"Yo"** en sus raíces más profundas. Al cruzar lo profundo del centro, pasamos al profundo del ser, del **"Yo soy"**, lo que se conoce como el **"Todo poderoso"**, es decir, Dios que se encuentra en mí, **"Yo Soy Dios"**».[22]

Otra aportación con respecto a este tema fue la que Hans Peter Dürr (1929), físico alemán, concluyó en su estudio del funcionamiento real de la materia: «La revolución que ha tenido lugar no sólo ha demostrado que la materia ha desaparecido, sino que también la energía ha desaparecido. Lo que se ha puesto de manifiesto es que la cosmovisión ontológica ya no es válida, en el sentido de que las cosas existen, sean partículas o energía, puesto que sólo existe la unión».[23]

Todas estas hipótesis expuestas por hombres dedicados al estudio científico ponen de manifiesto la transformación que se avecina en nuestra forma de pensamiento, sin embargo, mi propósito no es sólo abordar esta revolución dentro de la ciencia, sino en los cuatro niveles de la existencia humana: físico, emocional, mental y espiritual; y con

---

22. Thomas Merton (1999), *La montaña de los siete círculos.*

23. Diario *Siglo XXI* (2014), «Para la física cuántica el ser humano está unido a todo», http://www.diariosigloxxi.com/texto-diario/mostrar/177586/para-la-fisica-cuantica-el-ser-humano-esta-unido-a-todo#.PIT27qq6lY8wSca.

ello lograr una comprensión más profunda de la realidad y de nosotros mismos.

La acción de rechazar o ridiculizar los nuevos paradigmas es sumamente común, pero ello no quiere decir que sea natural. Lo «normal» y lo «natural» no son conceptos idénticos, es decir, el hecho de que algo nos parezca habitual no necesariamente lo convierte en parte de nuestra naturaleza. Por ejemplo, el comportamiento violento de las personas no es natural, aunque sí bastante común puesto que lo hemos aprendido.

Lo mismo ocurre con el miedo a lo desconocido, pues desde pequeños hemos sido programados para temerle a lo que ignoramos. En nuestro estado natural de consciencia, la reacción innata sería la curiosidad y el entusiasmo ante el descubrimiento de nuevas experiencias, sin embargo, al ser instruidos para considerar lo desconocido como peligroso, reaccionamos con miedo y solemos castigar o ridiculizar al que es curioso. Al momento de repetir y perpetuar la transmisión de esta reacción, la convertimos en creencia, por lo que pensamos que es un estado *normal* de nuestra persona. Entonces, ¿significa que nuestra respuesta natural a lo desconocido es la curiosidad? Es correcto, sentir gozo y entusiasmo corresponde a nuestra verdadera naturaleza.

Por ejemplo, imagina un bebé gateando libre y feliz en el piso, descubriendo y tocando todo lo que tiene enfrente. Este bebé no siente miedo, sino curiosidad; si encuentra algo al alcance de su mano lo tomará y seguramente lo llevará directo hacia su boca. ¿Cuál será la reacción común de la madre al observar este comportamiento?

—¡No, deja eso donde estaba, es peligroso y te puedes morir con esa cosa en la boca!

La madre estará enviando imágenes de desconfianza y muerte hacia el bebé, enseñándolo a sentir miedo. Es precisamente ahí donde aprendemos a relacionar lo desconocido con la posibilidad de morir. La emoción de adquirir conocimiento es la reacción natural de la consciencia. En cambio, cuando reaccionamos con burla, negación o resistencia, significa que actuamos en defensa de nuestros paradigmas, que como hemos mencionado anteriormente, están fundados en el miedo y también en la baja autoestima ¿Por qué digo que en la baja autoestima? Porque cuando no creemos en nosotros mismos, ni en nuestra divinidad interior, estamos expuestos a la manipulación del sistema y somos más propensos a creer que cada cosa que nos dicen es verdadera. No obstante, cuando descubrimos que todo lo que nos han dicho que es «real» no es más que una interpretación de la realidad, empezamos a darnos cuenta de que sólo podemos confiar en nuestra propia esencia. La cuestión es: si no nos conocemos, valoramos y amamos, ¿seremos capaces de confiar en nosotros mismos?

¿Quién soy yo y por qué existo?

Si alguien te preguntara *¿quién eres?* ¿Qué responderías?... ¿Tu nombre? ¿Tu profesión? ¿Tus rasgos físicos? ¿Tus relaciones de parentesco? ¿Soy la mamá de...? ¿Soy el esposo de...? ¿La hija de...? Estas respuestas son etiquetas que describen a la persona que te han dicho que eres, pero en realidad dicen poco de ti mismo. El *quién soy,* tan popular en múltiples corrientes místicas y espirituales, tendrá respuesta sólo mediante nuestro autodescubrimiento. Somos espíritus encarnados, seres divinos poseedores de capacidades infinitas que haciendo uso de nuestro libre albedrío, hemos elegido esta realidad y la Tierra como nuestra casa. Nosotros decidimos quiénes serán nuestros padres, nuestro trabajo, nuestro color de piel, cada una de las características que poseemos y actividades que realizamos. Por eso que resulta tan importante conocer y comprender de dónde provienen nuestras creencias y discernir si son realmente nuestras y si estamos de acuerdo con ellas, ya que éstas influyen en cada una de nuestras decisiones.

A través de este libro vamos a conocer cómo funciona nuestro sistema energético, el aura y los chakras, el cual trabaja a todas horas, sólo que la mayor parte del tiempo no nos damos cuenta de ello. Al aprender a utilizarlo conscientemente, también descubrirás cómo atraer hacia tu cuerpo a la parte más elevada de nuestro espíritu, a la que llamaremos Ser Superior, y cómo emplear la energía de la Tierra para fortificar tu cuerpo y tu espíritu.

Nosotros nos encarnamos en la Tierra con cada una de nuestras capacidades divinas en funcionamiento, pero a lo largo de nuestra crianza, sobre todo en los primeros tres años, estas capacidades se van mermando a consecuencia de la forma en que somos enseñados a interpretar el mundo. Es frecuente que los niños sean quienes hacen un mayor uso de sus facultades creativas, pero gradualmente anulan sus capacidades originales con tal de «encajar» en el esquema de lo que sus padres consideran lo «correcto» o «aceptable».

Nuestra consciencia ancestral nos lleva a cuestionarnos asuntos tan profundos acerca de nuestra constitución y procedencia como: «¿Por qué estoy aquí?» o «¿Por qué esto me sucede a mí?». Todos estamos capacitados para contestar estas preguntas porque cada uno de nosotros tiene acceso a esa consciencia que almacena millones de recuerdos adquiridos tanto en esta encarnación como en vidas pasadas. No obstante, cuando alguien nos pregunta quiénes somos, nuestra respuesta suele ser: «Soy Harold, estoy aquí porque trabajo como...» o «Estoy criando a mis niños para que sean...» o «Estoy estudiando para ser...», etcétera.

Para definirnos recurrimos a categorías y funciones que otros nos han asignado y olvidamos que únicamente dentro de nosotros mismos, en la sublime esencia de nuestro ser, está la información para responder a todas estas preguntas. El *Yo* o *Ser Superior* forma parte de cada uno de los seres humanos que cohabitan *la planeta*, y podría definirse como el nivel de la consciencia que se encuentra más elevado y directamente conectado con Dios o la Consciencia Universal. El Ser Superior no busca fuera de sí las respuestas ni responsabiliza a otros de sus problemas, pues en él está almacenada la sabiduría de *la universa*. Nosotros somos una parte de Dios y somos Dios por completo expresándose en una parte.

Como seres espirituales encarnados en cuerpos físicos, hemos elegido venir a la Tierra para experimentar esta realidad a través de los sentidos. Estamos dotados con la capacidad para elegir nuestras experiencias, y al igual que Dios, podemos recurrir a ella en cada situación. Pese a esto, siempre nos preguntaremos acerca de nuestro origen y nuestro papel en la realidad: ¿quién nos creó, cómo lo hizo y por qué?

¿Lo que conocemos es todo lo que existe? ¿Hay algo más allá de lo que percibimos con los sentidos?

Parte de estos cuestionamientos han sido abordados en textos antiguos como los *Upanishads,* los libros sagrados del hinduismo,[24] y más recientemente por la física cuántica. Al indagar dentro de nuestra propia constitución sabremos quién y cómo es el artífice de todo lo creado, de tal manera que al explorar la naturaleza de *la universa* también iremos adentro de nosotros mismos.

Es un hecho científicamente admitido que el átomo posee sólo un 0,1 por 100 de energía, mientras que el resto de su constitución es espacio vacío.[25] Si consideramos que cada cosa que compone *la universa* está conformada de átomos, habría que preguntarnos ¿cómo puede estar vacío todo lo que comprendemos como realidad física si la podemos ver y tocar? Esto ocurre simplemente porque, en el sentido más estricto de las palabras, no estamos viendo ni tocando, sino *percibiendo* vibraciones energéticas, y no me refiero únicamente a nuestro espíritu, sino también al cuerpo que, dentro de su propia densidad, percibe un conjunto de átomos en movimiento y constante modificación. Somos energía pura y nada de lo que constituye cada uno de nuestros cuerpos (mental, espiritual, físico y emocional) es sólido, sino que se encuentra en un nivel vibratorio determinado que en la mayoría de los casos sólo

---

24. Los *Upanishads* son sagradas visiones espirituales de los hindúes expresadas principalmente entre los siglos VIII y IV a. C., aunque siguieron apareciendo hasta el siglo XV d. C. Los *Upanishads* son probablemente los primeros textos verdaderamente filosóficos de los que tenemos conocimiento. Por primera vez de manera escrita, introducen al hombre a la autorreflexión y al autoconocimiento para conocer lo divino y alcanzar la liberación. *Enseñanzas de los Upanishads: el que se conoce a sí mismo conoce el Ser del universo,* http://pijamasurf.com/2015/06/las-ensenanzas-de-los-upanishads-el-que-se-conoce-a-si-mismo-conoce-el-ser-del-universo/.

25. Esta aseveración tuvo su auge en el siglo pasado, como reflejo de la mecánica clásica, la cual sostenía que la distancia entre el núcleo del átomo y los electrones era espacio vacío. Sin embargo, tras el surgimiento de la teoría de la mecánica cuántica, el concepto moderno del vacío cambió y ahora es entendido como un campo cuántico, lleno de ondas que surgen al azar aquí y allá. En mecánica cuántica, las ondas también tienen características de partículas, de modo que el vacío cuántico se describe a menudo como un mar de partículas de vida breve. *La nada no está vacía,* http://www.quo.es/ciencia/la-nada-no-esta-vacia.

nos *parece* sólido. Lo que vemos como materia es, de algún modo, una condensación atómica que conserva de igual modo su naturaleza energética.

Nuestros cuerpos están diseñados del mismo modo, son energía pura y poseen la capacidad de darnos una cantidad indeterminada de información, sin embargo, por lo regular usamos muy pocas de sus facultades reales. Sólo ahora, con el auge de la física cuántica, hemos logrado acercarnos un poco a nuestra esencia multidimensional, lo que nos ha permitido modificar esta estructura lineal de pensamiento mediante la inclusión de nuevas perspectivas acerca de la naturaleza humana. Es así como muchas disciplinas alternativas y tradicionales reconocen hoy en día que la intuición o percepción de vibraciones forma parte de nuestra estructura original.

Considerando que todo en *la universa* está conformado por energía vibratoria, podríamos decir, aunque suene radical, que todo cuanto existe dentro de las fronteras de la órbita del electrón es energía en movimiento, y siendo así, científicamente hablando podríamos decir que nada en el mundo es sólido. Por otro lado, cuando los átomos se combinan, condensan o ensamblan, la forma se manifiesta; nunca disminuyen su diámetro o pierden su integridad para crear un objeto físico, siempre son uno en sí mismo, conformando un todo; del mismo modo en el que se manifiesta todo tipo de creación.

Por ejemplo, las paredes de la habitación donde te encuentras, la silla en la que estás sentado o el libro que sostienes en tus manos, están integrados por átomos. Asimismo, cada órgano del cuerpo se compone de millones de células, cada una de ellas está constituida por millones de moléculas, que a su vez se conforman por millones de átomos. Todo elemento en esta realidad sensible está compuesto por ellos y por tanto *la universa* misma posee esta naturaleza en constante transformación.

Si nuestros sentidos agudizaran su capacidad, podríamos percibir otros niveles de energía y lograríamos con ello ampliar nuestra percepción, y por ende nuestro campo de conocimiento. Al respecto, Einstein afirmó: «Esta ilusión aristocrática sobre la capacidad ilimitada de penetración del pensamiento tiene como contrapartida la ilusión más plebeya del realismo ingenuo, según la cual las cosas son lo que percibimos a través de nuestros sentidos. Esta ilusión domina la vida cotidiana tanto de hombres como de animales»,[26] y bajo ella ordenamos nuestra noción de la realidad, asumiendo que nuestras limitaciones humanas son naturales. Sin embargo, como ya hemos explicado, *natural* y *normal* son conceptos muy distintos, ya que si bien nos parece normal percibir sólo lo que se manifiesta en frecuencias más densas de vibración, esto no es propiamente natural.

Éste es uno de los motivos por los que se cataloga de anormal a muchas personas que dicen ver o percibir niveles de consciencia distintos al nuestro; estos niveles pueden situarse tanto en frecuencias altas como bajas, dependiendo del campo energético de la persona. Sin embargo, como ya he dicho, que no nos parezca normal, no implica que no se encuentre dentro de nuestra naturaleza espiritual. Esto prueba que vivimos bajo el concepto hindú de *maya*,[27] palabra en sánscrito que quiere decir «ilusión» y que se utiliza para hablar de la irrealidad del mundo físico. Experimentamos lo que no es, un mundo ilusorio, y debido a las limitantes que hemos colocado a nuestros sentidos, hemos mermado la facultad innata que poseemos para percibir la realidad en todas sus dimensiones.

Cada cosa que compone *la universa* manifiesta un nivel de energía. Las montañas, por ejemplo, aunque no hablen o se muevan, guardan dentro de sí vestigios de nuestra historia, lo que les ha permitido a los científicos especular sobre la edad de *la planeta* y los cambios que ha manifestado. De este modo existen diversos niveles vibratorios dentro de los que se encuentran los minerales, las plantas, los animales y en su escala más alta, el ser humano. Cada uno de ellos posee un nivel de consciencia progresivamente más elevado, por lo que es posible percibir más, en la medida en que se tiene mayor consciencia de uno mismo. Es decir, una piedra existe, aunque no sepa que es una piedra. Un

---

26. Albert Einstein (1984), *Mis creencias*, CreateSpace Ind. Publishing Platform.

27. En la mitología hindú, *mâyâ* es el poder de las deidades para crear formas en el vacío y asumir las formas en las que se manifiestan a sí mismos. Este poder de lo que «no tiene forma» para tomar una forma específica se convirtió en el concepto de maya, que significa «ilusión», es decir, la capacidad de mostrarse como «lo que no es». Norman Austin (1989), *Meaning and being in the Myth.*

perro no sólo existe, sino que también es capaz de moverse e incluso relacionarse con otros seres, pero no le es posible comunicarse, pensarse a sí mismo o crear como lo hacemos nosotros; los seres humanos tenemos la capacidad de influenciar y manifestar la realidad, usando y dirigiendo nuestra energía hacia lo que deseamos.

Volvamos ahora a la pregunta inicial: ¿quién soy y qué estoy haciendo aquí?, ¿somos lo que hacemos o lo que poseemos? Quizá todavía recordamos las preguntas que como niños hacíamos a nuestros padres en aquellos días cuando el «*¿Por qué?*» era cotidiano. ¿Nos hemos percatado de la falta de cuestionamientos actuales y más aún, de la falta de respuestas concretas que conseguimos? Poseemos un cuerpo a través del cual podemos sentir, movernos, experimentar dolor y felicidad, no obstante, ésa es sólo una parte de quienes somos; es sólo nuestra existencia visible, pero no quiere decir que no haya dentro de nosotros otras manifestaciones de consciencia como la espiritual o la mental.

En la forma más pura, cada una de las personas es parte del infinito y el infinito es parte de nosotros; éste es el modo en que llegamos originalmente a la Tierra. Somos una parte brillante de Dios, creada en igualdad; lo que quiere decir que nadie es superior a otro. Es así como se manifiesta la armonía creadora. Dios no es alguien a quien debemos adorar y rendir cuentas, porque él posee nuestras mismas capacidades, por ello no espera ser adorado, no pide explicaciones ni juzga. Todos somos pequeñas manifestaciones divinas en este mundo material y somos parte de ese gran y Superior Uno que es Dios.

¿Qué tan *real* es la realidad?

Como seres espirituales encarnados en un cuerpo terrenal, vamos aprendiendo y cambiando según las circunstancias que se nos presentan. Descubrimos nuestras opciones de acción en la medida que creamos experiencias, ya que somos creadores y tenemos la facultad de elegir cómo queremos que sea nuestro presente. Después de decidir lo que deseamos, modificamos nuestro entorno, lo creamos a medida que avanzamos y vamos diseñándonos a nosotros mismos; ésta es la esencia real de nuestra identidad. ¿Cómo lo hacemos? A través de la imaginación y el pensamiento logramos manifestar cualquier tipo de creación.

Si deseamos un café, lo imaginamos antes de prepararlo y luego decidimos sus características, como temperatura y dulzor.

De esta manera tan simple realizamos cada una de nuestras aspiraciones, y como habrás visto en muchas de tus actividades cotidianas, crear no es tan complicado. Nuestras creencias y juicios nos hacen creer que las cosas importantes son difíciles y que para tener lo que deseamos necesitamos invertir mucha energía, pero no es así; la energía que invertimos realmente es la de la imaginación, energía que al ser encausada y constante, se convierte en la materia prima de la manifestación.

Si mediante este sencillo proceso se puede conseguir un café, ¿por qué no sería posible una nueva casa o una pareja? ¿Acaso la salud, la riqueza y el amor se obtienen de manera distinta? Imaginar, tal como la hacías cuando eras niño, es el método a través del cual podemos crear la realidad que deseamos. Incluso antes de ser concebidos, nuestros padres nos han imaginado en algún instante de sus vidas. De acuerdo a este pensamiento, todo aquello que deseamos y en lo que pongamos atención se expandirá, al igual que la idea hinduista de las respiraciones de Visnú,[28] dios preservador del mundo, de quien emanan partículas que se manifiestan en pequeños mundos materiales.

La forma en que nosotros materializamos no está lejos de este concepto. Cada experiencia que vivimos, tanto en esta vida como en vidas pasadas, está representada en nuestra consciencia a manera de imágenes y éstas son almacenadas en nuestro sistema energético, es decir, el aura y los chakras. Teniendo en cuenta que cada uno de nosotros es una extensión de Dios y que podemos crear de la misma manera perfecta en que él lo hace, todo aquello que guardemos en nuestros chakras y nuestro aura se materializará, tanto lo que nos enferma como lo que nos mantiene sanos y en equilibrio.

---

28. Existen muchas variantes de la religión hindú, sin embargo, casi todas ellas coinciden en la idea de una trinidad de la cual Visnú es el dios principal, creador, preservador y el destructor del universo: cuando Visnú decidió crear el universo, se dividió a sí mismo en tres partes. Para crear dio su parte derecha, dando lugar al dios Brahma. Para proteger dio su parte izquierda, originando a Visnú (es decir, a sí mismo) y por último, para destruir dividió en dos partes su mitad, dando lugar a Shiva. Monier Williams (1899), *Sanskrit-English Dictionary*, Motilal Banarsidass Pub.

Este proceso de manifestación es innato en nosotros, pero la mayoría del tiempo lo hacemos sin poner una intención activa en él y no sabemos dirigirlo para que funcione a favor de lo que queremos en nuestra vida. Para aprender a controlarlo empezaremos por conocer las etapas de este proceso: primero conceptualizamos aquello que deseamos, después, como ya hemos dicho, lo visualizamos o imaginamos, una vez teniendo clara la imagen en la mente la conceptualizamos, o en otros términos, le ponemos nombre; luego nos apropiamos de ella y nos ponemos en acción para hacer que suceda. Finalmente nos conectamos emocionalmente con esa imagen para que podamos vivirla. Cada uno de estos pasos se genera en nuestros siete chakras principales, que ya exploraremos con más detenimiento más adelante.

Nuestra naturaleza como espíritus que han decidido tener una experiencia en este plano nos faculta para manejar este proceso a nuestro antojo, pero ¿de dónde proviene nuestra identidad espiritual y por qué la olvidamos con el tiempo? La física cuántica ha conseguido aproximarse a la respuesta al comprender la información extraída de nuestra propia condición como parte de *la universa*, llegando a la conclusión de que la realidad física es apenas una ilusión.

A través de nuestros cinco sentidos nos es posible conocer y disfrutar de este mundo material. Todo lo que vemos se relaciona con la luz proveniente del sol, manifestándose en ondas y partículas que toman forma hasta que encuentran un objeto. Los receptores oculares son activados al captar la luz, y dependiendo de la vibración de las ondas se revelará el color, la textura y la distancia de los objetos. Estas vibraciones corresponden a impulsos electromagnéticos que viajan a lo largo del nervio óptico y se dirigen hasta el cerebro, donde se interpretan los colores y formas recibidos. Las diferencias de frecuencias de vibración determinan las diversas tonalidades conocidas, ya que cada color tiene su nivel específico de vibración y su respectiva reacción en el ambiente; no en vano, por ejemplo, se suele decir que una persona «se puso verde de envidia» «blanco de miedo» o «rojo de coraje», porque éste es el color que se manifiesta en su aura cuando reacciona a determinada vibración.

Nuestra visión se rige por la temperatura de la superficie del Sol y la fuerza de gravedad sobre la Tierra, lo que establece los colores y longitudes de onda emitidas por él, logrando fijar la composición y el tamaño de toda cosa viva dentro de la atmósfera. También se establece un límite en la capacidad visual, según el tamaño de nuestros ojos o el diámetro de la pupila por la que ingresa la luz, el cual sólo mide 0,5 centímetros, pero ajusta su tamaño según el brillo existente a su alrededor. Así, cada ser humano es vibración o luz reflejada en la pupila de otro mediante el choque de la luz con los átomos de nuestro cuerpo.

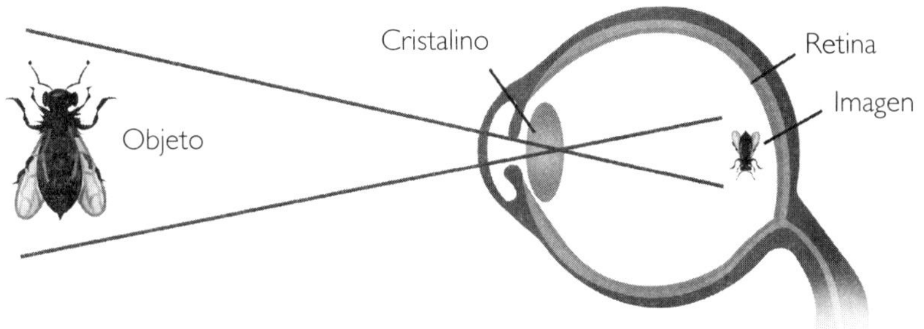

Proceso de visión.

Por otra parte, el proceso de escuchar consiste en interpretar las diversas frecuencias que existen en el ambiente. La sensación en el órgano auditivo es producida por el movimiento de las ondas en un medio que denominamos aire y mediante el cual se desplazan las partículas de sonido que provocan la oscilación. La importancia del medio como transmisor es fundamental, ya que el sonido no se propaga en el vacío, lo cual diferencia a las ondas de sonido (o mecánicas) de las de luz (o electromagnéticas). En el espacio, por ejemplo, no existe aire y por lo tanto las ondas de sonido carecen de recursos para viajar. El sonido existe sólo a través de medios elásticos como gases, líquidos o sólidos que actúan movilizando la energía mecánica mediante las ondas propagadas. Uno de estos medios principales son nuestras cuerdas vocales, que crean diversas oscilaciones movilizando el aire y estimulando las moléculas que viajan alternadamente a través de él, golpeando nuestros tímpanos y sus vellosidades, que al vibrar crean los impulsos electromagnéticos que llamamos sonido.

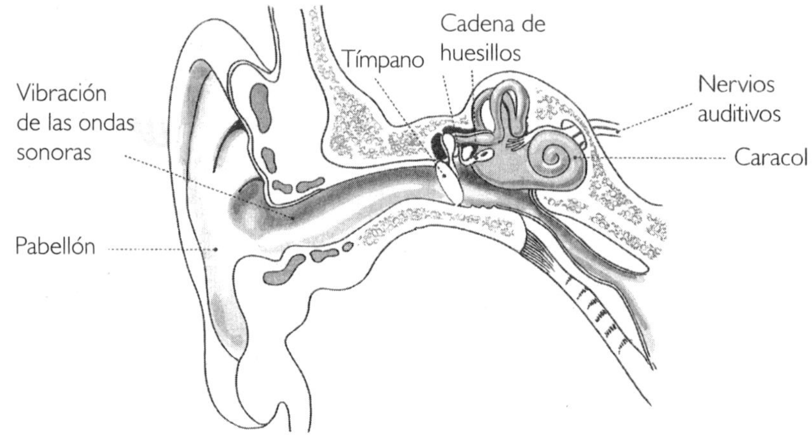

Proceso de audición.

Sin embargo, ningún estímulo o sonido logrará ser oído mientras no exista un receptor que lo perciba. Ya lo postuló George Berkeley: «Si un árbol cae en medio de un bosque y nadie está en sus cercanías para escucharlo, ¿hace algún sonido? [...] Ser es ser percibido»,[29] se responde a sí mismo el filósofo irlandés, quien consideró que un estímulo existe siempre y cuando haya quien advierta tales ondas emitidas. La misma lógica se puede trasladar al proceso de comunicación pues si al tratar de establecer un diálogo con alguien no recibimos alguna respuesta que nos indique que estamos siendo escuchados, podríamos nombrarlo un monólogo, mas no una charla.

También nuestro tacto nos acerca a diferentes tipos de vibraciones. ¿Cuán sensibles son nuestros dedos? ¿Es posible captar con ellos la densidad, volumen, temperatura? El sentido del tacto que poseemos es tan desarrollado que logramos percibir según la frecuencia de cada nivel molecular. No obstante, este sentido nos crea únicamente una experiencia personal respecto a la realidad, ya que dependemos de una medida neutral e imparcial para poder localizar un punto, esto es, una medida establecida. Para la medición de la temperatura, por ejemplo, se ha logrado fijar un punto de neutralidad según escalas. Celsius de-

____

29. George Berkeley (1713), *Tres diálogos entre Hylas y Philonu*, RBA Editorial.

termina el valor neutral según la congelación y ebullición del agua; Fahrenheit, según la congelación y evaporación del cloruro amónico en agua; mientras que Kelvin localiza su cero absoluto en el punto en el que las moléculas y átomos de un sistema tienen la energía térmica mínima.[30] Bajo estos principios, ¿cuál es el punto cero? ¿Acaso existe? ¿Será el punto cero igual para un inglés que para un esquimal? Podemos sentir mucho frío durante un invierno a dos grados bajo cero, mientras que para un esquimal eso sería plena primavera.

Si nuestros sentidos físicos logran captar diferentes experiencias haciéndonos creer que todo es sólido y verdadero, ¿qué es lo que están captando realmente? Nuestro tacto es muy exacto y perspicaz; podemos tocar un vidrio, una zanahoria o un pedazo de madera y sentir directa y claramente la diferencia en grado de densidad, temperatura, peso o fuerza sin necesidad de cargarlo. ¿Cómo logramos esto?, mediante nuestros sensores vibratorios presentes en el sistema táctil. Sin embargo, mientras que nuestro tacto puede regular los niveles más sutiles, no podemos establecer nuestros dedos en un punto cero, pues éstos tienen su propio nivel de densidad desde el cual logran interpretar el entorno. De tal modo que cada uno de nuestros sentidos proporcionará una perspectiva entre millones respecto de lo que en verdad está aconteciendo a nuestro alrededor, ya que este punto cero del que hablamos es tan relativo que es imposible consensuarlo.

Si bien nuestros cuerpos están diseñados para percibir una cantidad indeterminada de estímulos, únicamente nos es accesible una muy pequeña parte de la energía existente debido a la serie de creencias, a las que llamaremos *programación,* con las que fuimos instruidos desde temprana edad.

Hemos escuchado una y otra vez la frase: «Así es la vida», como si la vida fuese algo preestablecido e inamovible, y no producto de nuestra propia creación. Aprendemos a aceptar el mundo como nos han dicho qué es y muchos de nosotros no llegamos a conocerlo porque no consideramos posible que la realidad no sea tal como nos la han pintado. De

---

30. Cristóbal Valenzuela (1994), *Química general: Introducción a la química teórica.* Ed. Universidad de Salamanca.

igual manera ocurre en relación a nosotros mismos, pues desconocemos tanto de nuestra esencia que nos es difícil comprender que mucho de cómo nos comportamos o incluso cómo nos sentimos, no corresponde a lo que *realmente somos*. En muchas ocasiones partimos de «razonamientos» tanto científicos como religiosos para interpretar los sucesos de nuestra vida, sin considerar que la religión, y muchas veces la ciencia, carecen de lógica y nos dicen «Es así porque es así, no preguntes más».

Cada emoción que experimentamos lleva tras de sí una creencia, y muchas de ellas están tan arraigadas en nosotros que ni siquiera nos damos cuenta de su existencia. Esto inevitablemente nos genera confusión, pues constantemente lo que percibimos contradice nuestras creencias poniéndonos en una situación de absoluta incertidumbre. Por ello, a través de este libro queremos acompañarte a explorar en tus creencias para encontrar dentro de ti la fuente de tus emociones. Una vez que hayas llegado allí, al centro de ti mismo, podrás transformar todo tu ser.

El cambio interno se inicia cuando desarmamos nuestra programación y derribamos las barreras que se han puesto en nuestros sentidos, de tal modo que la vastedad de *la universa* quede al alcance de nuestra percepción. En el momento en que hemos encontrado a nuestro *yo original,* todo se vuelve posible, pues podemos elegir, entre un número infinito de posibilidades, las creencias con las que queramos interpretar el mundo. Como ya hemos dicho, la percepción que tenemos de la realidad es subjetiva y está basada en entendimientos relativos. ¿Nuestro cuerpo es sólido? ¿El cáncer es sólido? No, en absoluto. Lo único real es **lo que tú decides.**

Más allá de lo que *vemos*

Entendemos que el ojo humano percibe luz y color en los estímulos del ambiente debido a que puede captar el espectro electromagnético, pero esto sucede únicamente en un rango que va de los 380 a los 720 nanómetros de longitud de onda,[31] por consiguiente, nuestros ojos

---

31. La longitud de onda es la distancia entre dos crestas consecutivas o partes altas de la onda. En el agua esta distancia puede ser de varios centímetros, mientras que en la luz es menor a una milésima de milímetro. «La luz como fenómeno ondulatorio». *Revista de la Universidad Nacional Autónoma de México.* Volumen 3, número 3.

proporcionan una panorámica bastante limitada de la composición del cosmos.[32] No todos nuestros sentidos perciben igual, y mientras que nuestros oídos pueden otorgarnos un poco más de información al captar diez octavas de ondas acústicas o musicales, con lo que respecta a nuestros ojos, dejamos de ver muchísimo debido a la limitación a la que nos ciñe la programación que recibimos desde la infancia.

Ahondaré un poco más en el concepto de «octava». Dentro de la música existen escalas u octavas musicales que abarcan las siete notas (do, re, mi, fa, sol, la y si) y se cambia de escala al llegar nuevamente a do, en un tono más agudo o más grave. Lo mismo ocurre con nuestra energía; en ella existen «tonalidades» o vibraciones más altas (agudas) y más bajas (graves). Si pudiéramos oír sólo una octava a la vez, la *Novena sinfonía* de Beethoven nos parecería horrible. Es así como algunos seres humanos, luego de develar sus capacidades naturales, han logrado percibir frequencias mas sutiles, más allá del plano físicamente visible o audible.

Lo que percibimos como plano físico es aquello perteneciente a la octava más baja. Existe una infinidad de octavas energéticas que se sitúan por encima de la nuestra y con las que contactamos constantemente a través de los sueños o estados de dicha. Dentro de este sistema, se encuentran también los denominados «cuerpos de luz»: ángeles, *devas,* hadas, salamandras, gnomos y otros tantos seres elementales que conforman el espíritu protector de la Tierra. No sólo nosotros habitamos *la planeta,* coexistimos con una serie de otros seres, que al igual que nosotros, se encuentran en evolución.

El ser humano existe en diversos niveles de vibración al mismo tiempo, pues *la planeta* está acelerando su frecuencia poco a poco. Así, hoy por hoy, podemos percibir la realidad a una velocidad más alta de vibración que años atrás, debido al movimiento en las octavas de la Tierra, asunto que está provocando modificaciones en nuestra percepción del tiempo relativo. Estas modificaciones en la percepción de nuestros principios básicos ocurren porque las dimensiones se están

---

32. David K. Cheng (1998), *Fundamentos de electromagnetismo para ingeniería,* Pearson Educación.

cruzando. Muchos físicos cuánticos ya han observado y reconocido que las nuevas frecuencias que afectan a *la planeta* nos afectan a nosotros también a nivel emocional.

Paulatinamente estamos regresando a nuestro estado energético original, consiguiendo con esto una mayor comprensión de los fenómenos que hace algunos años nos hubieran parecido inconcebibles. Es el caso del surgimiento de los niños índigo, por ejemplo, quienes traen consigo todo un sistema de vida novedoso que nos enseña una forma distinta y pacífica de convivir en sociedad que se funda en la naturaleza más que en la «normalidad» y que rechazan emocionalmente la programación que se les quiere imponer tanto en sus hogares como en la escuela. Tal vez en otra época no habríamos logrado comprenderlos, mas estos giros dimensionales nos están abriendo a un campo ilimitado de posibilidades con el que alcanzamos un grado de análisis distinto. El corazón de la Madre Tierra se está acelerando a medida que sus frecuencias aumentan, lo que ocasiona que, inevitablemente, nuestro campo vibratorio busque equilibrarse con ella.

La luz y el sonido son formas complementarias de la energía y no necesariamente comparten el mismo nivel de frecuencia. La velocidad de esta vibración visual que denominamos luz y de la que depende el modo en el cual percibimos cada objeto es lo que conocemos como frecuencia, que será más lenta al ser más denso el elemento. Por eso los objetos físicos poseen frecuencias relativamente lentas, mientras que los elementos provenientes de un plano astral vibran en frecuencias más altas; en uno u otro caso, es la luz la que actúa como puente universal entre ellas.

Pero no sólo de la luz depende nuestra manifestación, sino también de nuestros pensamientos. Todo lo que conforma la realidad física: nuestra vida, nuestro cuerpo, nuestra casa o el mundo que nos rodea, es construido, mantenido y destruido por nuestras creencias y las de los demás. El pensamiento posee gran poder creativo, pero si no lo aplicamos constructivamente se puede transformar en juicio con mucha facilidad. Cuando esto ocurre, pasamos de la creación a la destrucción en tan sólo un instante.

Dios no juzga ni posee preferencias, para él el término «no» no existe, porque a él todo le agrada, y si decide preferir algo sólo es por diversión o curiosidad, ya que posee la naturaleza juguetona de un niño. Por otro lado, si ejerciera algún tipo de juicio sobre nosotros, lo estaría haciendo sobre sí mismo, autodestruyéndose y en consecuencia destruyéndonos, pues nosotros somos una expansión divina.

El pensamiento está creando constantemente, sin embargo, cada uno de los juicios que emitimos tanto hacia nosotros mismos como hacia los demás modifica nuestra creación deformándola o, en muchos casos, destruyéndola. A esta capacidad para elegir y crear lo que deseamos vivir se la llama libre albedrío, derecho al que pocos seres de *la universa* tienen acceso y el motivo principal por el cual muchos desean encarnar en la Tierra.

Básicamente, el propósito de nuestra encarnación es aprender a amar, crear y honrar nuestras diferencias, nuestra unicidad e integridad. Hemos llegado a *la planeta* por elección, y aunque ahora podemos sentir o pensar lo contrario, cada una de las experiencias que atravesamos han sido creadas por nosotros mismos. Somos nuestro presente, somos únicos y libres, tanto que hemos elegido incluso crear la idea de un Dios apartado de nuestra constitución, aunque cada acto creativo contendrá siempre al creador original dentro de sí.

La mayoría de nosotros no es capaz de recordar su naturaleza creativa y origen divino debido a la programación que se transmite de generación en generación. Si estamos en la Tierra es porque hemos aceptado formar parte de esta dinámica y deseamos experimentar todas las sensaciones, frustraciones y emociones que incluyen el existir como ser humano. Sí, cada cosa vivida, tanto las agradables como las desagradables, las que nos han hecho sonreír o llorar, las que nos han causado ganancia o pérdida, son una creación y elección propia.

A lo largo de la historia, muchos estudiosos en la materia han dado cabida a esta nueva forma de pensamiento, orientándonos hacia el estudio de los fenómenos que creíamos sin respuesta o que eran censurados por representar un pensamiento peligrosamente osado para algunas corrientes religiosas, sociales e incluso políticas.

Amit Goswami, profesor de Física en el Instituto de Ciencias Teóricas en la Universidad de Oregón, miembro del Instituto de la Ciencia y autor de *La física del alma,* obra publicada por Ediciones Obelisco, habla en sus libros acerca de la visión actual, en la que *todo* se puede reducir a las partículas elementales y en la que cada olor, sabor, sensación táctil, sonido o visión tiene su propia vibración; al igual que cada pensamiento, color, órgano o emoción. Goswami afirma que todo es un patrón de vibración, un estado de onda que expresa el ambiente y la frecuencia que forman nuestra existencia.[33]

Otra persona que apuntó hacia una metafísica de la evolución fue el sacerdote jesuita Pedro Teilhard de Chardin, quien, a principios del siglo xx, denominó al punto más alto de la evolución de la consciencia como *el punto omega*. Al mismo tiempo, propuso que el pensamiento filosófico tradicional puede ser integrado en una perspectiva científica moderna. Teilhard de Chardin aseveró que: «En la escala de lo cósmico, sólo lo fantástico tiene posibilidades de ser verdadero», conjetura que lo llevó a ser censurado por el Vaticano.[34]

Incluso en los tiempos de Platón, en el siglo iv a. C., ya se hacía referencia a la naturaleza del átomo y la constitución espiritual del ser humano, postulando la constitución ilusoria de la materia en su famosa «alegoría de la caverna»:[35] «En primer lugar, miraría con mayor facilidad las sombras y después las figuras de los hombres y de los otros objetos reflejados en el agua, luego los hombres y los objetos mismos. [...] Finalmente, pienso, podría percibir el Sol, no ya en imágenes en el agua o en otros lugares que le son extraños, sino contemplarlo como es en sí y por sí, en su propio ámbito»,[36] sostiene Platón.

La propuesta de muchos estudiosos que buscaban dar a conocer

---

33. Amit Goswami (2008), *La física del alma,* Ediciones Obelisco.

34. Claude Tresmontant (1958), *Introducción al pensamiento de Teilhard de Chardin.*

35. La alegoría de la caverna se trata de una explicación metafórica realizada por el filósofo griego Platón sobre la situación en que se encuentra el ser humano respecto del conocimiento. En ella, Platón describió un espacio cavernoso en el cual se encuentran un grupo de hombres encadenados que únicamente pueden mirar hacia la pared del fondo de la caverna sin poder nunca girar la cabeza. Justo detrás de ellos, hay un muro con un pasillo, una hoguera y la entrada de la cueva que da al exterior. Por el pasillo del muro circulan hombres portando todo tipo de objetos cuyas sombras, gracias a la iluminación de la hoguera, se proyectan en la pared que los prisioneros pueden ver. Los hombres encadenados consideran como verdad las sombras de los objetos.

36. Platón (siglo iv), «Mito de la Caverna». Libro VII de *La República*, Gredos Ed.

una perspectiva metafísica y espiritual de la realidad fue entonces publicada en obras de corte alegórico, con el fin de no polemizar o correr riesgos, como le ocurrió a Sócrates, quien fue condenado a muerte. Sin embargo, la capacidad humana de transmutar, transformar y crear energía a voluntad ha permitido que el tema se formalice, logrando comprender que nos regimos por patrones que trascienden a la noción biológica de que estamos constituidos únicamente de ADN; porque, tal como hemos argumentado a lo largo de este capítulo, cada característica nuestra se almacena en una onda vibratoria absolutamente modificable.

Disonancia cognitiva - Técnica 2

En este punto del viaje a través de este libro, si vuelves a sentir alguna desconexión emocional o disonancia cognitiva, repite la técnica de conexión a la tierra.

Capítulo II

Cuerpo y energía

Hace tiempo viajé a la ciudad de Hermosillo, México a impartir un taller para niños. Al entrar a la sala vi a una pequeña de doce años que llamó profundamente mi atención. Era bonita, pero no fue su tierna belleza lo que me inspiró a mirarla, sino que había algo más en ella que trascendía de lo físico. Al terminar el evento, todos los niños abandonaron el lugar, excepto ella. No quería irse. Incluso después de que su mamá pasó a recogerla, ella, con lágrimas en los ojos, insistió en quedarse unos minutos más cerca de mí. En ese momento no entendía con certeza por qué sentimos esta conexión, pero estaba seguro de que la niña y yo nos habíamos conocido varias vidas antes.

¿Alguna vez te ha ocurrido algo similar? Por ejemplo, al visitar un lugar por primera vez, ¿has tenido la sensación de que ya habías estado ahí antes? ¿Has visto una película que, sin tener relación alguna con tu vida, te conmueve hasta las lágrimas? ¿O has tratado con alguien con quien después de charlar unos minutos sientes como si fuerais viejos amigos? Esto ocurre porque tu espíritu ha conocido tantos lugares, experiencias y personas que puede reconocerlos aunque tú no seas capaz de recordarlos; tal como me ocurrió a mí en con la niña de Hermosillo, que, después de consultar con mi Ser Superior, supe que había sido mi hijastra en la Inglaterra del siglo XVII. No es que la niña y yo hayamos vivido cientos de años, sino que nos conocimos en una vida y nos encontramos en otra. Ella y todos nosotros somos seres eternos que elegimos encarnar en un cuerpo para disfrutar, conocer y aprender.

El proceso de encarnación se produce a partir de la elección de nuestro Ser Superior de venir a la Tierra, después de haber permanecido unido por un tiempo indeterminado con la consciencia y energía de *la universa*. Nacemos en un cuerpo físico con la finalidad de experimentar emociones y situaciones específicas, conociendo con ello más de nosotros mismos; entramos en este cuerpo, personificándolo a lo largo de toda nuestra existencia terrenal hasta que llega el momento en que decidimos modificar alguna de las vivencias manifestadas.

Este cuerpo no es el primero ni el único que has tenido; sin embargo, muchas religiones y prácticamente todas las posturas científicas refutan la idea de la reencarnación. Esto se debe a que si creemos que nuestra existencia está limitada a una sola vida, es más fácil controlarnos a través de la creencia falsa de que somos efímeros y finitos. No en balde, la mayoría de las teorías de la encarnación están vinculadas al miedo, pues a través de esta emoción han tratado de evitar que descubramos nuestra naturaleza espiritual.

Como seres de luz logramos encarnarnos en este planeta de densa energía, en el cual nos es posible obtener sensibilidad, percepción y libre albedrío. En los seminarios que imparto, muchísimas personas se refieren al planeta Tierra como un sitio espantoso, culpándolo por todos los males de la humanidad, sin saber lo afortunados que son al encarnarse aquí, pues no todos los seres que existen en *la universa* poseen nuestra misma libertad. Ni siquiera los ángeles tienen la oportunidad de elección de un ser humano, ya que están al servicio pleno y absoluto del Creador y de nosotros, dedicando su vida a atender cada una de nuestras necesidades y auxiliarnos. Nos parece común poder elegir nuestra casa, el auto o la cena de esta noche y nunca cuestionamos la trascendencia de este privilegio, desdeñando su importancia vital.

Este proceso de elección se basa en un modelo específico de nuestra naturaleza espiritual, el cual actúa de forma similar a un sistema nervioso central y que maneja todo lo relativo a nuestro cuerpo espiritual. Todos nosotros somos seres divinos con capacidades cualitativamente iguales a las de Dios y con una estructura energética que alinea cada uno de nuestros chakras, los cuales son vórtices por los que fluye la energía en nuestro cuerpo. En directa relación a ellos funciona este modelo al que hago referencia y que denominaremos *nadis,* tema principal de este capítulo, puesto que gracias a ellos se realiza el proceso de encarnación.

Los *nadis:* Todo está conectado

El término *nadis* proviene de la raíz sánscrita *nad,* que significa «movimiento», y representa los sutiles tubos o canales etéricos que están distribuidos en todo el cuerpo, formando un tejido de redes muy finas que nos conectan con nuestra propia divinidad y a través de los cuales fluye nuestra energía vital, también denominada *prana* o *Qi;* esta fuerza energética nutre y alimenta completamente a nuestro organismo, así como todo lo que existe, además, organiza y regula nuestro sistema de chakras. Los *nadis* son 72.000, dentro de los cuales se distinguen tres principales: *Sushumna, Ida* y *Pingala.*

Sushumna corresponde al canal principal y es un flujo de energía que se ubica de forma vertical en el centro del cuerpo desde la base del sistema de chakras en la espina dorsal hasta el cerebro; por este canal se despliega la energía que equilibra cada uno de los chakras y el organismo.

Ida, que representa la fuerza femenina, es el conducto de la energía emocional y se relaciona con el hemisferio cerebral derecho, la intuición y la creatividad. Al fluir la energía del lado de *Ida,* guiamos nuestras reacciones con base en las emociones.

Pingala, por su parte, es la fuerza masculina y activa que está relacionada con el sistema nervioso simpático y el hemisferio cerebral izquierdo. Cuando la energía fluye por *Pingala,* nuestro pensamiento se orienta hacia los aspectos lógico-matemáticos y la racionalidad.

Ida y *Pingala* fluyen en espiral hacia arriba en direcciones contrarias, pero alcanzando un mismo fin, se entrelazan con *Sushumna* y las tres energías juntas representan todos los campos de posibilidades de actividad física y mental.

La limpieza y purificación de los *nadis* evita la obstrucción energética que trae consigo la enfermedad en el organismo. Ésta se realiza mediante una de las técnicas que enseño, con la cual la energía del cuerpo se renueva y purifica, logrando con ello remover cualquier remanente energético propio o ajeno que nos impida un funcionamiento energético natural.

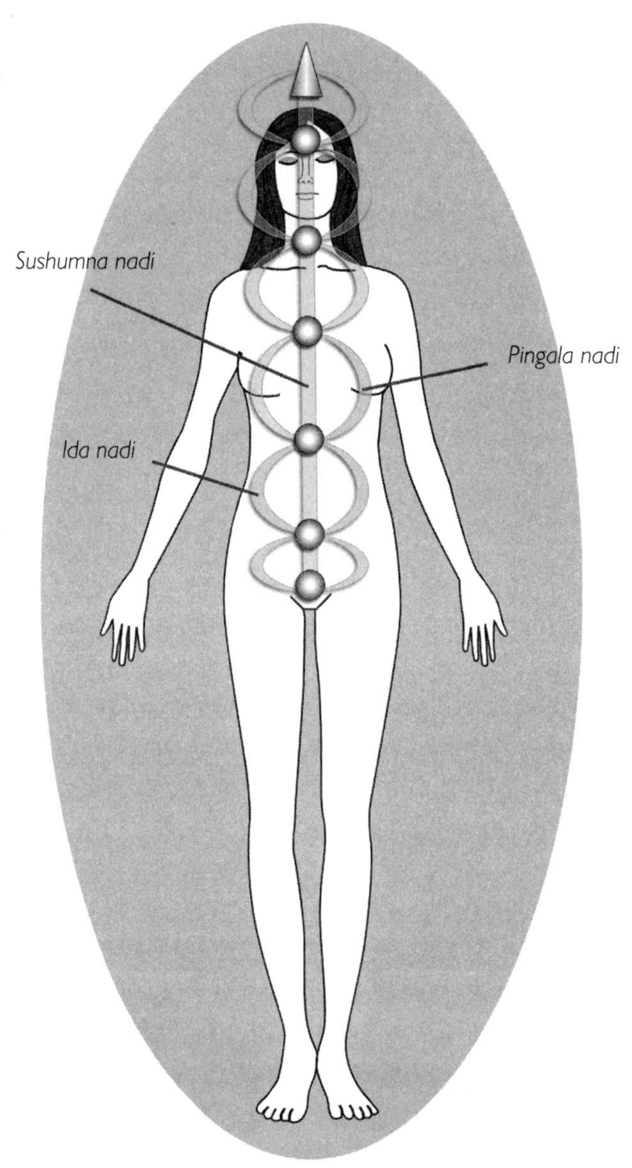

Sushumna, Ida y Pingala.

Los *nadis* constituyen un verdadero cuerpo electromagnético que explica la actividad de cada una de nuestras reacciones vibratorias y su respectiva consecuencia, conforman un sistema perfecto de comunicación que redistribuye el *prana* por todo el organismo, facilitan el flujo de la energía nerviosa y, con ella, el fenómeno de la vida.

No pueden ser percibidos a simple vista como los nervios y tendones, ya que son líneas de energía sutil que fluyen, entrando y saliendo por los orificios de nuestro cuerpo físico y astral y atraviesan los chakras. Este proceso crea una nube energética que nos envuelve constantemente, variando en consistencia, color, intensidad y energía; que es lo que conocemos como aura.

Los *nadis* se forman mediante la interacción de nuestro Ser Superior con los elementos tierra, aire, agua y fuego, que contienen el modelo divino del cuerpo humano y cuya estructura atómica, molecular y celular se articula con la programación del cuerpo y la información de cómo realizar sus funciones físicas fundamentales. Cuando el flujo energético que transita por los *nadis* está equilibrado, nuestra aura es clara, íntegra y constante; cuando está en desequilibrio, se vuelve irregular y aparecen «agujeros» que debilitan el sistema inmune, haciéndonos sensibles a estímulos patógenos. Esta matriz sutil de energía forma el cuerpo físico, actuando como puente que comunica al ser espiritual con los chakras, éstos a su vez crean un nexo con el sistema nervioso que rige todo el organismo. De tal forma que los *nadis* y los chakras son contenedores del cuerpo y no al revés.

En el momento de la concepción, cuando el espermatozoide y el óvulo se unen, el Ser Superior del bebé envía un rayo de energía al huevo fecundado. Este rayo se denomina cordón de plata y contiene la semilla de oro o divina que se inserta en el huevo fertilizado y que acogerá la esencia eterna y la información holográfica de la matriz de energía o tela de los *nadis*. Si el Ser Superior de alguno de los tres participantes en la concepción –bebé, madre o padre– no está de acuerdo con la unión de los gametos, no se logra la concepción, ya que para que suceda ha de crearse un vínculo divino entre los tres.

Seguramente, muchos de los lectores se estarán preguntando si este acuerdo espiritual existe, por ejemplo, en los casos en que uno de los miembros de la pareja se desliga del bebé y se mantiene ausente durante su formación, nacimiento y crianza. En Latinoamérica es muy recurrente que sea el hombre quien abandone el hogar, dando pie a lo que conocemos como «madres solteras»; sin embargo, incluso en estos casos existió un acuerdo entre los tres seres para crear una nueva vida. Quizá sea un tanto difícil de comprender, pero no hay que olvidar que cada uno de nosotros decide con cuáles experiencias desea construir su aprendizaje; puede que la madre haya creado esta situación para reconocer su propia fortaleza o puede que el padre haya preferido tomar ese camino para descubrir desde otros ángulos la importancia de la responsabilidad. No lo sabemos, pero de lo que sí podemos estar seguros es de que todo lo que vivimos es nuestra creación.

Durante las primeras cuatro semanas del embarazo se forma la matriz de los *nadis* que crece junto a la semilla de oro. Dado que los *nadis* son corrientes de energía en movimiento, ellos dirigen y coordinan el crecimiento y construcción atómica, molecular y celular del cuerpo humano, que crece según el modelo energético de esta matriz. Todos los sistemas del cuerpo físico siguen la misma organización o patrón hasta que al final de estas cuatro semanas se forma consistentemente el contenedor donde se depositará la información particular de este organismo en desarrollo.

Los chakras se crean a través del enlace de los *nadis,* donde confluye la energía terrenal y espiritual para decidir el sexo y las características del bebé. Los siete chakras principales, de los cuales hablaremos en detalle más adelante, se forman por la conjunción de los tres *nadis* principales: *Sushumna, Ida* y *Pingala;* esto ocurre entre la cuarta y séptima semana de gestación. El tercer chakra es el primero en formarse, seguido del cuarto, luego el segundo, el quinto, el primero, el sexto y finalmente el séptimo, que corresponde a nuestra capacidad autoconsciente o *Yo sé.* Este proceso formativo de los chakras toma entre una y tres semanas, dependiendo del nivel de consciencia de la madre y del Ser Superior del bebé.

Con la formación del tercer chakra se produce la conexión del cordón de plata con el Ser Superior del bebé, el cual funciona como un ancla entre ese Ser Superior y el cuerpo físico. Además proporciona el elemento fuego, que actuará como motor para el crecimiento del feto, creando a su vez el hígado, que filtrará y digerirá los alimentos consumidos por la madre.

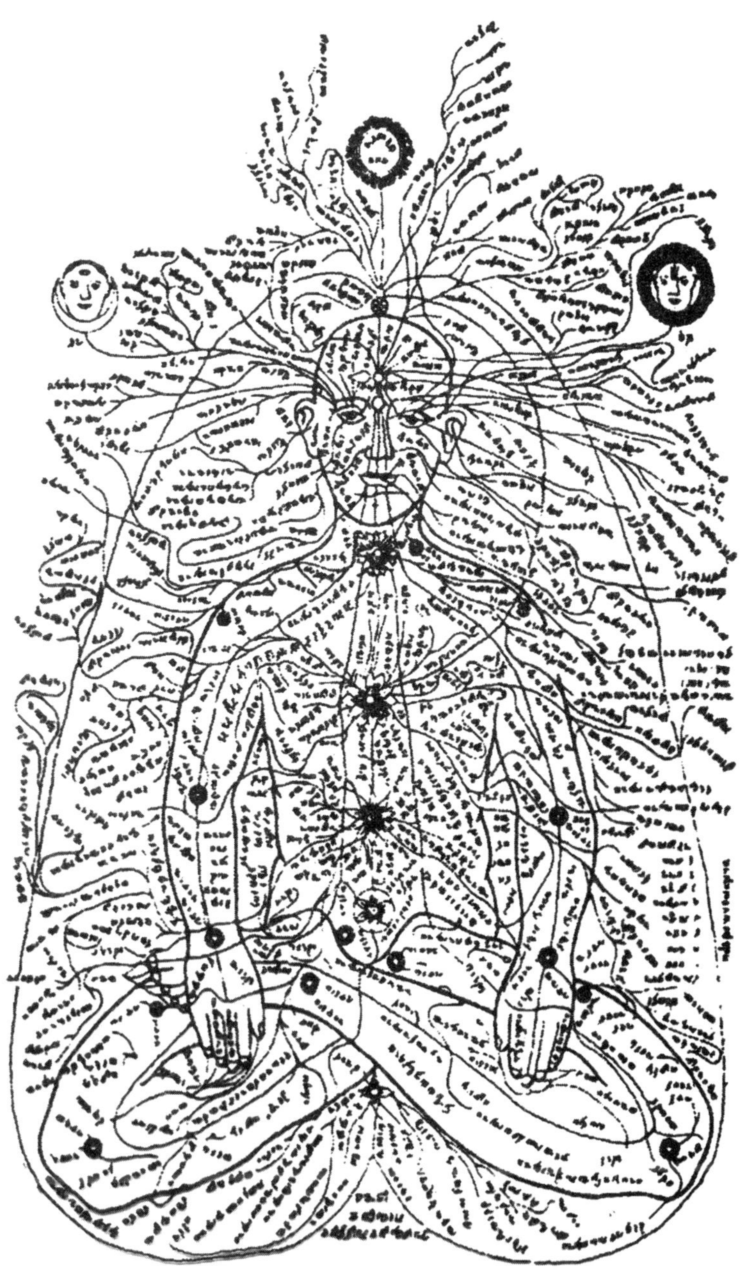

Los nadis.
Imagen: «*The nadis, diagram, Tibet*».

Por su parte el cuarto chakra proporciona el elemento aire u oxígeno, que avivará el fuego y creará el corazón, cuya misión es distribuir los nutrientes alrededor del cuerpo a medida que el feto crece; en este proceso también se crea el sentido del tacto.

El segundo chakra proporciona el elemento agua, que actúa como guía para que cada uno de los fluidos corporales, sangre y linfa, se irriguen en el organismo; también rige el sentido del gusto y crea los órganos sexuales. El quinto chakra proporciona el elemento espacio, lo que permite que los órganos más gruesos del cuerpo pueden crecer, se logra el sentido del oído y se forma la glándula tiroidea, que suministra las hormonas del crecimiento.

El primer chakra provee el elemento tierra, el cual se utiliza para formar huesos, músculos, piel y ojos, que son las partes más densas del cuerpo; al mismo tiempo que contribuye a despertar del sentido del olfato. Finalmente, el sexto y séptimo chakra establecen la capacidad para pensar, el nivel de consciencia y nuestro nexo con la divinidad. En el siguiente capítulo ahondaremos aún más en el tema de los chakras.

Mientras los chakras se están formando, actúan como una guía o plantilla para el desarrollo y crecimiento de cada órgano y sus sistemas, los cuales siguen el patrón energético de los *nadis*. Cuando se forma el segundo chakra, por ejemplo, el feto es hermafrodita; posee órgano genital tanto femenino como masculino, que se va definiendo hasta el sexto mes de embarazo, después de un consenso entre el Ser Superior del bebé y de la madre. Sin embargo, la influencia de ella durante la gestación es tan poderosa que, si en el transcurso de las siete semanas a los seis meses, pone más atención a un sexo que a otro, el Ser Superior del bebé accede a esos deseos, aun teniendo un sexo ya formado. Cuando hay conflicto entre los deseos de la madre y el Ser Superior del bebé, éste puede crear ambigüedad en su identidad sexual o mantener el estado hermafrodita hasta el momento de nacer.

A partir de siete a nueve semanas, los chakras funcionan a nivel físico, dirigiendo el desarrollo, el funcionamiento y la comunicación de cada órgano con las otras partes del cuerpo. En este período, los órganos están en pleno proceso de formación y comienzan a actuar juntos como una unidad o cuerpo humano completo.

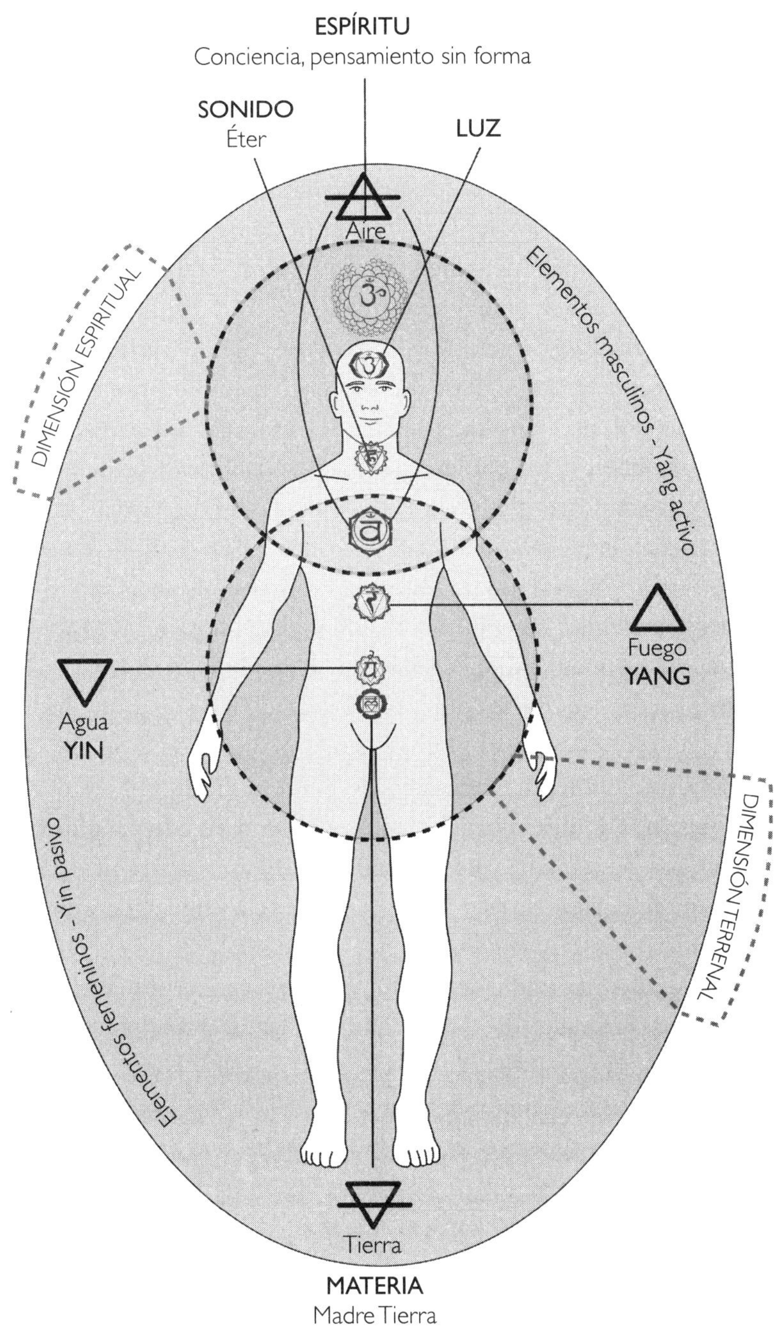

Inserción de los elementos a partir de cada uno de los chakras.

A las nueve semanas comienza a formarse el cuerpo emocional, que finaliza generalmente a la decimotercera semana; es en este momento cuando se conectan las emociones del bebé con las de la madre. La matriz de los *nadis* colabora con la formación de las funciones del sistema nervioso, que recibe la energía, pensamientos y emociones de su madre; cuyo estado emocional es muy importante en ese momento, ya que los chakras están integrando al Ser Superior del bebé con su nivel molecular, atómico, mental y espiritual.

Hacia el final de la gestación todavía no han terminado de desarrollarse los diferentes estados del cuerpo (físico, emocional, mental y espiritual) ni sus respectivos sistemas; entonces, aproximadamente una semana antes del nacimiento, el Ser Superior del bebé comienza a abrirse, conectando el alma con el chakra del corazón, el cual ya se encuentra activado y posee identidad individual. Casi siempre, en el momento del alumbramiento, el Ser Superior desciende al cuerpo, dando inicio a la actividad del séptimo chakra y anclándose en el chakra del corazón; en algunas ocasiones, esto ocurre una semana antes o incluso una semana después del nacimiento, de acuerdo a si el espíritu del bebé desea o no experimentar el parto. Cuando ocurre en el momento preciso del alumbramiento, se corta el cordón umbilical y el bebé obtiene independencia y libre albedrío, comenzando a vivir separado de las experiencias de su madre y decidiendo las propias, y es también cuando la persona hace su conexión con la Consciencia Universal, anunciándole a *la universa* el nacimiento de un nuevo ser.

De acuerdo a la tradición hindú, existen cien canales en el chakra del corazón, cada uno de ellos se ramifica hacia afuera en cien canales más, creando 10.000, de estos 10.000 nacen 72 ramas, creando 720.000, a su vez, cada una de éstas forma 1000 ramas más, formando 720 millones de canales o *nadis;* de los cuales sólo tres son particularmente significativos: los ya mencionados *Sushumna, Ida* y *Pingala.* Cuando el bebé nace comienza a funcionar bajo la fuerza celestial de oro, conectado a la Consciencia Universal y plenamente consciente de su energía divina.

Durante el momento en que se está formando la matriz de los *nadis,* sus ramificaciones se entrelazan y se forma la interconexión entre los chakras, de los cuales existen miles de millones en el cuerpo. Cada órgano, articulación, ganglio, nervio, neurona y núcleo de las células contiene chakras. Éstos, al ser centros de intercambio entre la energía física, emocional, mental y espiritual, permiten que el *prana* o fuerza vital fluya dentro de la corriente vibratoria que son los *nadis,* y cuya matriz actúa como receptor, contenedor y canal de la energía divina que fluye desde el Ser Superior hacia el resto del organismo. Esta matriz la utiliza el espíritu para dirigir el crecimiento del cuerpo físico; también funciona como sistema de comunicación entre cada órgano y sistema, distribuyendo la energía de fuerza vital a cada uno de ellos, beneficiando el sistema endocrino, circulatorio, muscular, esquelético, nervioso, linfático, digestivo, urinario, reproductivo, inmune, respiratorio, tegumentario, etc. Por eso muchas terapias manejan el flujo de energía, equilibrando los centros energéticos mediante el trabajo con los diversos *nadis.*

La acupuntura, la reflexología, el *shiatsu,* la terapia de polaridad, entre otras, trabajan a través de los chakras y la estructura energética de los *nadis.* Cada una de ellas atiende esta organización perfecta de energía según su propio punto de vista, y si bien en un sentido todas ellas son eficaces, enfatizan algunos aspectos más que en otros. Analicemos algunas de estas terapias, el modo en el que se relacionan con los *nadis* y los chakras, y cómo podemos llevarlas a la práctica:

Acupuntura: La acupuntura es una técnica que logra equilibrar el sistema energético mediante la inserción de agujas en puntos precisos. Trabaja sobre diez puntos correspondientes a los cinco órganos y cinco vísceras más importantes, actuando sobre una serie de canales, también llamados meridianos, que se encargan de repartir por todo el cuerpo el *Qi* o energía vital. La acupuntura describe doce meridianos importantes, en donde se localizan los puntos específicos que se manipulan para regular, aumentar o disminuir el flujo de *Qi.*[37]

Reflexología: Esta terapia entiende que cada uno de nuestros sentidos (vista, oído, olfato, gusto y tacto), así como pies, cerebro, médula

---

37. R. Cobos (2013), «Acupuntura, electroacupuntura, moxibustión y técnicas relacionadas en el tratamiento del dolor», *Rev Soc Esp Dolor;* 20(5): 263-277.

espinal, entre otros, están conectados con el cuerpo mediante los *nadis*. De esta manera podríamos decir que cuando vemos algo también lo estamos probando, oyendo, palpando, oliendo y pensando. Esto es posible gracias a los *nadis*. La reflexología opera a través de las zonas reflejas o puntos nerviosos interconectados con esta totalidad corporal, entendiendo que cada órgano se conecta con un punto preciso en la planta del pie, desde el cual se puede estimular cualquier parte del cuerpo. Al efectuar un masaje a la zona refleja de los pies, se activa el flujo de energía, traduciéndose en mejor irrigación sanguínea e incrementando el traspaso de oxígeno, energía, hormonas y anticuerpos, lo que resulta muy útil en la eliminación de sustancias dañinas para el organismo.[38]

Terapia de polaridad o balance energético estructural: Ésta trabaja directamente con la estructura del esqueleto, basada en la geometría divina de *la universa,* y con la energía de los *nadis*. Esta terapia considera que tanto las enfermedades de la mente como las del cuerpo físico se relacionan con el bloqueo de la energía vital. Su intención es restablecer el flujo energético libre y con ello facilitar el equilibrio de la estructura rígida que protege los órganos interiores y que sostiene todo el organismo.[39]

Cada sistema terapéutico, incluso otros en los que no nos hemos detenido (iridiología, reiki, biomagnetismo, esencias florales, etc.), está basado en los *nadis* como patrón energético del cuerpo y sigue la estructura de la llamada geometría divina, que se establece en las formas perfectas de la creación; ésta es la que sostiene y funda el aura en cada una de sus dimensiones, permitiendo el desarrollo del cuerpo humano. El conocimiento sobre el sistema de los *nadis* es inmemorial y ya se encontraba mencionado en la sabiduría de la medicina tibetana.[40] Es ahora,

---

38. Dwight Bayers (1995), *Masaje reflexológico de los pies,* Editorial Ibis.

39. Randolph Stone (2007), *Terapia de polaridad. Obras completas,* Escuela de Misterios Ediciones.

40. La medicina tibetana surgió en el siglo VII integrando en una síntesis original otras medicinas tradicionales sobre la base de un sistema médico. Se articula en tres planos: somático, tántrico-energético y dhármico-espiritual. Estos niveles, que también pueden considerarse por separado, están siempre relacionados entre sí y corresponden a los aspectos esenciales de la condición humana: cuerpo, energía y mente. Luigi Vitiello

sin embargo, cuando esta información ha dejado de considerarse mítica y finalmente se ha tomado en cuenta para su comprensión y análisis.

Es importante comprender que la forma más básica que contiene el cuerpo humano no es la cadena de ADN, sino el sistema energético que nos conforma. Que no sea posible medirlo ni verlo físicamente no significa que no sea real. Tampoco podemos medir el amor, ni el esfuerzo, aunque existe certeza de ellos.

El corazón, por ejemplo, no tendría por qué ser considerado el motor del cuerpo, ya que si así fuese, su tamaño sería mucho más grande. Entonces, ¿qué es lo que permite la circulación adecuada y fluida a través de él? El corazón es sólo un regulador de velocidad que funciona según la energía cósmica y de la Tierra. Lo que hace funcionar nuestro aparato circulatorio es el sistema de los *nadis*.[41]

Nuestro propósito divino de conseguir un cuerpo es siempre el mismo: experimentar sensaciones a través de nuestros sentidos y libre albedrío. Tal vez en alguna vida anterior no hayamos logrado realizar nuestros deseos en cuanto a trabajo o pareja o simplemente nos gustó tanto la vida en este planeta que deseamos regresar. Quizá creímos que nuestro paso por la Tierra estuvo cargado de injusticias y decidimos volver como alguien muy rico e inteligente o puede ser que hayamos tenido tanto que ahora deseamos saber lo que es la austeridad. Somos nosotros quienes elegimos nuestra vida, y es nuestro Ser Superior el que decide dónde ir y qué experiencias vivir.

Mucha gente se cuestiona: ¿por qué me pasa esto a mí? La respuesta es simple: nosotros mismos decidimos nuestras experiencias. Es importante que estas vivencias nos permitan aprender y evolucionar para que la encarnación venidera se manifieste acorde a nuestros deseos y en una relación armónica con los demás.

Sucede frecuentemente que las relaciones interpersonales nos parecen complicadas o nos causan agobio y solemos hacer responsables de

---

(2013), «Medicina tibetana: La modernidad de un antiguo sistema médico», *Humania del Sur*. Año 8, n.º 15.

41. Harold Mozkovitz (2008), capítulo VI de *Aura y Chakras,* Andros impresores, Santiago de Chile.

ello a los demás, nunca a nuestros comportamientos o a las emociones que respaldan nuestras acciones. Mucha gente, además, crea karmas[42] tan fuertes en vidas anteriores que afectan a su encarnación actual, manifestándose en enfermedad, pero si aceptamos que somos eternos, sin principio ni fin; que no es la primera vez que nos encontramos con nuestros padres, amigos o pareja; que no existe razón lo suficientemente poderosa como para producir pensamientos negativos y que la enfermedad es creada por uno mismo; entonces nos daremos cuenta que tenemos tiempo infinito para realizar cada uno de nuestros anhelos. Nuestros cuerpos son el vehículo que nos permite realizar la transformación y por eso escogimos nacer como seres humanos en la Tierra y no en otro planeta.

Así como nos parece común escoger entre una *pizza* o una ensalada para la cena, no debería extrañarnos que también poseamos la capacidad de escoger nuestra vida, cuerpo, pareja, casa o carácter. El pensamiento es poderoso y va sembrando imágenes que se corporizan. Un cuerpo sano o enfermo es producto de nuestros pensamientos y deseos y, contrariamente a lo que se cree, el cuerpo, al igual que el alma, también es energía pura, sólo que con una mayor condensación atómica.

Después de saber esto, intentemos que el paso por esta existencia se nos haga lo más placentero posible, dejando que las culpas y resentimientos nos sirvan de aprendizaje y no como motivo para enfermar. Por ejemplo, se ha comprobado que muchas de las personas que sufren de cáncer han arrastrado durante mucho tiempo emociones de baja vibración en sus diversos chakras y que la culpa o la tristeza son los principales motores de la degeneración de las células.

El motivo por el cual tenemos un cuerpo no es otro que el de ser felices y utilizar nuestras capacidades divinas de creación para gozar y aprender de nuestras experiencias. Sin un cuerpo, el Ser Superior no podría manifestarse y el alma no tendría dónde alojarse. Las sensaciones placenteras como el sexo o la comida no son negativas como

---

42. Vale aclarar que el principio del karma no es un castigo, sino una oportunidad para aprender de las experiencias vividas y crear nuevos entendimientos. Más adelante, ahondaremos en este tema.

muchas religiones hacen creer, sino que son la finalidad de nuestra encarnación. Lógicamente, no me refiero al placer corrupto como el consumo de drogas o al exceso de alcohol, sino al placer que nos concede el cuerpo de forma natural, en la interacción con uno mismo y el entorno.

En cuanto al karma, tal vez en alguna existencia previa fuimos torturadores y en el momento de encarnarnos nuevamente decidimos sentir lo mismo que nuestras víctimas para comprender un poco mejor el daño que hicimos. Quizá fuimos una mujer muy bella y esbelta que se burlaba de aquellas que no lo eran y ahora hemos regresado para sentir en carne propia lo que esto significa. El karma no es castigo, sino nuestra propia elección de crear aprendizaje y equilibrio. Si visualizamos así nuestra existencia, el «¿Por qué a mí?» desaparecerá de nuestro pensamiento, porque habremos entendido el propósito de encarnarnos y trataremos de aprovechar las capacidades que poseemos pero que hemos olvidado a causa de la programación.

Para ejemplificar cómo nuestras creencias afectan el funcionamiento natural del cuerpo, quisiera compartir un caso que atendimos en el Centro de Desarrollo Luz Dorada, en Chile. Se trata de una pareja que había intentado concebir desde hacía cinco años. A través de la lectura de aura logramos observar las imágenes que estaban almacenadas en el aura de cada uno de ellos. En el segundo chakra de la mujer, vimos claramente que ella deseaba tener un bebé para que le diera amor incondicional. Por su parte, en el hombre percibimos que la imagen que había creado del bebé era una fuerte copia de sí mismo y buscaba que éste compartiera sus gustos y viviera sus experiencias. Esta pareja, aún sin haberlo concebido, ya esperaba que su hijo o hija cumpliera sus expectativas y satisficiera sus necesidades.

Durante la terapia nos comunicamos de manera psíquica con el espíritu del bebé, quien nos dijo, «Yo no voy a encarnarme para llenar el vacío de alguien más. Yo no quiero nacer para nadie, yo quiero nacer para mí». Los niños, a nivel espiritual, procuran encarnarse en un ambiente propicio para vivir su propia experiencia, pero el espíritu de este bebé no sentía que quienes intentaban ser sus padres le estuvieran ofreciendo las condiciones de vida que deseaba experimentar.

Después, impulsados espiritualmente por el bebé, la pareja se inscribió al seminario de Sanación de Luz Dorada, donde aprendieron a construir otro tipo de creencias respecto a la paternidad, basadas en honrar la individualidad de su futuro hijo. Luego de cinco años de intentos, lograron embarazarse sólo dos meses después de haber tomado el curso.

El aura y los chakras: La estructura de nuestra consciencia

A los quince años, mi madre me contó una extraña anécdota familiar: mi bisabuelo falleció repentinamente cuando mi abuelo tenía veintiún años. Como era el hijo mayor, todas las responsabilidades del hogar cayeron sobre él. Mi abuelo, como era de esperarse, se sintió terriblemente abrumado y por un momento dudó de su propia capacidad para afrontar el reto que se le presentaba. Un par de noches después del velorio se fue a dormir con la preocupación surcándole el cuerpo. Cuando despertó, su cabello se había vuelto completamente blanco, como si todo el temor que inundaba sus pensamientos se hubiera desbordado en su cabeza. Esta historia me asombró sobremanera y despertó en mí una enorme curiosidad por descubrir cómo es que las emociones se manifiestan en nuestro cuerpo. Desde ese momento me embarqué en una profunda investigación sobre el funcionamiento de nuestros sistemas, la cual, décadas después, finalmente me ha llevado a crear estas páginas.

Para entender nuestra constitución energética profundizaremos un poco respecto a qué son y cómo funcionan el aura y los chakras, describiendo su importancia en nuestra existencia, su localización precisa dentro del cuerpo y su funcionamiento. *Chakra* es una palabra de origen sánscrito que significa «rueda que gira», porque vistos de frente, los chakras parecen círculos brillantes dando vueltas muy rápidamente. Un chakra es semejante a un cono, con la parte ancha hacia el frente del cuerpo y la punta hacia atrás; se mueven constantemente y giran en dos direcciones al mismo tiempo formando un espiral. Existen millares de estos centros energéticos distribuidos en toda célula, neurona, articulación y órgano, sin embargo, son siete los chakras principales dispuestos a lo largo de la espina dorsal y desempeñan una importante labor al momento de sanar; es en ellos donde se une la energía cósmica y de la Tierra.

Los chakras realizan múltiples funciones, entre ellas gobernar diversos aspectos de nuestra personalidad, irrigan energía de manera directa al sistema glandular y endocrino, archivan toda la información de nuestra memoria, tanto de la vida presente como de las pasadas, reciben y envían energía e información hacia el lugar y persona que deseemos, y de igual modo tienen la capacidad de transformar el campo vibratorio del cuerpo, es decir, pueden cambiar el nivel energético bajo por otro más alto o viceversa. Cuando nuestro nivel vibratorio permanece alto, significa que los chakras están en equilibrio, lo que a su vez permite un funcionamiento adecuado del cuerpo. El aura y los chakras constituyen básicamente el sistema de energía biomecánico del cuerpo humano, y si éste entra en desequilibrio, la energía, las glándulas, los órganos o el nivel de consciencia también resultarán desequilibrados y enfermos. Me tomaré un momento para describir los siete chakras principales:

Séptimo chakra o coronario, «YO SÉ»

Es un centro de energía muy poderoso situado encima de la cabeza, fuera del cuerpo, y se encarga de procesar nuestra información espiritual procedente de *la universa*; gobierna el libre albedrío y la capacidad de obtener información más elevada. En el plano físico conecta nuestras experiencias personales con la espiritualidad incrementando nuestro conocimiento. En la cultura hindú también se llama *Sahasrara*.

Sexto chakra o chakra de la frente, «YO VEO»

Más conocido como el tercer ojo, está situado justo detrás del centro de la frente; colabora en nuestra capacidad intuitiva y de proyección, además permite visualizar, apreciar colores y separar representaciones e imágenes. Es el eje central de la intuición, la cual se traduce en forma de sueños, visiones, clarividencia, todos ellos mensajes simbólicos que también nos ayudan a adquirir nuevos conocimientos y observar la vida desde otra perspectiva. Dentro de la cultura hindú también se denomina *Ajna*.

Quinto chakra o chakra de la garganta, «YO COMUNICO»

Este centro de energía está situado detrás de la hendidura de la garganta, colabora en nuestra capacidad de comunicación tanto verbal como no verbal y nos conecta con nuestro Ser Superior; lo que nos permite despertar la habilidad para comunicarnos telepáticamente. Mediante este punto energético logramos escuchar y emitir mensajes, ya que se relaciona directamente con la frecuencia de vibración en todos los niveles físicos existentes (emocional, mental, físico, etc.). En la cultura hindú también se conoce como *Vishudda*.

Cuarto chakra o chakra del corazón, «YO SOY»

Está situado en el centro del pecho detrás del esternón y gobierna el sentido de la identidad a lo largo de la vida. Es un chakra muy importante puesto que simboliza el amor, esencia universal que faculta nuestra creatividad; asimismo se encarga de dirigir nuestra capacidad para manifestar y recibir amor, de estar en paz con nosotros mismos, con los demás y el mundo entero. En la cultura hindú también se ha llamado *Anahata*.

Tercer chakra o chakra del plexo solar, «YO HAGO»

Está situado en el plexo solar a la altura del estómago y se encarga de distribuir el *prana* o energía de fuerza vital a través del cuerpo, controla el ego y la voluntad en las relaciones que mantenemos con otros seres, rige las experiencias corporales internas y externas, el nivel de consciencia que alcanzaremos en la vida y nuestra forma de ser auténticos. También se relaciona directamente con el cordón de plata. En la tradición hindú se llama *Manipura*.

Segundo chakra o chakra del páncreas, «YO SIENTO»

Está situado justo debajo del ombligo en el centro del abdomen; faculta nuestra exploración sensorial en el mundo, nuestras experiencias emocionales, así como la energía sexual, sensual y emocional. La cultura hindú lo denomina *Swadhistana*.

Primer chakra o *chakra raíz*, «YO SOBREVIVO»

Está situado en la base de la espina dorsal en los hombres y un poco más adelante en las mujeres, a la altura del hueso sacro. Contiene la información de la Tierra y el cuerpo físico, de supervivencia y protección y gobierna nuestra capacidad de crear alimento y abrigo. Es el chakra que nos mantiene en contacto con la Tierra y determina nuestra base de sujeción y estabilidad en la vida, o en su caso, inestabilidad. Dentro de la cultura hindú también se llama *Mulhadara*.

Existen otro grupo de chakras de gran importancia que están relacionados directamente con el proceso de meditación, el flujo de energía y la sanación del cuerpo; se encuentran ubicados en las manos y los pies.

Chakras de las manos

Están dispuestos en las palmas de las manos, y cuando se encuentran abiertos funcionan como canales curativos para el transporte de la energía creativa. Procesan, además, toda la información recibida del entorno, sin embargo, cuando están cerrados se produce una baja en nuestra creatividad e insuficiencia para manifestar realidades.

Chakras de los pies

Situados en las plantas de los pies, nos permiten estar conectados constantemente con la Madre Tierra, expulsando así el exceso de energía o las vibraciones ajenas que podamos tener en el cuerpo. Sin embargo, cuando están cerrados perdemos el lazo con *la planeta*.

Todos los chakras trabajan juntos debido a que son un sistema completo que cuando falla, pierde su alineación, provocando una serie de carencias en el organismo:

Séptimo chakra o coronario o del YO SÉ: Se produce una pérdida de libre albedrío, confusión, desorientación, inhabilidad para tomar decisiones, calvicie, fallas en la glándula pineal, migraña, incapacidad de crear la propia realidad.

Sexto chakra, chakra de la frente o del YO VEO: Poca habilidad de contemplación, carencia de comprensión espiritual, problemas en los ojos, falla de la glándula pituitaria e hipotálamo, dolores de cabeza y confusión.

Quinto chakra, chakra de la garganta o del YO COMUNICO: Incapacidad para comunicarse, malos entendidos o disputas con los demás, problemas con la voz, la garganta y los oídos, falla en las glándulas tiroides y paratiroides, hombros, barbilla y boca.

Cuarto chakra, chakra del corazón o del YO SOY: Falta de amor propio y poca capacidad para amar a los demás, problemas en las relaciones personales, baja autoestima, problemas respiratorios, pulmonares y del corazón, alergias, asma.

Tercer chakra, chakra del plexo solar o del YO HAGO: Problemas del ego, carencia de energía, falta de voluntad, exceso de peso en el área del estómago, pérdida de energía o vitalidad, apatía, desordenes estomacales, incapacidad de proyección, problemas en el metabolismo, hígado, vesícula, posibilidad de diabetes.

Segundo chakra, chakra del páncreas o del YO SIENTO: Problemas sexuales, emocionales, alergias, desordenes de la piel, nerviosos, enfermedades en el sistema reproductivo, intestinos, posibilidad de hernias.

Primer chakra, chakra raíz o del YO SOBREVIVO: Inestabilidad laboral, incapacidad para vivir en alguna parte de forma permanente, presencia de hemorroides, afección de la próstata en hombres y del útero en mujeres.

En síntesis:

El primer chakra, o *chakra raíz,* gobierna la sobrevivencia: **yo sobrevivo o existo.**

El segundo chakra, bajo el ombligo, gobierna emociones, sensualidad y sexualidad: **yo siento.**

El tercer chakra, en la boca del estómago o plexo solar, gobierna la voluntad y el modo de hacer las cosas: **yo hago.**

El cuarto chakra, o chakra del corazón, gobierna la identidad y el amor: **yo soy.**

El quinto chakra, en la garganta, gobierna la capacidad de hablar y escuchar: **yo comunico.**

El sexto chakra, en la frente, gobierna nuestra capacidad de visión en la vida: **yo veo.**

El séptimo chakra o chakra coronario, gobierna la información espiritual: **yo sé.**[43]

Los sistemas de aura y chakras no son independientes el uno del otro, sino que conforman una estructura perfecta de flujo de energía

---

43. Ésta e información más detallada sobre los chakras y el aura está disponible en la obra de Harold Moskovitz (2011) *Aura y chakras.* Andros Editores.

que actúa como fuente de vida para todo nuestro organismo. En cada chakra, de los siete principales, hay plexos nerviosos que se originan en la columna vertebral e irradian energía hacia el resto del cuerpo, el cual logra percibir los estímulos del mundo a través de sus cinco sentidos, que a su vez son regidos también por los chakras. Antes de conocer algo mediante nuestros sentidos lo percibimos de forma simultánea con el plexo de cada chakra, los cuales al encontrarse perfectamente alineados crean una vibración lumínica a nuestro alrededor denominada *aura*. Somos auras habitando cuerpos, por eso cuando una persona está muy enferma o a punto de morir, su aura baja en calidad vibratoria, opacándose o simplemente desapareciendo.

El primer chakra es capaz de reconocer distancias, lo que nos ayuda a cruzar calles y avenidas; a partir de su facultad para abrir o disminuirse, similar al obturador de una cámara, puede calcular la velocidad y distancia de los autos a medida que envía energía hasta el tercer chakra, *yo hago,* que gobierna la glándula suprarrenal, la cual a su vez da la orden para producir adrenalina y, por ende, el movimiento. Cuando ya hemos cruzado la calle, los chakras regresan a su estado normal; nunca se abren o cierran al 100 por 100, sólo entre un 20 y 80 por 100 como máximo, según la situación. Esto demuestra cómo el sistema de chakras funciona de forma eficaz y cómo percibimos primero a través de ellos y después a través de nuestros sentidos.

Por su parte, el aura se manifiesta como un campo de energía alrededor de cada persona. Es luz que rodea al cuerpo físico, y aunque parece emanar de él, es energía que proviene del Yo Superior. Esta energía de fuerza vital crea las capas del aura que colaboran con el equilibrio de los chakras y por lo tanto de todo nuestro sistema. La primera capa contiene el sentido de supervivencia e información de la Tierra; la segunda contiene energía e información emocional, sexual y sensual; la tercera demuestra cómo utilizamos nuestra energía mental para crear el entorno; la cuarta representa nuestra identidad en la vida y demuestra cómo nos amamos y amamos a otros, en el momento actual, pasado y futuro; la quinta capa se refiere a la comunicación, a hablar y escuchar a otros y a nosotros mismos en diferentes niveles físicos y psíquicos; la sexta muestra nuestras capacidades mentales y cómo nos relacionamos con el mundo, y la séptima capa refleja el sentido de propiedad sobre nuestro cuerpo, la capacidad de libre albedrío y el conocimiento sobre nuestra información espiritual.

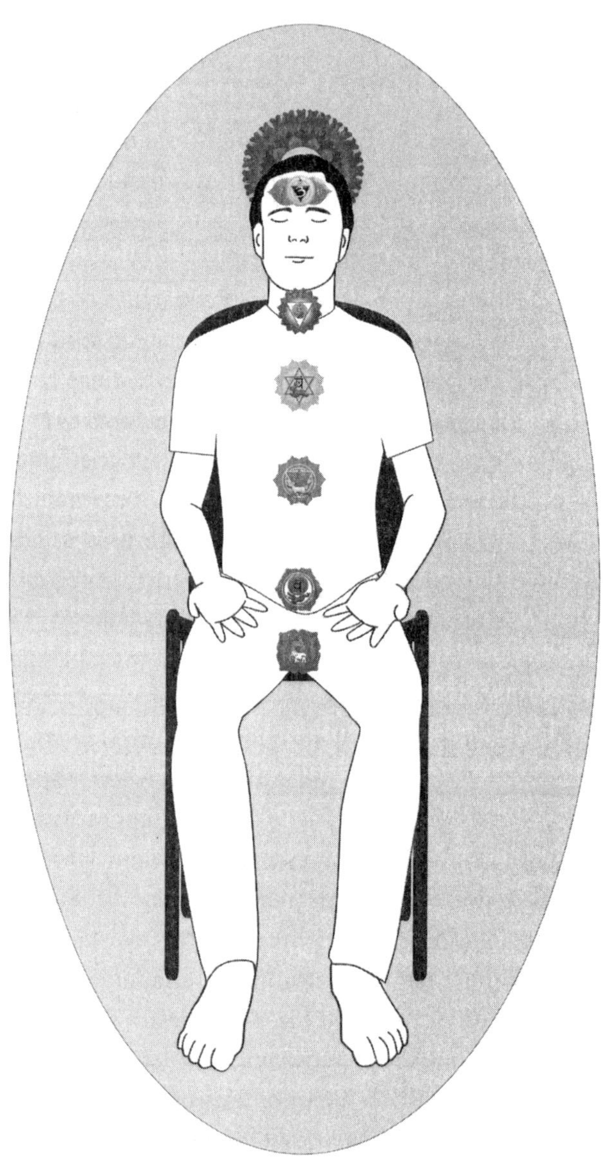

Cómo percibimos a través de nuestros chakras.

Con los chakras en equilibrio generamos la vibración necesaria para materializar cada pensamiento, idea y creencia. Las capas del aura poseen funciones diferentes e información emocional, a través de ellas se logra reconocer, según nuestra capacidad clarividente, el estado en el que se encuentra una persona. Por ejemplo, la cuarta capa se relaciona directamente con la identidad, y algún color particular en ella podría orientarnos sobre cómo se siente emocionalmente la persona respecto de la identificación consigo misma y con los demás seres.

Los colores que existen en el aura son las diversas energías con las que el Ser Superior se expresa en el cuerpo físico. La energía vibra más rápidamente que la materia, por lo que la vida misma existe antes dentro del aura que en el cuerpo físico: nuestros cuerpos y vidas son reflejo del aura. Por tanto, cualquier cosa, una enfermedad, un nuevo trabajo, una nueva relación, un accidente de tránsito o la salud existirán primero en nuestra aura antes de manifestarse en nuestras vidas. La gente que ha desarrollado su poder clarividente puede predecir un acontecimiento futuro en nuestra vida porque éste ya existe en un nivel espiritual, en las imágenes de nuestra aura. Sin embargo, cabe aclarar que, dado que el tiempo es una unidad relativa y no es fijo, estas predicciones o imágenes futuras contenidas en nuestra aura no son un hecho ineludible, sino probable.

Si comprendemos claramente que la vida entera puede transformarse mediante el equilibrio del aura y los chakras, lograremos modificar todo aquello que obstruye el cumplimiento de nuestras metas, pues nuestro sistema energético es muy específico y eficiente: almacena energía e información llevándola a donde es más necesaria para luego utilizarla y realizar la tarea a la que nos dispongamos. La energía de la Tierra y la energía solar cósmica son la base sobre la que se construye todo en *la planeta*. Al encontrarse y combinarse dentro de nuestro cuerpo, activan los chakras generando como consecuencia el equilibrio en nuestro sistema energético.

El aura y los chakras corresponden, en suma, a la estructura que da forma al cuerpo y permite que el Ser Superior tenga acceso al plano terrenal donde existe el cuerpo físico; facilitando además la unión entre cada sistema, tanto el físico como el espiritual: «Cuando aquél (el Ser

Superior) está en perfecta unión con el cuerpo, los sentidos y la mente, los sabios llaman a ese estado la Dicha Suprema».[44]

El estudio de este sistema de funcionamiento energético data de hace más de 7500 años, y la primera fuente de conocimiento que los nombra se encuentra en los *Upanishads:* «Sí, en verdad el aliento es la savia de los órganos del cuerpo. Por consiguiente, aquel órgano que deja de recibir el aliento vital, se seca, pues deja de recibir la savia de los órganos del cuerpo».[45]

Gracias a nuestra estructura espiritual, nuestro cuerpo es capaz de regenerarse casi por completo en un período de 7 a 10 años. Recientemente la ciencia ha demostrado esto, sin embargo, el tiempo de renovación depende del trabajo que desempeñan las células de cada tejido. Por ejemplo, las células que recubren el estómago tienen un período de vida de 5 días. Las células de los glóbulos rojos duran aproximadamente 120 días. Por su parte, la epidermis (la capa de la piel que está más expuesta al ambiente) se recicla cada dos semanas, mientras que el hígado de un adulto es capaz de renovarse completamente entre 300 y 500 días. Incluso los huesos cambian, de hecho, todo el esqueleto de un adulto se reemplaza celularmente cada 10 años.[46] Con la ayuda de la energía del Ser Divino, la luz y el aire, la totalidad de la máquina corporal se transforma constantemente en una nueva.

La energía es consciencia materializada a través de los elementos, sin embargo, éstos no son autoconscientes como lo somos nosotros; por ejemplo, el agua existe, mas desconoce su propia composición. El agua, la tierra, el fuego, el aire, están cargados de información precisa de la constitución de *la planeta*, pero a diferencia de nosotros, los elementos no tienen la oportunidad de conocerse a sí mismos.

Toda esta información está siendo trabajada por los físicos cuánticos, quienes han entendido cómo aplicar la espiritualidad a la ciencia y viceversa. Actualmente poseemos la tecnología para poder observar

---

44. *Khata Upanishad,* primer adhaya, tercer valli.

45. *Brihadaranyaka Upanishad,* primer adhaya, tercer brahmana.

46. Nicholas Wade (2005), «El cuerpo humano sólo tiene 10 años», http://elpais.com/diario/2005/09/21/futuro/1127253601_850215.html#despiece1.

el aura, conocer su color e interpretar su relación con los malestares físicos de la persona. Sin embargo, durante mucho tiempo se dijo que la fotografía del aura era una farsa, sin considerar siquiera cuánto podía revelarnos acerca de nuestras necesidades, emociones y sistemas.

A través del aura y los chakras manejamos nuestro cuerpo, pero también nuestro nivel de consciencia. La totalidad de nuestra estructura energética actúa como una *universa* particular, en la cual existen millones de habitantes igual que en un sistema solar. Para esos organismos vivos, nuestro cuerpo es su *universa*, y nosotros su Dios y creador. Esta misma dinámica es la que se manifiesta a diario en nuestra relación con la divinidad. La imaginación funciona de manera semejante. Podemos crear cada una de las cosas que deseamos, con tan sólo pensar en una imagen que luego se manifestará a través de los chakras.

Somos divinidad encarnada

El estado natural del ser humano es la integridad y el amor. Incluso al nacer, nuestra aura brilla con colores de luz, en rosa y en dorado, pero cuando los juicios son introducidos en nuestros pensamientos, los chakras poco a poco se opacan. Al concebir al ser humano separado de la divinidad, introducimos en nuestra consciencia los conceptos de muerte, temor, culpa y los juicios de *bueno* y *malo;* y esto debilita nuestra capacidad para sentir amor incondicional, pues adoptamos la idea de que el amor se puede condicionar y controlar.

Para Dios, en su naturaleza superior, todo es perfecto en sus distintas formas y presentaciones, y por eso él, al igual que nosotros, es amor incondicional, es energía y consciencia. Todo lo que nos rodea conforma su inmensa creación, nosotros mismos somos él y parte suya. Para muchas religiones, esto significaría una herejía, pero cada uno de nosotros contiene la divinidad y somos partícipes de la creación a cada instante. Uno de los científicos más grandes de la historia, Albert Einstein, desde su perspicacia, cuestionó algunos principios firmemente establecidos en la ciencia y la religión, basando sus teorías en esta conjetura: «La palabra Dios no es para mí otra cosa que la expresión y el producto de la debilidad humana, y la Biblia, una colección de leyendas honorables pero primitivas, tremendamente infantiles. Ninguna interpretación, no importa lo sutil que resulte, puede cambiar esto»,[47] y obtuvo con ello innumerables críticas y juicios, entre ellas la de ateo.

Creer que cada uno de nosotros es un ser divino capaz de crear a voluntad, bajo ninguna circunstancia es aceptado por la mayoría de las Iglesias, pues, desde su perspectiva, se trata de una premisa que le resta importancia y autoridad a la entidad eclesiástica. Pero la espiritualidad no puede situarse dentro de una institución; así lo entendió Einstein y lo comprenden algunos científicos de la nueva física, quienes han comenzado a reconocer en la naturaleza de todo lo creado la cualidad energética de la inmaterialidad. Las teorías de Einstein son traducción matemática de las visiones psíquicas que cultivaba en su mente tras comprender el proceso de materialización.

La forma en la que vivimos es la representación de nuestros dogmas. Al momento de nacer, nuestra red de neuronas ya existe, pero no sus conexiones, que son las que nos guiarán por el resto de la vida; estos nexos se forjan en los primeros cinco años.[48] Por eso después de un tiempo estas conexiones se vuelven tan rígidas que nuestra estructura intelectual se hace resistente al cambio y nos anclamos fuertemente a nuestras creencias. Los pensamientos creados a través de la experiencia es lo que llamamos programación.

Para explicar con mayor profundidad esta idea, me gustaría compartir un ejemplo. Durante mi larga experiencia en los tratamientos alternativos, he sanado decenas y decenas de casos de colon irritable. Todas las personas que lo padecen presentan más o menos el mismo patrón emocional: irritabilidad, aprensión, nerviosismo, etc. Al indagar sobre su pasado y su crianza, me encuentro con que la madre de estos pacientes también era una persona nerviosa que los regañaba con enojo y frustración cada vez que ellos cometían un error. Luego, procedo a rastrear psíquicamente el porqué del proceder de su madre y co-

47. «La carta de Einstein sobre Dios y la Biblia será subastada por internet» (2012), *CNN Noticias*. http://mexico.cnn.com/tecnologia/2012/10/03/la-carta-de-einstein-sobre-dios-y-la-biblia-sera-subastada-por-internet.

48. Feggy Ostrosky (2010), «El desarrollo del cerebro», http://portal.oas.org/LinkClick.as px?fileticket=QSVgfnifmNc%3D&tabid=1932.

múnmente veo que ella lo hacía porque su propia madre la crio de esa manera, y ella a su vez fue criada así por su madre. Es decir, han sido generaciones completas de este estilo de crianza. Finalmente, al buscar en qué se fundamenta esta programación, he visto múltiples imágenes que evocan a la religión, cruces, vírgenes, templos, etc. Debido a esto, he llegado a la conclusión de que gran parte de la programación surge de la enseñanza religiosa que promueve la imagen de un Dios enojadizo, controlador y manipulador, lo cual nada tiene que ver con la verdadera naturaleza divina.

Nosotros, como semejantes de Dios, a cada momento estamos diseñando nuestra vida mediante la imaginación. Ésta es tan importante que incluso creamos y nos comunicamos con las imágenes que se alojan en el aura. El sonido que describe la imagen es lo que conocemos como palabras, por lo que podemos decir que nuestro idioma es una colección organizada de sonidos que evocan imágenes; las cuales después usamos para producir, manifestar y crear tanto lo que deseamos como las enfermedades que nos aquejan.

Seguramente, alguna vez te ha ocurrido que, tras un día estresante, te dices «Creo que me voy a enfermar» y a la mañana siguiente despiertas con gripe. O quizá te ha pasado que después de comer, piensas «Me va a caer mal la comida», y al poco rato sientes dolor de barriga. Esto ocurre porque nosotros vivimos lo que creemos. De esta manera, los patrones emocionales negativos que absorbimos en la infancia e incluso antes de nacer, en el vientre de la madre, permanecen almacenados en nosotros en forma de imágenes y disminuyen la frecuencia vibratoria de nuestra aura; lo que deteriora o frustra el proceso natural de renovación del cuerpo y trae como consecuencia la manifestación de enfermedades.

Otras formas de consciencia

De todos los seres en la Tierra, los humanos nos constituimos como los más desarrollados porque poseemos siete chakras y mayores posibilidades dimensionales, pero en otros planetas y galaxias existen especies con un nivel de vibración más alto, que disfrutan de las mismas capacidades y aprovechan mayormente sus cualidades como seres espirituales. En este mundo, sólo nosotros y los delfines nos manifestamos en nuestro microcosmos del mismo modo en que Dios expresa su consciencia a nivel macrocósmico. Tal vez en el ADN somos distintos, pero en nuestra estructura de consciencia llevamos a cabo la misma dinámica energética porque de todos los seres del reino animal, únicamente los delfines poseen séptimo chakra, y esto les permite experimentar una consciencia espiritual tan desarrollada como la nuestra.

Además de compartir la Tierra con los diferentes animales y plantas conocidos por nosotros, también coexistimos con una inmensa variedad de entidades energéticas distintas, las mismas que han sido plasmadas por la tradición oral y la literatura. No es casualidad, por ejemplo, que en diversas culturas se tenga registro de pequeños seres parecidos a los humanos que viven en los bosques y los resguardan, y dependiendo de la región, son conocidos como duendes, elfos, aluxes, etc. Estas criaturas *fantásticas* que cohabitan con nosotros en *la planeta* fueron relegadas al espectro de fábulas y mitos, porque fuimos enseñados a rechazar e ignorar su presencia para mantenernos separados de su energía mística.

A través de las técnicas que enseño en mis seminarios es posible restablecer la comunicación con estas energías, las cuales están localizadas en niveles vibratorios distintos a los nuestros. Es un hecho que no somos el único tipo de manifestación de consciencia que existe en *la planeta,* y aunque la mayoría de las personas no logra verlas, ellas son igual de reales que nosotros. Por ejemplo, podemos encontrar elfos, hadas, gnomos, salamandras, silfos, ondinas, ninfas, dríades, sirenas y gnominas. Estos seres son parte del Reino Elemental y se dividen en cuatro órdenes, determinados para cada uno de los elementos que los conforman: fuego, aire, agua y tierra. Estos seres, al igual que nosotros, conforman el espíritu, la energía y fuerza de *la planeta,* sólo que ellos participan únicamente en dos o tres dimensiones, mientras que nosotros estamos en siete debido a nuestra evolucionada estructura de consciencia.

Es muy probable que durante la infancia tuviéramos consciencia de la existencia de estas criaturas, pero al ir creciendo, la duda y la confusión prevalecieron como consecuencia de las enseñanzas de nuestros padres. A partir de la programación que recibimos, decidimos pensar que estos seres no eran reales, pues contradecían lo que estamos acostumbrados a llamar *normal*. No obstante, ahora sabemos que cada uno de los objetos que nos rodea son átomos en movimiento con un nivel propio de energía o alma. Entonces, podemos decir que la Madre Tierra, al igual que una montaña, tiene consciencia y que cada ser existe en diversos niveles: moléculas, átomos, animales, rocas y árboles, existe en diferentes estados de energía.

Tenemos un cuerpo, ahora ¿qué hacemos con él?

El cuerpo humano fue originalmente diseñado para vivir 500 años como mínimo y un máximo de 10.000. Todos los seres humanos nacemos con la capacidad de comunicarnos de forma espiritual, física, emocional o mental, sin embargo, con el paso del tiempo, estas facultades han disminuido en proporción directa a las limitaciones que introducimos en nuestra vida diaria. ¿Cómo puede ser que un árbol o una tortuga viva más tiempo que nosotros? ¿Cómo podemos pretender tener conocimientos sobre *la planeta* si sólo vivimos 70-80 años?

Entiendo que podría ser difícil para algunos asimilar que vivimos en el mismo nivel de consciencia que Dios; sobre todo si comparten la idea de que Dios vive en el cielo, a una altura inaccesible para nosotros. No obstante, ésta es una aseveración falsa, porque como hemos dicho, todos poseemos sus mismas cualidades, tenemos la capacidad de crear y modificar situaciones, nuestro libre albedrío nos da la posibilidad de elegir, visualizar y lograr cualquier cosa. A pesar de eso, los problemas de la humanidad persisten y no conseguimos darnos cuenta de que la solución es tan simple como reencontrarnos con nuestra divinidad.

Una vez escuché una historia que ejemplifica esto último: había en una granja un pajarillo que cayó desde su nido y fue a parar a un arbusto. Asustado, el pajarillo comenzó a piar hasta que un gato lo escuchó y se acercó a él. El gato, al verlo tan indefenso y frágil, lo recogió con su hocico y en vez de comérselo, como el ave esperaba que hiciera, lo llevó con una perra que cuidaba de sus cachorros. La perra, que nunca había criado un ave, lo acogió entre los suyos y el pajarillo se adaptó a esas nuevas condiciones que le permitieron sobrevivir hasta que reconoció sus alas y descubrió el potencial de su verdadera naturaleza. Un día, el ave emprendió el vuelo y se fue; pero siempre guardó gratitud por aquellos animales que le ayudaron a volverse lo suficientemente fuerte como para alcanzar el cielo. Lo que trato de demostrar con esta historia es que es posible aprender, adaptarnos y transformarnos porque nuestra existencia rebasa los límites del mundo terrenal, nosotros somos espíritus incontenibles.

Nosotros percibimos la realidad en que vivimos como única, pero no lo es, es una de las muchas percepciones de lo que puede ser real, ya que existe un infinito campo de posibilidades de las cuales nosotros decidimos qué tomar y qué dejar. Por ejemplo, en el proceso de la visión, lo que distinguimos efectivamente es luz; y cuando tocamos, lo que en sí estamos palpando es un campo de moléculas. No estamos tocando, sino percibiendo vibraciones; el tocar, por lo tanto, también es indirecto. Todo depende de la vibración, densidad y frecuencia que llega a la retina para que ésta lo transforme de luz a imagen.

Lo mismo ocurre con los sonidos, una orquesta, por ejemplo, no está afuera, sino dentro de nosotros, ya que el sonido es vibración de las moléculas de aire, y a través de éstas la música es percibida no sólo con el oído, sino con el cuerpo entero. Con el tacto o la vista podemos sentir que el nivel en el que existimos es real, pero la percepción de nuestros sentidos es una medida muy limitada y bastante relativa, como ya hemos visto anteriormente. Es decir, lo que estamos percibiendo en sí, es la vibración de las cosas en tanto energía, no en tanto materia. En los *Upanishads,* por ejemplo, se explica que la memoria humana era capaz de recordar escrituras completas; si observamos nuestra situación actual, con mucha suerte logramos recordar lo que hicimos ayer.

Como seres emanados de la divinidad, no tenemos razón alguna para dudar de nuestras capacidades, por lo que, en teoría, podríamos confiar plenamente en nosotros mismos. Sin embargo, desde pequeños se nos ha dicho que el único ser en quien podemos depositar nuestra confianza es Dios. Cuando la confianza en uno mismo se proyecta hacia una entidad externa a nosotros, se transforma en fe y entonces uno renuncia a su propia capacidad creadora. Confianza y fe son, por lo tanto, conceptos absolutamente distintos. Suponemos que Dios es un ser al que hay que temer, porque castiga y enjuicia; suponemos que somos carne y no espíritu, suponemos que dependemos de alguien, suponemos..., suponemos. Este tipo de suposiciones son las que utilizamos comúnmente para convencernos del grado de veracidad de las cosas. Es decir, si vamos por la carretera en auto y vemos un tren a lo lejos que se aproxima en dirección contraria, no sabremos con claridad si está en movimiento o estacionado. Buscaremos un punto de referencia, uno neutro, que podría ser un árbol. Medimos la velocidad con base en ese punto cero pensando que el árbol se encuentra detenido; así es como lo conocemos y nos han enseñado siempre. Sin embargo, ésta también es una verdad relativa. El árbol es relativo a todo: al tren, a nuestros sentidos, a todo lo que lo rodea.

Debido a nuestra enseñanza y programación, olvidamos que nada en *la universa* se encuentra estático y que, por tanto, este árbol jamás será un punto neutro porque definitivamente nada ha estado, está ni estará detenido. La savia del árbol, sus células, moléculas, átomos, hojas, todo en él está modificándose y se encuentra en un mundo que constantemente gira alrededor del Sol, que también está en movimiento. El sistema solar está rotando en la galaxia y ésta está en movimiento también. Si analizáramos el mundo desde esta perspectiva, sabríamos que tanto ésa como todas las visiones que experimentamos son relativas. Esta realidad se manifiesta sólo bajo un punto de vista y, al igual que el árbol, jamás será estática.

Teniendo un punto cero podemos lograr una medida para todo: temperatura, gustos, peso, texturas; pero esta neutralidad es imposible de lograr porque nuestra naturaleza no lo permite. Aquellas personas que aseguran ser fuente de razón y creen ser punto de referencia para todo, ignoran que son exactamente iguales al resto, que no son más ni menos divinos que un semejante y que cada uno tiene su punto cero, porque la verdad también es relativa. Ésta es la explicación más fácil y concreta de la teoría de Einstein, a quien se le atribuye la frase de: ***«La imaginación es más importante que el conocimiento»***. La inteligencia sólo nos permite comprender el mundo en tanto materia, mientras que la imaginación nos abre caminos más allá de lo tangible y comprobable. El desarrollo de la imaginación nos muestra aquello de lo que fuimos separados al momento de crecer, permitiéndonos recordar procesos con los que nacimos y que perdimos en el camino.

Muchas veces no comprendemos por qué los niños dibujan las hojas de un árbol de color rosa o azul. «Yo siento que el árbol me ama y que sus hojas son rosadas», respondería un niño. Pero sus padres le enseñan que todo lo que no corresponda con la realidad conocida es falso; las hojas del árbol son verdes porque es lo *normal*.

Entender de qué manera nuestras creencias han logrado interferir en nuestras vidas es sencillo, pero en ocasiones lo que nos resulta impensable es creer que somos capaces de cambiar. Muchas personas concluyen que no pueden cambiar, el «Soy así y punto» es común entre quienes están inmersos en un estilo de vida angustiante o resentido. No obstante, no importa la edad ni lo poderosa que sea nuestra estructura o creencia, siempre es posible transformar los patrones que nos rigen.

Todas las emociones se basan en las creencias, y si lo deseamos, podemos modificarlas; puede parecer difícil al principio, pero no es imposible, ya que somos capaces de jugar con nuestra imaginación y energía; por eso mi propuesta es revolucionaria, pues modifica desde el fondo los principios de las creencias. Desarrollo Luz Dorada no se trata de una religión, sino de una organización que se creó para invitar a las personas a reflexionar sobre la forma en cómo establecen y estructuran sus emociones, sus creencias y su manera de interpretar su vida. La espiritualidad es parte de todos los seres humanos y nuestros cursos están basados en información ancestral de la India. Nuestra aura y nuestros chakras nunca han sido parte de una religión, y conocerlos es como si aprendieras sobre cómo funciona tu estómago, tu corazón, tu páncreas o tu cerebro, pero a nivel energético-espiritual. Es común que consideremos que la realidad es de determinada manera, pero como ya hemos dicho, el mundo es tan infinito como nosotros. **Nuestra realidad es lo que creemos.**

Ya que nuestro Ser Superior es inmortal, tenemos la posibilidad de pasar por muchas existencias continuamente sin perder nuestra conexión directa con Dios. Por ejemplo, no dejamos de ser nosotros mismos por el hecho de haber perdido un cabello o una uña. Sucede lo mismo con nuestras muchas existencias. El pelo crecerá al igual que las uñas, y del mismo modo, obtendremos otro cuerpo. Exageremos un poco más: si perdemos un dedo no perdemos nuestra esencia, igual que nuestro espíritu no cesará sólo por haber perdido un cuerpo, al contrario, se mantendrá siempre y migraremos a otro cuerpo o estado de consciencia.

El cuerpo posee su propio nivel de inteligencia, es consciente de sí mismo y también de otros cuerpos. Un perro también es consciente de sí mismo, de su alimento, su ambiente, su estructura propia y de su dueño. Él responderá cuando se le llama, avisará cuándo quiere comer o ir a jugar, sabrá cuando le pica el lomo y se rascará, sin embargo, el perro no es consciente de que es un perro.

Al igual que los animales, nuestro cuerpo es consciente de sus funciones, sus órganos internos y de que está vivo, sabe cuándo está en presencia de otros cuerpos y tiene una reacción física ante ellos. Se hace más fácil entender esta forma de proceder si la observamos a nivel celular. Las células de nuestro cuerpo pueden distinguirse e identificarse a sí mismas de otras células y crear un estado de defensa y rechazo, como es el caso de algunos trasplantes. Sin embargo, las células del cuerpo no saben que son células. Conocen sus funciones y las realizan, se distinguen unas de otras y saben relacionarse entre ellas, saben si la célula ajena es amistosa o no, pero no son conscientes de su identidad, no saben que son parte del hígado o del páncreas. Por este motivo nuestros cuerpos pueden existir en estado de coma, pues aunque no tengan consciencia de sí mismos, las funciones orgánicas se siguen llevando a cabo.

Muchas de las personas que se encuentran en estado de coma sobreviven sin la presencia del espíritu. Son cuerpos que están vivos, pero no son conscientes de sí mismos, pues no hay en ellos una consciencia que los habite ni que active debidamente el aura y los chakras. No en balde, a este estado también se lo conoce como «vegetativo». Se trata de un estado distinto al de la muerte, pues el cuerpo tiene suficiente inteligencia para realizar las funciones mínimas que lo mantendrán con vida, pero para ello no es necesario que el espíritu esté dentro del organismo; por lo que en esos casos podríamos decir que aunque el cuerpo vive, la persona ya no existe.

Hace un tiempo en uno de mis seminarios, una alumna expuso una experiencia que había vivido a nivel energético: mientras ella jugaba con una fruta, sintió energía en su mano, una energía que le pareció como si los colores vibraran. Dijo que no había visto la fruta como tal, sino que había percibido una luz en el sitio donde estaba la fruta. Deseaba que alguien le explicara lo que estaba sucediendo. Yo atendí a su inquietud con una pregunta: «¿Acaso no son así todas las frutas?», «No, no me enseñaron que fueran así», respondió rápidamente. Así como le ocurrió a la chica, podemos decir que son nuestras creencias las que nos llevan a aseverar que la realidad es sólida, sin embargo, todo en *la universa* se constituye de energía que vibra igual que la fruta que ella percibió.

Ver un objeto en su estado puro no es algo para alarmarse, al contrario, esto significa que estamos dejando de lado las creencias y programación para comenzar a ver las cosas tal como son en realidad. Una fruta se compone de puntos de luz, moléculas, átomos, energía y fuerza vital, y nosotros estamos posibilitados para percibir cada uno de estos niveles. Las técnicas que enseño fueron creadas precisamente para desprogramar este conjunto de conceptos, pero no con la intención de reprogramarnos con otros, sino para permitirnos ver la vida tal cual es y podamos experimentarla con plena libertad.

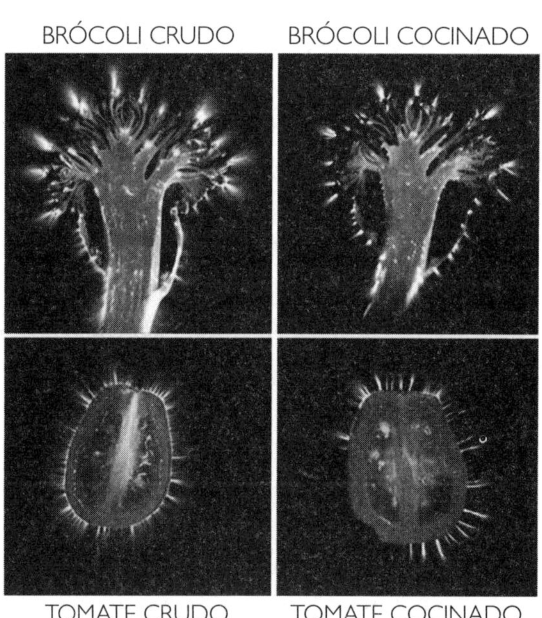

Una verdura como luz.

¿En qué creemos? ¿Ciencia, espíritu o religión? El dogma aparece nuevamente. Una parte de nuestra consciencia se rige constantemente por el dogma, mientras que la otra suele ver las cosas en su estado puro; cuando esta parte de nuestra consciencia aflora, nos sentimos extrañados y confundidos, cuando lo verdaderamente extraño es percibir la realidad como materia. La realidad dependerá de cada quien. Por un momento, la chica del ejemplo anterior olvidó sus dogmas y logró ver como espíritu a otro espíritu, recordó su origen, se desprogramó.

Si me conozco a mí, puedo conocer *la universa*

Los seres humanos somos autoconscientes y es precisamente este conocimiento de uno mismo el que nos permite definirnos como seres que poseen y disfrutan de un cuerpo físico, pero este último sólo actúa como vehículo para el Ser Superior, que es quien tiene la capacidad de elegir si quiere o no responder a las peticiones del cuerpo. El cuerpo no tiene esta opción y sólo si la persona da la orden para levantar el brazo, éste se levantará. Podemos ver que hay una diferencia concreta entre el cuerpo y la persona; por lo tanto, esto que llamamos persona es el estado de consciencia.

Si el Ser Superior pudiera verse, aparecería como una esfera de energía, con consciencia y vida que se desprende directamente del Ser Supremo. Es la parte de nosotros que toma las decisiones, que dirige el desarrollo del feto en la matriz y que crea los temas principales en nuestras vidas. Él es quien deseó encarnarse y experimentar sensaciones mundanas a través de un cuerpo terrenal, y cuando lo obtiene, se le otorga el dominio sobre el cuerpo y se convierte en su sistema operativo.

Generalmente, solemos pensar que el espíritu o Ser Superior y el alma son la misma cosa, pero la diferencia radica en que mientras el primero es la consciencia misma, la segunda sólo es la parte del Ser Superior, que mantiene el registro de cada una de sus encarnaciones y es el que «ancla» el espíritu al cuerpo físico. El alma se encarga de guardar las semillas de quiénes somos, nuestra esencia y contiene la trayectoria de vida de las personas.

La consciencia está formada de una estructura diversa que contiene capas, sustratos y densidades de aura; del mismo modo posee varias funciones en sus cuatro niveles: espiritual, mental, emocional y físico. Las densidades del aura son comparables a las octavas en la música, por las escalas en las que se mueve.

La primera densidad, al ser la más cercana a nuestro plano físico, es donde se encuentran los colores y el nivel emocional. Es así como los colores contienen vibraciones, y al ver un tono determinado sentimos también una determinada emoción. Es, digamos, la vibración primordial.

La segunda densidad es donde se encuentran las imágenes vividas en un pasado cercano, hasta dos semanas atrás, donde habitan las representaciones de nuestra vida con su respectiva emoción y se guarda cada imagen que construimos en nuestra aura y que, a su vez, la modifica. Estas representaciones se transforman luego en cierto color del aura, aunque el significado depende de la intensidad del color; por ejemplo, la cólera podría aparecer en rojo oscuro, la comprensión en verde, el amor en rosa, la debilidad o pronta muerte en negro, etcétera.

La tercera densidad se encarga de la simbología presente en nuestras imágenes de más de dos semanas atrás y, al igual que las dos anteriores, proporciona información acerca de nuestra personalidad.

La cuarta densidad es donde existen formas geométricas tridimensionales vibrantes y puede contener hasta 10 millones de representaciones a partir de diversos tiempos de la vida. Esta densidad habla de la culpabilidad, cólera, frustración y otras emociones poderosas que el individuo puede haber sentido. Corresponde a uno de los niveles más altos, ya que es capaz de contener la información de una serie de vidas pasadas y de transmitir toda esa información de forma simultánea.

La quinta y sucesivas densidades se individualizan en cuanto a roles y funcionalidad, dependiendo del ser humano mismo como entidad, ya que hay una cantidad infinita de octavas que contienen los interminables niveles de los sentidos. Cada persona vive en el propio nivel de sus sentidos, que depende de su forma de observar *la planeta* y su apreciación hacia cada uno de los acontecimientos que le suceden, produciendo otros acordes a su estado vibratorio.

También los chakras manifiestan densidades:

Primer chakra y primera densidad: Los átomos y las moléculas
En esta primera densidad somos conscientes de nuestro cuerpo físico
y sobrevivencia. A través del primer chakra somos conscientes respecto
de las necesidades primarias como el alimento, el abrigo y la familia.
Es el conocimiento unidimensional de la vida donde uno experimenta
simplemente la materia física.

Segundo chakra y segunda densidad: Las plantas y los animales
El segundo nivel de consciencia corresponde a nuestro cuerpo emocional, que se comunica fácilmente con nuestro nivel físico. Asocia las
funciones del cuerpo físico con el sistema nervioso y los órganos internos. En esta fase es donde encontraremos a la mayoría de las plantas y
animales, ya que en ellos sólo hay consciencia de sensación e instinto
emocional, sin conocimiento del yo.

Tercer chakra y tercera densidad: Los seres humanos
Este tercer nivel de consciencia se manifiesta a través de nuestro propio
cuerpo astral o primer nivel meditativo. Aunque sea bajo en energía,
podemos divertirnos mucho mientras conocemos todas las ofertas que
posee esta existencia, su variedad de gustos, distracciones, etc. La gente
que reside en esta tercera densidad puede saltar, si lo desea, a la cuarta
o quinta, al adquirir su estado lumínico. Sin embargo, también puede
descender a la segunda, incluso, en casos de vegetabilidad o estados de
coma. El conocimiento de este plano es extenso, ya que abarca la característica tridimensional volumétrica del espacio-tiempo y el presente-
futuro. La ilusión de la separación de la divinidad tiene que ver con
nuestro ego, con la búsqueda de integración y un desarrollo espiritual.

Cuarto chakra y cuarta densidad: Los seres metahumanos
En esta cuarta densidad, el cuerpo mental se llena de una energía más
intensa e imaginativa, puede experimentar cosas más claramente y
comprender con mayor amplitud el conocimiento verdadero. Se tiene
consciencia de las realidades multidimensionales, de la multidensidad

y de la polaridad. La identidad individual impide concepciones negativas de la experiencia, mientras que la identidad del Ser Superior se conecta con cada uno de nuestros semejantes, entregando amor incondicional hacia uno y los demás.

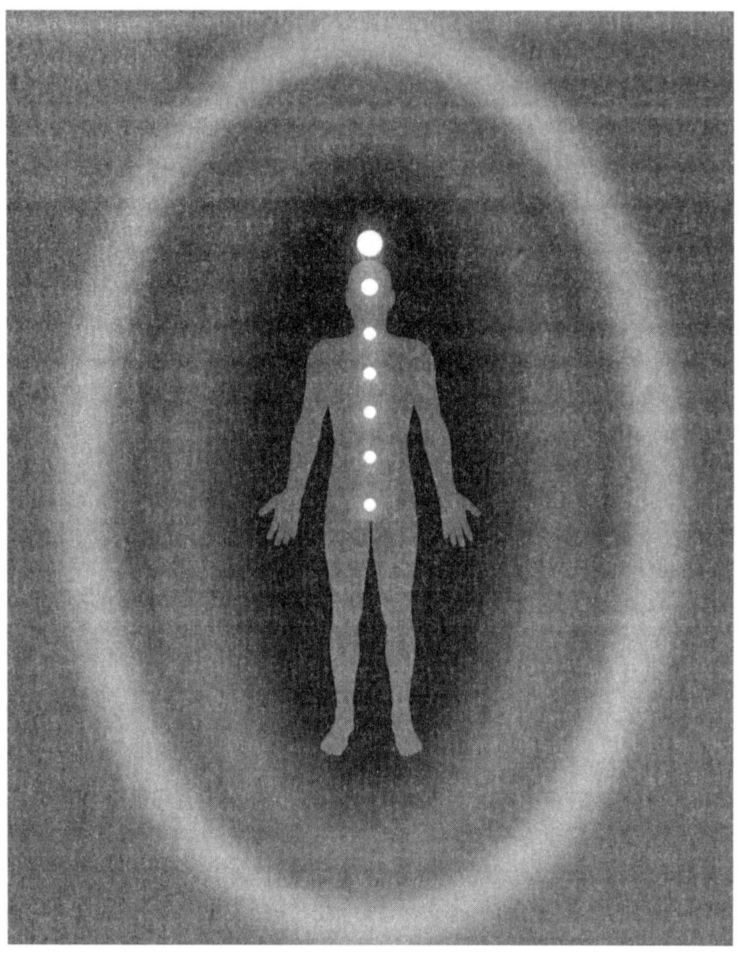

Densidades del aura.

Quinto chakra y quinta densidad: Los guías espirituales
Alcanzar este quinto nivel de consciencia es difícil, ya que se encuentra más allá del proceso del pensamiento y la mente humana. Es la capa

final de nuestro ser personal individual y el primer nivel no físico donde ocurren la interacción y la comunicación más allá del tiempo y el espacio. Estar en esta quinta densidad permite conseguir un estado de energía puro, manifestándose en diversos planos y dimensiones.

Sexto chakra y sexta densidad: El sentido de grupo
El sexto nivel de consciencia corresponde al cuerpo cósmico, donde podemos manifestarnos ilimitadamente como lo hizo Cristo o Buda. Una vez en este nivel, el recuerdo de unión con la Totalidad es claro y preciso y la interacción con otros se produce de manera instantánea.

Séptimo chakra y séptima densidad: El Nirvana
Este séptimo nivel se conoce como *Nirvana* y es una etapa donde no hay límites ni formas. Se alcanza un estado de conocimiento donde se es uno con el Todo, logrando una experiencia multidimensional. Aquí, el tiempo y el espacio existen de forma holográfica o no lineal, de modo que se existe en todas las dimensiones simultáneamente. Los seres humanos estamos naturalmente capacitados para acceder a este campo dimensional. ¿Por qué no lo hacemos? Bueno, eso lo explicaremos en detalle en el siguiente capítulo.

Técnica n.º 1

Teniendo una desconexión emocional abrumadora, aquí hay una pequeña técnica que te ayudará: mientras estás sentado, imagina que desde tu sacro, un rayo de energía se extiende hacia abajo a través de tu silla, a través del piso, hacia la tierra, 6000 kilómetros hasta el centro mismo de la tierra. Este rayo de energía se conecta con el centro de la tierra. Haz una inspiración profunda y envía toda la energía negativa y las emociones y creencias confusas por este rayo de energía. Ésta es tu conexión al centro de la tierra, donde esta energía se disuelve.

Si aún sientes esta energía negativa y confusa, repítelo tres veces.

Luego, imagina un gran sol dorado a diez pies por encima de tu cabeza. Desde este sol dorado irradia hacia abajo un haz dorado de energía que atraviesa tu cabeza y entra en tu corazón. Repítelo.

Capítulo III

Vivimos lo que creemos

El ser humano tiene la capacidad de diseñar su propio entorno mediante sus múltiples capacidades naturales. Para lograrlo, se basa en su estructura de aura y chakras porque, como ya sabemos, son los sistemas que rigen nuestro organismo. En un nivel físico, los chakras dirigen nuestra energía hacia las glándulas: pineal, pituitaria, suprarrenales, tiroides, timo, páncreas, ovarios y testículos, próstata y útero. En un nivel espiritual y mental, almacenan magníficamente cada imagen de nuestras vidas pasadas y presente, dando movimiento a nuestra memoria para permitirnos aprender a utilizar un lápiz, cocinar, tomar una ducha, cambiarnos de ropa, etc.

Cada una de estas imágenes contiene los cuatro niveles del aura: espiritual, mental, emocional y físico, por lo que, aunque no las recordemos, actúan constantemente en nuestra vida. Por ejemplo, somos conscientes de que nacimos, aunque hayamos olvidado lo que vimos y sentimos al nacer.

Ahora imaginemos que estamos escribiendo cómodamente en casa y de pronto sentimos un calambre en la mano que poco a poco se extiende hasta la muñeca; el calambre persiste, entonces decidimos acudir al médico, quien no encuentra ninguna lesión visible, pero la dolencia continúa hasta desarrollar el síndrome de túnel carpiano o tendinitis. Ante el dolor, buscamos otras alternativas, por ejemplo, una terapia psicológica que nos llevará a explorar momentos de nuestra niñez; luego tratamos con hipnosis y somos testigos de una regresión a vidas pasadas, hasta que comenzamos a traer a la consciencia aquellas imágenes que son la fuente de la dolencia. Entonces estas imágenes almacenadas nos recuerdan el día que nos caímos en la escuela y todos se rieron de nosotros; o a ese profesor que nos golpeaba en las manos por mala caligrafía. Comúnmente se dice que dichos recuerdos desagradables son parte de nuestro inconsciente, pero en realidad el concepto de inconsciencia es poco acertado, dado que es sólo un nivel distinto de consciencia al cual normalmente no sabemos cómo acceder.

Hay numerosos estudios que confirman la relación directa que hay entre las enfermedades que creamos, nuestros pensamientos negativos y las experiencias de nuestras vidas previas. Muchas personas han logrado comprender que la energía es la que sigue al pensamiento y no a la inversa, por ende, la concentración constante en un patrón o movimiento energético hará que éste se manifieste. Este proceso creativo tiene efecto tanto en lo que deseamos como en lo que no. Aladino y su lámpara no son un mito, sino una representación simbólica de lo que podemos lograr.

Esta verdad podemos encontrarla en citas provenientes de distintas fuentes, como Einstein: «Nada ocurre hasta que no se mueve algo»,[49] algunos pasajes de textos bíblicos: «Pidan y se les dará; busquen y encontrarán; llamen y se les abrirá»,[50] o los *Upanishads:* «Existe una entidad eterna que es la supremamente primordial ya que sustenta a todas las demás y complace todos sus deseos».[51]

De nada sirve negar la existencia de acontecimientos ocurridos durante la niñez o las vidas pasadas, ya que éstos siempre están presentes dentro de un estado de lucidez plena, desde donde elegimos lo que se manifestará en forma física, ya sea por victimización o por aprendizaje. Algunas de estas imágenes todavía contienen la carga de energía original, manteniendo información mental que reitera sensaciones emocionales y que generan la misma reacción física inicial dentro del

---

49. Albert Einstein (1907), *Teoría de la relatividad especial,* Alianza Editorial.

50. Mateo: 7, 7.

51. *Katha Upanishad.* Biblioteca digital Instituto Latinoamericano de la Comunicación Educativa, http://bibliotecadigital.ilce.edu.mx/Colecciones/ObrasClasicas/_docs/Katha_Upanishad-Literatura_clasica_hindu.pdf.

organismo. Aquellas personas que jamás superan la muerte de alguien, por ejemplo, fabricarán una sucesión en cadena de dolencias y problemas que tendrán su origen únicamente en este suceso puntual que no han podido superar.

La imagen se almacena en la parte del cuerpo a la cual corresponde, por ejemplo, la imagen del golpe que nos dio el profesor del caso anterior se guarda en las manos, mientras el recuerdo de una caída podría guardarse en las rodillas o donde hayamos focalizado ese dolor. De esta manera, los chakras y órganos correspondientes a esta área se verán afectados también. Ya que todos tenemos recuerdos que nos provocan sensaciones desagradables, la manera de evitar que estas imágenes afecten a nuestra vida diaria es aprendiendo a neutralizar su energía. Neutralizarlas significa dejar de sentir dolor o angustia, miedo y culpa, ya que entonces sólo serán recuerdos sin energía. Siendo así, quizá el lector se esté preguntando cómo se lleva a cabo este proceso.

El cerebro absorbe toda la información del entorno a través de los chakras y da la orden para reproducir esos datos cada vez que nos sean necesarios. Basados en representaciones similares en nuestra memoria o sistema de chakras, los procesos biológicos se activan para seguir instrucciones determinadas. Esta información se envía a los chakras de cada uno de los músculos, nervios, huesos, células, moléculas y átomos del cuerpo. Ninguno de estos órganos se cuestiona sobre llevar a cabo su función, sólo la produce porque ellos están creados para facilitar nuestra experiencia como seres espirituales y divinos, manteniendo nuestro cuerpo funcionando adecuadamente. Así como a través de nuestras imágenes logramos manifestar deseos, también lo hacemos con energías pasadas que han quedado atoradas en los chakras. El proceso creativo que describo es enorme y abarca desde momentos de nuestro presente hasta vidas completas que datan de hace milenios.

Hace tiempo conocí a un paciente que llegó a mi consulta con problemas graves para caminar. Cuando lo atendí, observé a través de las imágenes en su aura que en otra vida había sido explorador y que durante uno de sus viajes sufrió un accidente en el que se rompió ambas piernas, quedó discapacitado y con mucho resentimiento hacia la gente que sí podía caminar. Después morir, eligió la oportunidad de volver a nacer para aprender de este comportamiento; entonces, en su vida actual, ha logrado neutralizar todas esas emociones, pues ha descubierto que la felicidad y la integridad no está en sus piernas, sino en todo su ser.

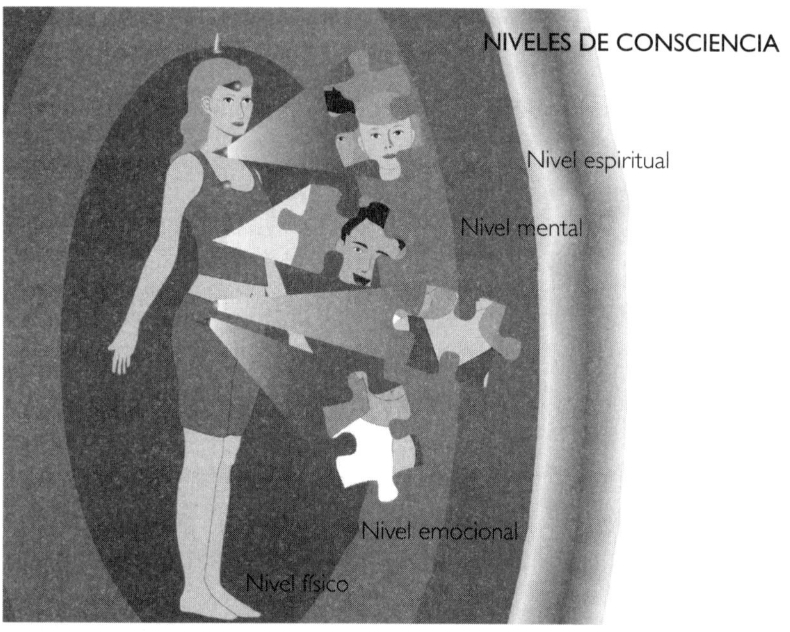

Imágenes representadas en el aura de una persona.

Hoy es un empresario exitoso, y si bien tiene una discapacidad, se ha fijado como meta enseñar a los demás a través de su experiencia cómo superar las barreras que nosotros mismos nos colocamos en la vida. Vive con una mujer que lo ama y él ha superado los obstáculos que trajo desde el pasado; seguramente en su existencia venidera, él regresará sano, ya que entendió el porqué de su discapacidad.

Nada de lo que nos sucede es un castigo, sino una oportunidad de aprender; el castigo y la justicia divina sólo son una creación humana para ejercer control sobre los demás. Así, cada uno de nosotros puede escoger si vuelve o no a un cuerpo físico y elegir sus propias experiencias, que no son *buenas* ni *malas*, sino que simplemente *son*.

Si puedo imaginarlo, puedo crearlo

Entonces, ¿cómo actúa concretamente la imagen? Por ejemplo, si una pareja unida por el amor decide tener un bebé, el primer paso será imaginarlo, con constancia y precisión, poniendo con ello en funcionamiento el maravilloso proceso de creación; esas imágenes, dentro de cierto tiempo se condensarán, energéticamente en la forma de un niño. Cada cosa que existe, existió primero en la imaginación de Dios, igual que todos los inventos del hombre han surgido de la imaginación de sus creadores, por ejemplo, antes de que fuera posible abordar un avión, hubo quienes soñaron con un planeador, un zepelín, un globo aerostático, etc., hasta que fue posible realizar el primer vuelo.[52] De este mismo modo fuimos creados por Dios, con independencia, decisión y libre albedrío, pero no es él quien continuará con nuestra labor de crecimiento, sino nosotros mismos, haciendo uso de nuestra naturaleza divina.

A finales del siglo xv, Copérnico observó detalladamente el movimiento de la Tierra, concluyendo que era imposible que estuviera ubicada en el centro de *la universa*, como lo afirmaba Claudio Tolomeo.[53] Este postulado le resultaba, aparte de ridículo, muy egocéntrico, lo que lo llevó a formular su propia teoría sobre la distribución universal. Sus principios iban en contra de las instituciones de la época, por lo que prefirió hacer sus investigaciones en silencio, y fue publicado sólo poco tiempo antes de morir.

150 años después de Copérnico, a principios del siglo xvii, Galileo Galilei, científico renacentista, concretó la idea de que los planetas giraban alrededor del Sol, modificando y revolucionando el pensamiento de aquellos años[54] en donde se creía que la mente humana funcionaba de forma maquinal; los objetos, animales y mujeres eran considerados seres inanimados o sin alma, y aquel que se atreviera a decir lo contrario era censurado y acusado de herejía, puesto que las sociedades estaban regidas por el rey y la Iglesia, quienes ejercían el control a través del miedo. Hoy en día, la situación no ha cambiado mucho, ya que la idea

52. Marcos García Cruzado (2001), *Descubrir: Los pioneros de la aviación*, Ed. Aena.

53. H. Butterfield (1969), *Origins of Modern Science*, G. Bell Pub.

54. Charles Singer (1945), *Historia de la ciencia*, Editorial Fondo de Cultura Económica.

de infierno, diablo, *bien* y *mal,* castigo, justicia divina, pecado, culpa, etc., siguen siendo parte del imaginario de muchas personas.

Alrededor de esta misma época, Newton propuso su ley de la gravitación universal,[55] la cual postulaba la existencia de una *universa* en constante movimiento y con fuerzas invisibles que organizaban cada una de sus acciones. Él logró darle continuidad al pensamiento establecido al considerar las fuerzas y energías como lineales. Posteriormente, a través de Einstein, al colocar la imaginación sobre la inteligencia, logramos comprobar la magnitud energética del campo vibratorio y nos enteramos de las cualidades circulares del pensamiento y el tiempo que, de forma holográfica, es uno solo en sus manifestaciones pasadas, presentes y futuras, constituyéndose como un gran todo.

Actualmente, debido a la investigación de variados autores y pensadores, sabemos que todo lo que posee energía es consciencia en movimiento a su propio nivel; que el árbol utilizado para construir una mesa está vivo a través de la constante oscilación de sus moléculas. Entonces, podemos entender que la energía de la mesa existe porque sus moléculas tienen espíritu y, por tanto, posee esencia de vida.

En Japón surgió recientemente un especialista en el campo de la partícula atómica y el pensamiento dirigido, Masaru Emoto,[56] escritor y médico alternativo, quien afirma que: «El agua no sólo almacena información, sino también sentimientos y consciencia, reaccionando a cual-

---

55. La ley de la gravitación universal, propuesta por Newton dio origen a lo que por siglos se conoció como física clásica. Con sus cálculos, Newton probó que la fuerza que atrae los objetos hacia el centro de la Tierra es la misma que obliga a los planetas a describir elipses en torno al Sol, concluyendo que: ««Dos cuerpos cualesquiera situados en el espacio se atraen, con una fuerza directamente proporcional a sus masas y que disminuye con el cuadrado de su distancia». «Isaac Newton: así en la tierra como en el cielo», *Muy Interesante,* http://www.muyhistoria.es/h-moderna/articulo/isaac-newton-asi-en-la-tierra-como-en-el-cielo.

56. Masuro Emoto (1943-2014) en 1992 se doctoró en Medicina Alternativa, para después comenzar una investigación sobre los misterios del agua. Finalmente, se dio cuenta de que en la forma de cristal congelado, el agua nos mostraba su verdadera naturaleza. Emoto ganó la aclamación mundial por su investigación pionera y el descubrimiento de que el agua está profundamente conectada a nuestra consciencia individual y colectiva.Sitio oficial de Masuro Emoto: www.masaru-emoto.net.

quier mensaje».[57] Emoto se refiere a que la partícula atómica de hidrógeno más oxígeno, como cualquier otra, actúa como receptor de emociones y se transforma según la vibración recibida mediante un estímulo.

Ya que el cuerpo humano posee un 70 por 100 de agua, si aplicamos estas investigaciones a nuestra vida veremos que la manifestación de todo pensamiento y emoción puede transformar nuestro entorno. Tenemos la capacidad de alterar la estructura de las moléculas de agua con nuestras vibraciones e imágenes, podemos transformarla o modificarla con tan sólo un pensamiento, porque éstos también son mensajes energéticos que se cuelan en el campo vibratorio más denso o material.[58]

Los pensamientos, aunque no se vean, se pueden manifestar rápidamente en el mundo físico, por lo que es prudente cuidar qué tipo de vibraciones estamos enviando hacia *la universa;* con tan sólo decir: «Esta es agua buena», ya estamos modificando su estructura molecular. Con base en esta idea valdría la pena reflexionar lo que hacemos con nuestros hijos, si acostumbramos halagarlos o juzgarlos y criticarlos, pues cada pensamiento está siendo recibido en su campo energético.

Un niño, por encontrarse aún en estado de formación, posee un 90 por 100 de agua en su constitución física. ¿Qué ocurre con él y su transformación atómica si le gritamos o si simplemente le pedimos que se porte bien? Su estructura molecular reaccionará al juicio. La energía sigue al pensamiento, no al revés. Si la energía supiera qué es lo que necesita hacer, la mayoría de los seres humanos estarían sanos; pero la energía se transforma según nuestras creencias y los mensajes o pensamientos que enviamos, se encamina de acuerdo a nuestros propios deseos y se materializa o condensa del mismo modo. Las investigaciones de Emoto son una prueba más del poder de los pensamientos y los mensajes que dirigimos a *la universa,* la cual siempre va a satisfacer cada uno de nuestros deseos.

Comúnmente no entendemos qué es lo que hacemos cuando juzgamos a nuestros hijos. El «Tú no sabes» o «Tú no debes» baja su fre-

---

57. Masuru Emoto (2006), *La vida secreta del agua*, Ed. Aguilar-Taurus, Alfaguara.
58. Documental *What the Bleep Do We Know!?* (2014).

cuencia vibratoria, produce un cambio en la constitución atómica y provoca, en la mayoría de los casos, enfermedad o trastornos en la personalidad. Así también, se ha comprobado que las partículas de agua sufren modificaciones luego de un estímulo determinado. Emoto hizo pruebas, primero colocando música heavy metal y luego una melodía de Mozart al lado de un recipiente con agua, la cual fue congelada y luego analizada mediante microscopios altamente potentes. El agua manifestó deformaciones y desuniones atómicas en el primer caso, mientras que en el segundo podían observarse variedades de formas de hermosa condensación.[59]

Este fenómeno es similar al que ocurre en toda manifestación creativa, incluyendo a nuestros niños; cuando los juzgamos, provocamos una desarmonización en su estructura atómica. Muchos padres se preguntan por qué sus hijos son de carácter tímido o agresivo, sin embargo, lo que en realidad está ocurriendo es una reacción ante los estímulos del ambiente que, por lo general, consisten en reprimendas y calificaciones tanto positivas como negativas respecto de sus actitudes.

Cuando nacemos, el timo, glándula que rige el sistema inmunológico y la cual se encuentra en el cuarto chakra, posee un tamaño enorme, pero al llegar a los quince años de edad ya ha disminuido en un 60 o 70 por 100 en tamaño y efectividad,[60] producto de la enorme cantidad de juicios y limitaciones que vamos incorporando a nuestra vida. Los médicos consideran que la disminución de esta glándula es parte del desarrollo normal de un ser humano, sin embargo, se relaciona directamente con la pérdida de su capacidad psíquica y de autosanación. No es natural que a tan temprana edad se degenere un órgano tan importante del sistema inmunitario.

---

59. Documental *Los mensajes del agua* (2008).

60. La involución del timo es un evento característico del envejecimiento en humanos y animales. Los estudios anatómicos, señalan que el timo alcanza su máximo peso en la madurez sexual. Después de la pubertad hay involución del tamaño del timo. A la edad de 40 o 50 años, la masa representa el 5 o 10 por 100 de la masa original. Se han descrito dos tipos de involución tímica, una involución aguda en respuesta al estrés y una involución crónica asociada al envejecimiento. José Piscoya, Juan Rodríguez-Tafur (1996), «Inmunidad e inmunoescencia», http://sisbib.unmsm.edu.pe/bvrevistas/anales/v57_n4/inmunidad.htm.

El ser humano comienza a perder su capacidad de sanación, luminosidad, intuición y canalización en la medida en la que el timo se atrofia, aunque no es natural que suceda esta degeneración, ya que hay gente que logra, mediante técnicas de meditación, mantenerlo en funcionamiento hasta edad avanzada, evitando con ello cualquier enfermedad.

Lo que realmente ocurre es que cuando el ser humano es enjuiciado constantemente, el deseo intenso de vitalidad se pierde, el amor propio desciende, la alegría se vuelve intermitente y con ello desciende también la fortaleza inmunitaria, lo que produce una reacción de enfermedades en cadena. Comprender que todo radica en el pensamiento y en el Ser Superior sólo es cosa de práctica, ya que es información que traemos con nosotros desde épocas inmemoriales. Somos, por naturaleza, seres sabios, aunque olvidemos esta sabiduría en el transcurso de la existencia.

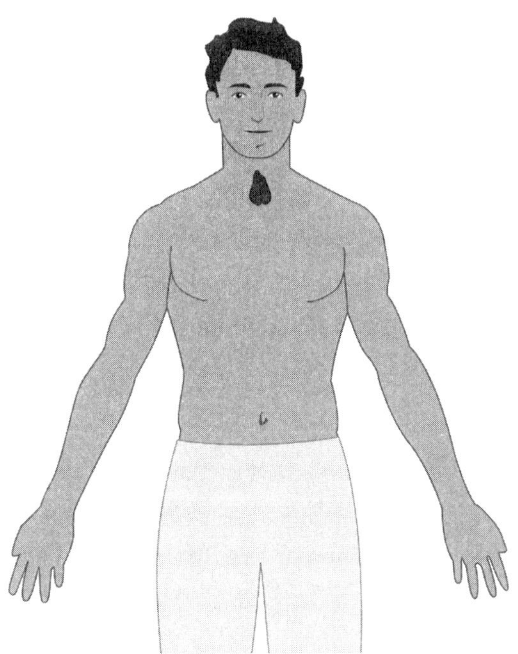

La degeneración del timo a lo largo de la vida.

Como espíritus, nuestro recurso natural es la imaginación y es la semilla de cualquier manifestación. Nuestra capacidad creativa radica en ella y en el libre albedrío. Cuando imaginamos hay una comunicación entre nosotros y Dios, y trabajamos con el poder de la intención, lo que provoca un efecto profundo al proceder directamente sobre la imagen.

Como seres conscientes, siempre estamos en curso de crear nuestras vidas mediante la curiosidad, la cual es nuestro estímulo para descubrir y experimentar situaciones. Tal vez no fabricamos personalmente nuestro auto, ni cosechamos el café que bebemos, pero **cada uno de nosotros crea el hecho de que estas cosas existan en nuestras vidas.** Somos creadores y estamos implicados siempre en este proceso, ya que todo lo que hacemos, desde cepillar nuestros dientes hasta tener un bebé, corresponde a un acto creativo. Incluso quien ahora está leyendo este libro, al respirar, al pensar, reflexionar, dar vuelta a la página, con el funcionamiento de sus ojos y del resto del cuerpo, se encuentra dentro del proceso de creación.

¿Dónde se encuentra el centro que maneja el proceso creativo? Frecuentemente pensamos que es el cerebro el que participa de manera integral en la creación de nuestra vida, pero no es así. El cerebro es simplemente otro órgano utilizado por la consciencia para alcanzar la manifestación física; quienes participan directa e íntegramente en esta habilidad son, nuevamente, el aura y los chakras. Si nuestra aura está en condiciones óptimas, podrá visualizarse de forma oval rodeando el cuerpo en su totalidad y manteniéndolo dentro de un campo electromagnético perfecto de protección.

Las imágenes se utilizan para crear realidad o por lo menos lo que conocemos como tal. Creamos e interpretamos nuestras vidas según nuestro nivel de consciencia, incluso estando dormidos. Por ejemplo, ¿alguna vez has soñado con alguien que al día siguiente te encuentras por casualidad? ¿O has soñado con situaciones que después se manifiestan en tu vida? ¿Cuántas veces hemos soñado con imágenes que después se convierten en acciones? Sólo después de la muerte dejamos de utilizar este proceso de creación en particular. Sin embargo, nuestro Ser Superior, incluso después de morir, continúa utilizando imágenes para crear otros niveles de consciencia o realidad. Todas nuestras imágenes están en el Ser Superior, el cual decide cuándo y cómo reencarnarse; esto explicaría por qué mantenemos ciertas dolencias o preferencias a lo largo de todas nuestras vidas.

Las imágenes son tan importantes en nuestra vida que inclusive llegan a ser una forma de lenguaje. Por ejemplo, cuando vamos a un país donde hablan una lengua distinta a la nuestra, seguramente nos expresamos mediante gestos y utilizamos el resto del cuerpo para explicar aquello que queremos saber. U otras veces ocurre que, al estar con alguien cercano, un familiar, un amigo, nuestra pareja, pensamos en algo y antes de poder expresarlo, la otra persona menciona lo que

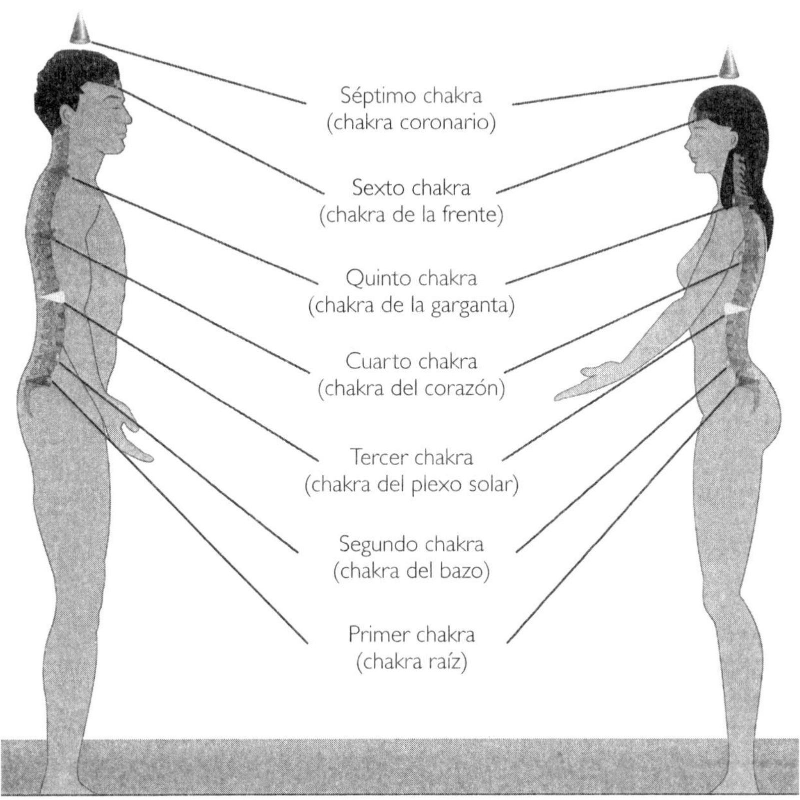

Ubicación de los chakras.

teníamos en mente. Incluso estando a distancia comúnmente pasa que si recordamos a alguien, al poco tiempo esa persona nos llama por teléfono o nos envía un *email*. En casos tan cotidianos como éstos, lo que realmente hacemos es comunicarnos psíquicamente mediante imágenes que nuestro interlocutor puede entender con la facilidad y rapidez de su idioma materno.

A todos nos ha pasado que, por ejemplo cuando tenemos hambre y abrimos el refrigerador buscando algo de comer, nuestra pareja nos dice: «Esta mañana traje tu leche preferida del supermercado». O nuestro pensamiento está fijo en algo delicioso para cenar y un amigo se adelanta diciendo: «¿Dónde iremos a cenar esta noche?». Generalmente no nos sorprende cuando estos sucesos se presentan porque los relacionamos con una coincidencia o similitud de deseos. Tal vez nos despertamos a las tres de la mañana con el llanto de nuestro bebé sabiendo qué es exactamente lo que necesita, porque el bebé ha enviado una representación o imagen con el contenido del mensaje y lo interpretamos sin dificultad. Todo lo que consideramos lógico, una relación de sucesos o suposiciones, en realidad es la interpretación de imágenes que vemos con nuestro Ser Superior, quien nos guía en cada una de nuestras actividades.

Recordemos que cada imagen contiene los cuatro niveles de creación: físico, emocional, mental y espiritual, y de acuerdo a cada nivel existirán ciertas imágenes. Por ejemplo, si pensamos en nuestro primer beso romántico, lo que haremos será buscar las imágenes almacenadas en el cuarto chakra, donde se alojan las emociones relacionadas con el corazón. Al recordar la información de los cuatro niveles de consciencia que contienen la imagen se activan. Cada uno de nuestros recuerdos existe en estos niveles. Al encontrar la imagen del beso, probablemente comencemos a sentir físicamente a la altura del pecho una emoción que es la forma en la que la información que guardamos en nuestro cuarto chakra se manifiesta.

Estos datos son los que nos ayudan a entender que poseemos la capacidad de crear a favor o en contra, que lo deseable o indeseable está en nuestras manos y que absolutamente todo está a nuestro alcance. Si bien lo que propongo es una respuesta a las causas de las tristezas y dolencias por las que atraviesan algunas personas, comprenderlo significa muchas veces una gran dificultad, porque nos resistimos a abandonar creencias fuertemente arraigadas y que sostienen toda la estructura social. Si todo está tan firmemente organizado, ¿por qué aún hay hambre, pobreza y desabastecimiento, siendo la Tierra un sitio absolutamente fértil y productivo?

¿Y tú, de qué color eres?

¿Alguna vez te ha ocurrido que al llegar a una reunión puedes percibir que una discusión ocurrió ahí? Quizá sientes el ambiente un poco más espeso, tal vez lo notas en las caras de los asistentes o en el ritmo de sus movimientos, pero algo, aunque no esté dicho con palabras, te hace percatarte de ello. Esto ocurre porque el aura de los presentes cambió de color y, aunque quizá no lo veas con los ojos, lo percibes a través de tu Ser Superior. Por ello, no es casualidad que a las imágenes divinas se las represente con un halo dorado o que, como ya mencionamos, se diga que alguien está «rojo de coraje», «verde de envidia» o «blanco del susto».

Las personas tienen cierto patrón cromático en su aura, y en ocasiones crean otros según sus emociones. Por ejemplo, si alguien se enfada al discutir por teléfono con su madre, el color de su aura se volverá rojizo, pero si al colgar inmediatamente recibe la visita del amor de su vida, su emoción de cólera cambiará a amor intenso, entonces su aura pasará de rojo a rosa en cuestión de segundos. Hay personas, sin embargo, que no logran cambiar de estado anímico con la facilidad del ejemplo anterior, por lo que es posible que el rojo de la ira penetre de manera permanente en su sistema de chakras, enfermando los órganos en los que se alojó la imagen que contiene la emoción.

El rosa es el color del amor; cuando sentimos amor hacia nosotros mismos, hacia el mundo o hacia otra persona, el rosa se forma en nuestras auras de manera natural; el color durazno también representa el amor y se utiliza efectivamente en sanaciones o limpiezas del aura. El naranja es el color de la energía curativa; si alguien tiene naranja alrededor de su cabeza, significa que posee una capacidad de autosanación muy elevada. El blanco manifiesta enfermedad o vergüenza, y se visualiza en un aura nubosa. También es el color de la protección; colocamos blanco en el aura cuando sentimos miedo o ansiedad. Por ejemplo, alguien con un problema serio en el corazón manifestará un blanco lechoso, nublado en la primera y cuarta capa, que son las que rigen el aspecto cardíaco.

La frecuencia vibratoria del aura está variando constantemente, ya que manejamos numerosas emociones. Los clarividentes la denominan energía áurica, mientras que los científicos han empezado a llamarla energía «sutil».[61] Si la ciencia dice que todo lo que se puede ver y palpar existe realmente, ¿por qué dudan aún de la presencia concreta de este campo magnético? Las personas clarividentes han logrado recordar sus capacidades innatas de visualización y al estar ante el aura de otro ser vivo pueden tocar su campo vibratorio y percibir físicamente su densidad y temperatura.

Una persona común que no maneja técnicas de meditación, por lo general tiene su aura sólo en la parte superior del cuerpo, manteniendo el resto exento de energía vital, casi como si estuviera muerto en vida. Cuando esto ocurre, el clarividente puede percibir densidad y tibieza en la parte del aura, mientras que en el resto del cuerpo percibe mucho frío. Para lograr mantener la energía resguardando todo el cuerpo, éste debe ser sostenido dentro de una forma o recipiente, igual que se contiene la energía durante el crecimiento de una fruta al gestarse; la fuerza vital forma un centro magnético denso que reconocemos a simple vista como un intenso brillo y vitalidad. A medida que la fruta crece, su aura se hace más grande y vigorosa, lo que va creando materialmente el color, el dulzor y el tamaño.

Por ejemplo, si observamos una naranja madura en un árbol, podemos experimentar sensaciones de alegría al ver ese «algo» que produce brillo; ese «algo» es la energía vital o aura de la naranja, que se irradia hacia fuera y alrededor de ella, difundiendo su energía en colores amarillos brillantes, rojos vibrantes, verdes y, muchas veces, en tonos

---

61. Como ya hemos mencionado, nuestro cuerpo físico funciona mediante una estructura energética invisible para la mayoría de las personas pero real, hecha de fuerza vital, o lo que es lo mismo, de energía sutil. Richard Gerber (1993), *La curación energética*, Ediciones Robinbook.

oro. Éste es el mensaje que recibimos cuando elegimos la fruta en el supermercado. Somos capaces de discriminar entre una fruta y otra por su vibración y fuerza vital; en otras palabras, estamos capacitados para ver la esencia de las cosas. Esta visión no es ilusoria o producto de la fantasía, literalmente somos capaces de ver esta fuerza, es sólo que la programación nos ha enseñado a negarla y bloquearla. El brillo de la naranja u otra fruta es mayor mientras se encuentra en el árbol o en su estado original, pero al ser cortada, embalada y almacenada para luego colocarla en una góndola de supermercado, su energía o aura disminuye notablemente por haber iniciado un proceso natural de descomposición y muerte. El aura permanecerá fuerte por algunos días, después se trasladará a un estado de entropía positiva y, posteriormente, a uno de decaimiento y muerte; es el caso de la fruta podrida y pestilente. Este proceso ocurre también en una fruta que ha sido congelada y otra que lleva sólo unas horas desprendida del árbol; si bien ambas están compactas y fuertes, una no posee un aura tan intensa y limpia como la otra.

El mismo proceso de descomposición de la naranja ocurre en el cuerpo humano: comienza con la pérdida de su energía, para continuar con una baja en su vibración áurica, el decaimiento de su fuerza vital y la aparición de vacíos o agujeros en su campo magnético. Finalmente, la energía decaerá hasta que el aura abandone por completo el cuerpo, perdiendo sus líquidos, vitaminas y vitalidad; éste es el proceso con el que toda materia viva en *la planeta* se desarrolla: el de nacimiento, vida y muerte (transformación).

Por eso utilizar de manera cotidiana la técnica *fluir energía* de Luz Dorada, mantendrá intacta la limpieza y luminosidad del aura, permitiendo su funcionalidad alrededor de nuestro campo vibratorio, lo que nos facultará para crear cambios más fácilmente en nuestra realidad física. Algunas personas, luego de trabajar en el equilibrio de su campo electromagnético y sus chakras, logran tal estado de clarividencia, que pueden saber lo que es probable que ocurra en el futuro a través del aura antes de que acontezca en el plano físico. La energía crea, predice, determina y programa el cuerpo. Podemos desconocer totalmente lo que está a punto de ocurrir en el futuro, sin embargo, nuestro campo

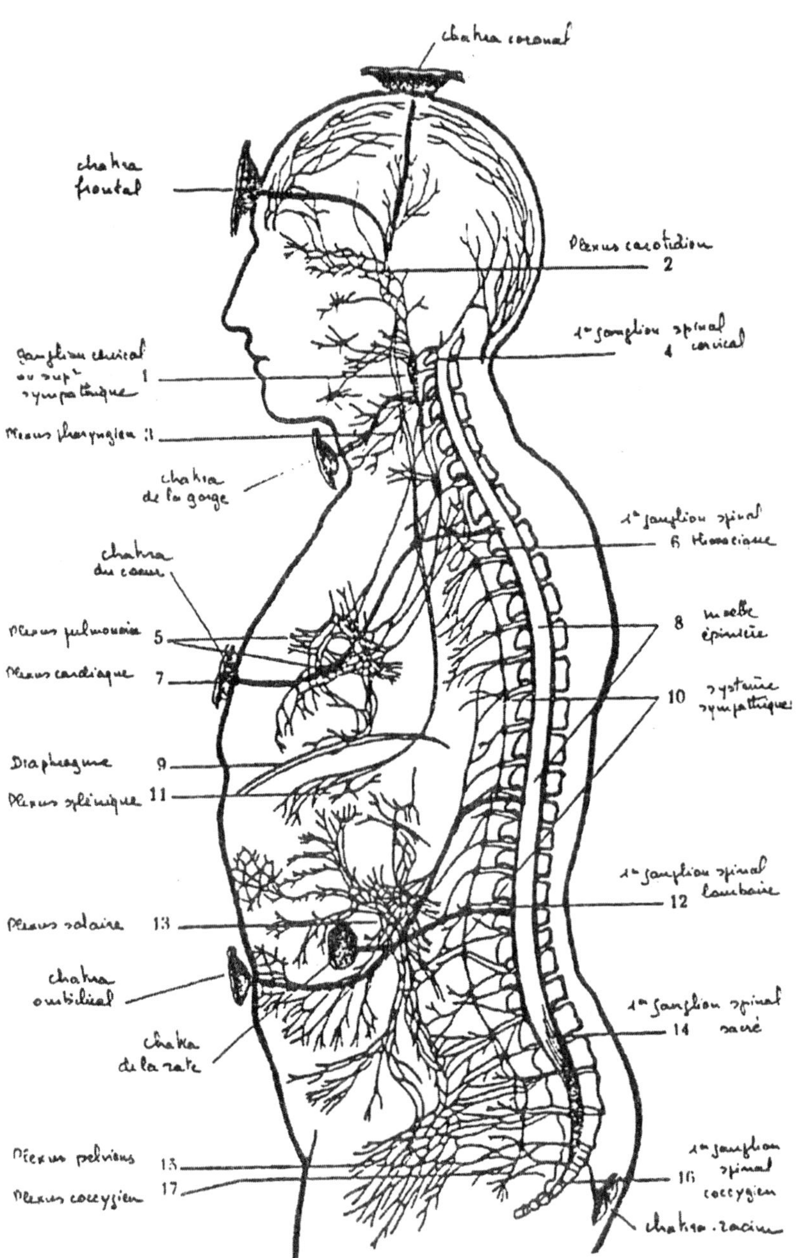

Imagen por un máster en Psicopatología bajo la dirección del Sr. Birouste. Universidad de Toulouse Le Mirail. Año académico 81/82.

áurico mostrará la energía manifestada en imágenes de un viaje en tren o de un nuevo trabajo. Mucha de esta energía está generalmente más allá de la percepción de los sentidos en su forma cotidiana. Por ejemplo, si conocemos a alguien hoy, no sospecharemos que es la persona con la que nos casaremos dos años más tarde, sin embargo, nuestras auras vibrarán de una manera particular al encontrarse, y habrá incluso imágenes dentro de ella de la próxima unión.

La energía del aura ha despertado tal interés que se han buscado métodos empíricos para estudiarla y analizarla. Los científicos apenas están comenzando a reconocer la existencia del aura como un campo de energía que recubre todas las cosas vivas y ante la trascendencia de esta información, han logrado desarrollar una máquina que mide la energía «sutil». Actualmente muchos libros han detallado y descrito los estudios realizados en el aura de animales y plantas a través de la cámara Kirlian, máquina que retrata vibraciones eléctricas existentes en el campo energético o áurico del cuerpo para posteriormente interpretarlo.

Disonancia cognitiva - Técnica 3

Primero, repite las técnicas n.° 1 y n.° 2

Técnica n.° 1: *Si ahora experimentas una desconexión emocional abrumadora, ésta es una pequeña técnica que te ayudará:*

Mientras estés sentado, imagínate que desde tu sacro un rayo de energía se extiende hacia abajo a través de tu silla, a través del piso, hacia la tierra, 6000 kilómetros directamente al centro mismo del núcleo de la tierra.

Este rayo de energía se conecta al centro de la tierra. Ahora respira profundamente y envía toda la energía negativa, emociones y creencias confusas por este rayo de energía.

Éste es tu cordón de conexión al centro de la tierra, donde se disuelve esta energía. Si todavía sientes esta energía negativa y confusa, repite tres veces.

Técnica n.° 2: *Luego, imagina un gran sol dorado, diez pies arriba de tu cabeza. Desde este sol dorado se irradia hacia abajo un rayo dorado de energía que pasa por tu cabeza y entra en tu corazón. Repite.*

Técnica n.° 3

Ahora, imagina que este sol dorado baja a través de este rayo de energía y llena tu corazón y tu pecho con energía cósmica dorada.

Capítulo IV

La mentira del *bien* y el *mal*

Hace tiempo leí en un diario en Internet una noticia que me pareció verdaderamente impactante. Al norte de la Ciudad de México dos hombres abordaron un autobús. De inmediato comenzaron a insultar a los pasajeros y los amenazaron con hacerles daño sino entregaban todas sus pertenencias. Inesperadamente, un hombre que viajaba en el autobús sacó un arma de fuego y disparó justo en la cabeza de uno de los asaltantes. El otro trató de escapar, pero al bajar del autobús, el hombre armado lo persiguió y le disparó hasta abatirlo. Ambos asaltantes murieron.

Al final de la nota, había un espacio para los comentarios de los lectores; muchos de ellos llamaban al hombre que disparó «héroe anónimo» «ángel» o «justiciero»; otros alentaban su acción, aplaudían su valentía y mencionaban lo *bien* que estuvieron sus acciones, pues gracias a ellas se habían eliminado a dos personas *malvadas*.[62] Después de leer los comentarios, surgieron en mí algunas preguntas respecto a cómo interpretamos las acciones de nuestros semejantes, es decir, ¿está *bien* portar armas? ¿Es *bueno* matar a un *malo?* Si la persona armada hubiera herido a un pasajero, ¿también sería considerada *correcta* su manera de proceder?

Cada uno de nosotros fue educado con base en una escala particular de valores que diferencia ciertas acciones de otras, dependiendo de la

---

62. «Pasajero frustra asalto y mata a dos delincuentes en Circuito Interior» (2014), Periódico *Excélsior*, http://www.excelsior.com.mx/comunidad/2014/09/25/983563#view-3.

reacción que éstas producen dentro del grupo social; en otras palabras, la manera en que nos educaron depende en gran medida de lo que en cada contexto se considera aceptable. Si un acto es aceptado por la comunidad, estaremos ante una acción *buena,* pero si es rechazado, significa que estamos ante una acción *mala.* Esta escala valorativa existe en todo el mundo, modificándose según las normas practicadas para cada cultura. Por ejemplo, en Occidente la monogamia es lógica y normal, pero no en Oriente, donde los hombres pueden casarse con más de una mujer al mismo tiempo. En India es inaceptable comer carne de vaca, sin embargo, en América Latina el consumo de carne roja es enorme. Entonces, ¿de qué depende esta escala de supuestos valores humanos? ¿Son diferentes hindúes y latinoamericanos en cuanto a constitución física o espiritual?, ¿será que los latinoamericanos son *malos* y los hindúes *buenos* por tener esta pequeña discrepancia alimentaria? ¿Cuál es la causa de que la gente piense tan distinto?

Así como no existe un punto cero de medición único[63] que sirva para calcular patrones de tiempo o temperatura, tampoco hay uno para el comportamiento, pues cada acción es interpretable únicamente desde su contexto. Entonces ¿de dónde nacen estos patrones? Si el tiempo se mide con un reloj y la temperatura con un termómetro, ¿quién o qué mide el comportamiento humano? ¿Dios? Si partimos de la premisa de que medir amerita juicio, Dios es el primero en ser descartado puesto que Dios es absolutamente neutral; él creó *la universa* para conocerse y experimentar, y si enjuiciara su creación, entonces estaría limitando su propia consciencia. En un universo donde las posibilidades son infinitas, ¿será posible dividir la realidad sólo en dos categorías?

Las escalas morales: «bueno» y «malo» se establecieron con parámetros distintos en cada cultura, pero con el objetivo común de regular

---

63. Como explicamos en capítulos anteriores, toda escala de medición, ya sea de temperatura, longitud, velocidad, etc., es arbitraria, es decir, varía de acuerdo a los parámetros que se consideren para establecerla. Por tanto, no existe una medida única o universal. Lo mismo ocurre con los valores morales, por lo que, tal como lo expresó el famoso poeta español Ramón de Campoamor en su obra *Las dos linternas* (1865): «En este mundo traidor, nada es verdad, ni nada es mentira, todo es según el color del cristal con que se mira».

la conducta de los individuos para, supuestamente, conseguir el orden social. De este modo el «bien» y el «mal» se convirtieron en paradigmas que durante milenios hemos aceptado sin considerar que resultan verdaderamente perniciosos para nuestra existencia, pues fueron concebidos para juzgar cada una nuestras acciones.

Los juicios se han ido gestando a lo largo de la historia a conveniencia de personas con poder e instituciones influyentes que han controlado grandes porcentajes de la sociedad a través de emociones como la culpa y el miedo. Sólo observemos y analicemos de dónde parten las censuras que el ser humano se impone diariamente, desde cosas tan sencillas como la manera de vestir o hablar, hasta temas que durante siglos han estado sujetos a controversia como la orientación sexual, las prácticas eróticas o el aborto. Quienes han juzgado nuestras acciones son las religiones, en particular la Iglesia Católica, que manipulando nuestras creencias ha poseído el control incluso de las emociones de sus adeptos.

Un claro ejemplo de cómo las prácticas religiosas inciden en la cotidianidad de sus adeptos es lo que ocurre en el mundo católico durante la Cuaresma, festividad en la que se conmemoran los cuarenta días que Jesús pasó en el desierto rezando y sin comer para prepararse antes de salir a predicar.[64] Para los fieles, ésta es una temporada de luto y penitencia en la que se preparan para arrepentirse de sus *pecados*. Parte de los sacrificios que se les incita a hacer es a ayunar y abstenerse de consumir carne durante todos los viernes que abarque la cuaresma. Ahora, pensándolo desde otra óptica, es inevitable preguntarse ¿qué tiene que ver el consumo de carne con el arrepentimiento? ¿Por qué sería importante para Dios si comemos carne o verduras? Si él todo lo conoce y todo lo puede, ¿qué relevancia tendría para él lo que la gente haga en los cuarenta días de Cuaresma? Dios no intenta probar nuestro valor, él nos ama y nos acepta tal como somos, porque somos su creación.

Las creencias son las que nos estructuran como individuo, familia, grupo social, ciudad, país, continente y mundo; se asumen muy firmemente y se consideran absolutamente verdaderas y únicas, por

---

64. Bernal, J. M. (1984), *Iniciación al año litúrgico*, Editorial Verbo Divino.

lo que en caso de que alguien difiera y decida asumir una creencia distinta a lo común es posible que sea ridiculizado, desacreditado o incluso expulsado de la dinámica social. Recordemos a personajes antes discriminados y hoy llamados ilustres que fueron amenazados o asesinados de la forma más extrema sólo por poseer creencias disímiles y querer compartirlas. Podríamos iniciar nombrando a Sócrates para continuar con Jesucristo, Giordano Bruno, Copérnico, Osho, el Dalái Lama, Gandhi, entre muchos otros. Al hacer una apreciación de qué promovían estos personajes, podemos notar que cada uno de ellos representaba una amenaza para el poder de la época: Sócrates, obligado a tomar cicuta por no reconocer a los dioses atenienses; Jesús, asesinado por asumirse como hijo de Dios y promover la capacidad sanadora del ser humano; Giordano Bruno, condenado a la hoguera por revelar que *la universa* es infinita; Copérnico perseguido por afirmar que era la Tierra la que giraba alrededor del Sol y no al revés. Osho, encarcelado bajo excusas de ilegalidad migratoria, pero con el único fin de silenciarlo y desprestigiarlo ante sus seguidores; el Dalái Lama, exiliado por promover políticas de paz; Gandhi, asesinado por influir en la unificación y espiritualidad de la política de India mediante la resistencia pacífica.

Como podemos observar, la religión y la política van de la mano; ambas organizan a la sociedad a partir del interés de un grupo que ha encontrado en la restricción del libre albedrío la manera de controlar a la mayoría de las personas y señalar como desviados a quienes practiquen y prediquen filosofías distintas a las que fueron establecidas por ellos. Tal es el afán de poder de estos dirigentes, que están dispuestos a recurrir a cualquier treta de manipulación con tal de no ceder eso que consideran propio; pero como dijo la activista birmana Aung San Suu Kyi: «No es el poder lo que corrompe, sino el miedo. El miedo de perder el poder corrompe a aquellos que lo ejercen, y el miedo del azote del poder corrompe a aquellos que son sujetos del mismo».[65]

El concepto de moralidad no es precisamente el que reúne las *buenas acciones* de la sociedad como muchas veces nos han hecho creer;

---

65. Emilio Rabasa (2010), *Aung San Suu Kyi*, http://archivo.eluniversal.com.mx/editoriales/50750.html.

la moralidad es creadora de corrupción, pues se basa en conceptos falsos de lo que supuestamente es correcto o incorrecto, los cuales de ninguna forma representan nuestra naturaleza espiritual, sino que acrecientan el juicio y la manipulación. Conceptualizar la diversidad humana como un innumerable campo de posibilidades, todas igual de válidas, abre nuestra mente permitiéndonos la completa comprensión de los demás y de nosotros mismos como individuos con derecho a elegir. «La materia prima sensorial, la única fuente de nuestro conocimiento, puede llevarnos por hábito a la fe y a la esperanza, pero no al conocimiento»[66] afirma Einstein, quien además fue uno de los pioneros de la esencia divina, haciendo notar a través de sus teorías la importancia de la energía como parte fundamental del ser humano, también promovió abiertamente la paz y la fraternidad entre las personas, aunque esa postura implicó enemigos políticos en su vida.

Nuestra capacidad sensitiva ha sido bloqueada por la manera en que nos enseñaron a interpretar el mundo. Desde que nacimos hemos sido programados a partir de preceptos y juicios fundamentados principalmente en una moral religiosa que parte de la existencia de un Dios superior separado del alma humana. Quieren que creamos que cada cosa que nos acontece es creación única de Dios, instándonos a olvidar nuestra propia capacidad creadora, no es casualidad que frases como «si Dios quiere», «es la voluntad de Dios» o «gracias a Dios» sean parte del lenguaje cotidiano. Cuando algo positivo nos ocurre, inmediatamente se lo atribuimos a la obra divina, sin embargo, si lo que acontece es desfavorable, nos culpamos a nosotros mismos. ¿Por qué reaccionamos de esta manera? ¿Será acaso porque fuimos programados para creer en Dios y dudar de nosotros mismos?

Nuestra naturaleza divina nos dice que Dios jamás se situaría por encima de su creación porque lo único que quiere es verla tomar su propio curso. Él es como un agricultor, arroja las semillas sobre una tierra provista de todos los nutrientes que les permitirán germinar, pero no puede ni quiere obligarlas a crecer de uno u otro modo. Él simple-

---

66. Albert Einstein (1939), «La teoría del conocimiento de Bertrand Russell», en: *Mis creencias*, editado por elaleph.com, p. 12.

mente deja que cada semilla tenga su propia experiencia y contribuya con ella al gran jardín universal.

Dios disfruta con nuestra libertad porque de esta manera hacemos uso de la constitución original con la que fuimos creados; en su plano todo está permitido y todo es posible, de modo que si no estamos de acuerdo con nuestras experiencias, podemos cambiarlas, pues somos seres con alto grado de libre albedrío y podemos crear la vida tal como elijamos vivirla. El nivel de permiso y goce lo decidimos nosotros mismos.

Muchas veces, tomar decisiones causa confusión, la cual radica en pensar que estamos solos y que vivimos separados del resto de la creación, cuando en realidad –y en esencia– somos parte de ella; pero si dudamos de nuestras capacidades creativas, limitamos con ello nuestra posibilidad abundancia.

En la actualidad, después de diciembre de 2012,[67] la planeta ascendió a la cuarta dimensión, lo cual permite que todo ocurra con mayor rapidez puesto que la vibración es más alta y está más cercana al plano cósmico-espiritual. El nivel vibratorio de la humanidad se está elevando, lo que provoca modificaciones en nuestras creencias y expansión áurica. Ahora somos capaces de manifestar más rápido, y el mismo ciclo kármico se está ejecutando con mayor ligereza.

Cada uno de nosotros es una Verdad manifestada, por lo que cada opinión, preferencia o acción determinada será expresión legítima de su propio nivel de consciencia, en otras palabras: todo es verdadero. No existen las acciones *buenas* o *malas,* sólo existen las acciones; si conseguimos aceptar y aplicar esto día tras día, finalmente la tendencia a enjuiciar se eliminará de nuestra vida de forma natural al reconocer que cada uno de nosotros es diferente en su propia singularidad, abriendo con ello un campo enorme de posibilidades creativas para todos.

---

67. La Tierra gira alrededor del Sol del mismo modo en que los electrones orbitan en torno al núcleo del átomo; ésta es una secuencia natural que se repite en cada escala de la materia. Hace varios siglos, los mayas descubrieron que nuestro sistema solar tarda 25.625 años en girar alrededor del centro de la galaxia, de acuerdo a sus cálculos, que posteriormente fueron corroborados por la ciencia, el ciclo de traslación culminó a finales de diciembre de 2012 y dio inicio una nueva era. Daniel López (2011), *Reflexiones 2012: Ayudando a entender los cambios que vienen,* Editorial Despertar.

La religión: El origen del engaño

Si vosotros, al igual que yo, fuisteis criados en una familia que profesara alguna religión judeocristiana, seguro en vuestra infancia escuchasteis más de una vez que la gente *buena* se gana el cielo mientras que para las personas *malas* o pecadoras está reservado un lugar en el infierno. Desde niños nos presentaron la imagen del infierno como un sitio que ninguna persona sensata querría visitar, ¿o a quién le gustaría vivir entre fuego, tinieblas y demonios? De modo que crecemos con la idea de que para ser *buenos* e ir al cielo hay que comportarnos tal como las leyes religiosas indican que es lo correcto.

Por razones históricas, la Iglesia Católica tiene mucho más poder en América Latina que en países como Estados Unidos. Por ejemplo, en México, la corrupción ejercida por algunos miembros de la Iglesia sigue siendo solapada y la mayoría de las denuncias quedan impunes. Por su parte, en Estados Unidos las demandas aumentan cada día, lo que ha significado para la institución un enorme gasto económico en defensa o traslado de sacerdotes hacia el extranjero.

Los principales escándalos que ha afrontado la Iglesia Católica están relacionados con la pederastia, pero ello no quiere decir que estas personas hayan nacido pederastas o que debido a sus creencias se hayan convertido en ello dentro de la Iglesia; desde mi punto de vista, existe un gran error respecto a esta problemática, ya que se analizan los efectos pero no las causas reales; se intenta reparar el daño causado para luego seguir manteniendo la discreción. Cuando al cardenal Jorge Medina, alto miembro del Vaticano, se le preguntó si sería posible erradicar las prácticas pedófilas del seno de la Iglesia, respondió: «Habría que erradicar al demonio. No hay ninguna reja que impida al demonio hacerse presente, el demonio se mete por todas partes, también a través del apetito de poder y dinero... La Iglesia no está al margen de la tentación, [...] los hombres de la Iglesia, digo».[68] Este tipo de justificación, aludiendo a conceptos de *bien* y *mal,* reitera la intención de manipulación y sumisión dirigida al pueblo, ya que al atribuirle al

---

68. «Pedofilia en la Iglesia: el abuso de la fe». Información disponible en: http://www. ongraices.org/index2.php?option=com_content&do_pdf=1&id=472.

«diablo» esas acciones que denigran o violentan a nuestros semejantes se niega el libre albedrío de las personas y su capacidad para responder ante sus actos.

Asimismo, he observado que en muchas ciudades de América Latina existe una plaza central conocida como zócalo o plaza de armas, que por un lado tiene la catedral y por otro el edificio de gobierno o municipalidad. Por debajo de muchas de estas construcciones existen túneles que comunican ambos edificios, por lo que éstos comparten un nivel energético similar. Uno representa al conquistador y otro al evangelizador, figuras que jugaron un papel sumamente importante en la historia de Latinoamérica, pues ambas se valieron de la violencia y la manipulación para someter a los pueblos nativos. Entre la acción de conquistar y la de evangelizar no hay mucha diferencia, las dos persiguen el mismo objetivo: imponer un sistema de creencias sobre la experiencia y el libre albedrío de las personas.

La religión católica llegó con los conquistadores y se colocó a la fuerza en la ideología sin permitirnos elegir si la aceptaríamos o no. Este tipo de proceder lo podemos observar, por ejemplo, al momento del bautismo, cuando se fuerza al bebé a recibir este sacramento y se le impone la creencia de que por el solo hecho de haber nacido ya lleva dentro de sí el pecado y el *mal,* mermando su libre albedrío prácticamente desde que llega a *la planeta.*

Es indiscutible que la Iglesia actual no es la misma que en sus inicios, pero esto no significa que haya decidido renovarse por sí misma, sino por la presión que ejercieron algunos sectores de la población para exigir cambios. Como institución, se ha visto obligada a modificar ciertas premisas para no quedarse sin adeptos, pero aún arrastran siglos de atraso con respecto a la evolución de la consciencia humana; basta con observar que incluso después de los enormes logros que se han conseguido en cuestión de equidad de género, se siguen negando a aceptar mujeres en el púlpito.

Lo que trato de explicar no sólo son características de una religión en particular, sino de todas las agrupaciones que tienen como objetivo controlar el libre albedrío del ser humano a través del miedo; para aquellos que están en el poder somos sumamente valiosos porque gracias a ese temor somos fácilmente manipulables. En mis cursos he visto algunos de ejemplos de esta situación sobre todo cuando invito a los participantes a preguntarse a sí mismos «¿Quién soy yo?» y escucho que muchos de ellos responden: «Yo soy Tal y soy católico»; esto para mí es una manifestación de que las creencias religiosas son tan fuertes que incluso llegan a imponerse sobre la propia identidad de las personas.

Para gobernar la voluntad de los pueblos y favorecer el control social, muchas élites han promovido castigos despiadados para los «transgresores de la fe». Su afán de control ha sido tan grande que incluso inventaron el mito del infierno, creando en la consciencia de sus adeptos la imagen de un lugar aterrador donde serán castigados quienes no se sometan a los mandatos «divinos». La idea de demonio existe en todas las religiones con diversos nombres y ha sido concebida con una razón en común: la de atemorizar a los seres humanos y limitarlos a tomar un solo camino, transgrediendo así su libre y natural derecho de elección.

Constantemente, el representante del castigo y el dolor resulta ser una entidad demoníaca que ha recibido distintos apelativos y representaciones de acuerdo a cada cultura, por ejemplo, la personificación del *mal* o el diablo a través del pecado se manifiesta con *Papapurusha*, según el hinduismo; *Asmodée*, de origen judío; *Belzébuth*, según el Nuevo Testamento, nombre que deriva directamente de *Barrabás;* *Scheithan* o *Ebliç*, para los musulmanes; *Aljinee*, para el mundo árabe y el ya conocido *Satán*, que en su etimología básica significa «opositor».[69]

Esta creación mítica que cultiva el miedo se ha manifestado en cada cultura con el fin de regular todos los aspectos de nuestra vida, seamos hindúes, judíos, musulmanes, cristianos o de cualquier corriente religiosa. A través de leyes rígidas y un sistema de justicia basado en el temor y el escarmiento, las religiones han querido suprimir la individualidad y satanizar la diferencia justificando estas medidas con el argumento de que ellos, como representantes de Dios, saben exactamente qué espera él de nosotros; sin embargo, esto no tiene el menor

---

69. Yvette, Cardaillac-Hermosilla (2005), *Los nombres del diablo. Ensayo sobre la magia, la religión y la vida de los últimos musulmanes de España: los moriscos*, Ediciones Atlántica, Granada, p. 11.

sentido, pues si Dios quisiera que lo obedeciéramos ciegamente, ¿por qué nos dotó de libre albedrío?

Cada uno de nosotros elige su vida, deseos, inquietudes, amigos, relaciones; nosotros somos los guías de nuestra existencia. Ciertamente, nadie puede vivir la vida de otro porque todos vinimos al mundo a crear nuestra propia historia. Somos una colección irrepetible de vivencias y aprendizajes, y cuando experimentamos algo nuevo agregamos una gota más al océano de la Consciencia Universal. Ahora, quiero aclarar que aunque los conceptos de *bien,* el *mal* y el diablo son suposiciones, ello no significa que Dios también lo sea; de hecho, Dios es real y tangible porque está en nosotros, en todo lo que creamos y lo que nos rodea, en palabras de Osho (2002): «Dios es una experiencia».[70]

Religión: ¿Autoridad o espiritualidad?

Antiguamente se creía que todo lo que existía, personas, animales, ríos, piedras, montañas, poseía un alma. Esta idea invitaba al ser humano a honrar cada manifestación de la creación y sentirse en armonía y convivencia con la naturaleza sin explotar irresponsablemente los recursos naturales ni expresar ambición desmedida; pero cuando la iconografía evangelista alcanzó a los pueblos amerindios, toda imagen que no perteneciera al universo del conquistador quedó excluida, al menos en apariencia. En el centro de México, en regiones donde habitaban culturas como la azteca, se construyeron templos católicos encima de los basamentos que servían para adorar a las distintas deidades dando origen al sincretismo religioso;[71] los indígenas que se vieron obligados a construir iglesias, incluían en los grabados y decoraciones de los altares imágenes disfrazadas o muy sutiles de sus dioses. El santuario de la diosa Coatlicue, por ejemplo, fue cubierto por la original basílica

---

70. Osho (2002), *El sendero del Zen.* Editorial Kairós.

71. El sincretismo es la unión de rasgos culturales de origen diferente; por ejemplo, en América y África, continentes donde han existido procesos colonización, el dominio occidental se mezcló con las religiones locales, dando origen a diversas prácticas como el vudú haitiano, la macumba y el candomblé brasileños, y el kimbangüismo africano. «¿Qué es el sincretismo religioso?», *Muy interesante.* http://www.muyinteresante.es/cultura/arte-cultura/articulo/ique-es-el-sincretismo-religioso.

de Guadalupe, y los nativos mexicanos acudían a ella para adorar aparentemente a la Virgen, pero en realidad seguían celebrando a su diosa. En el caso de los incas, las ceremonias de culto al sol fueron eliminadas y reemplazadas por otras, desconocidas y ajenas para ellos. A este período de transición histórica es al que los historiadores denominan «fase de aculturación»,[72] la cual implicó la desaparición de las civilizaciones originales, sustituyéndolas por una cultura nueva subyugada a la voluntad de los colonizadores.

Actualmente existen múltiples pruebas de este período[73] en el arte barroco en Latinoamérica que fueron conservadas por los franciscanos y jesuitas. En ellas se pueden apreciar, por ejemplo, iconos cristianos mezclados con grandes soles que representan la gran divinidad inca, imágenes del niño Jesús con plumas de oro en la cabeza y demás resabios de una cultura en proceso de aniquilamiento.

El arte y la espiritualidad amerindios fueron inicialmente subestimados y ocultados por los españoles, quienes ignoraban la importancia de las divinidades indígenas y se limitaron a destruir todo aquello que no comprendían. Hoy por hoy, cualquier manifestación relacionada con la religión de las culturas nativas es considerada pagana, entendiendo el paganismo desde la óptica del extinto Imperio romano, donde esta palabra se usaba para referirse a las personas que aún no se habían convertido al cristianismo. *Pagano* proviene del latín *paganus, pagus* que quiere decir «proveniente del campo», «rural» o «de fuera».[74]

---

72. La aculturación es un proceso de adaptación en el que una persona o un grupo se integran a una cultura diferente a la suya, sin que ello implique necesariamente el abandono de los patrones de su cultura de origen. Consiste, por un lado, en la incorporación de elementos de la nueva cultura y, por otro, en el reajuste de los patrones culturales propios, reorientando sus pensamientos, sentimientos y formas de comunicación hasta encontrar un equilibrio que le permita adaptarse a las exigencias de la realidad. Aguirre, A. (ed.) (1997). *Cultura e identidad cultural.* Barcelona: Bardenas.

73. El período de colonización en Latinoamérica abarca aproximadamente del siglo XVI, después de la llegada los españoles, y hasta el siglo XIX, cuando dieron inicio las guerras de independencia en los distintos territorios conquistados. Miguel León-Portilla, *El reverso de la conquista.* Editorial Joaquín Mortiz.

74. Julio Casares (1992), *Introducción a la lexicografía moderna,* Consejo Superior de Investigaciones Científicas.

En este sentido, la Real Academia Española afirma que: «Se dice pagano a todo el que no ha sido bautizado y no profesa el cristianismo ni ninguna de las otras grandes religiones monoteístas»,[75] de tal modo que, semánticamente, todos aquellos que han optado o nacido bajo otra religión, como los musulmanes, hindúes y budistas, son paganos.

El sincretismo religioso.

El idioma español, derivado directamente de la lengua del Imperio romano, ha ido transformándose con el tiempo, por lo que ignoramos el origen real de muchos de los términos que utilizamos con frecuencia. Por ejemplo, la palabra «demonio» tiene su origen en el latín tardío *dæmonium,* que en griego quiere decir «genio».[76] A la fecha, no podemos

---

75. Diccionario de la lengua española vigésimo tercera edición (2014), http://www.rae.es/diccionario-de-la-lengua-espanola/la-23a-edicion-2014.

76. Yvette, Cardaillac-Hermosilla (2005), *Los nombres del diablo,* Editorial Universitat de València.

saber con exactitud hasta qué grado la iglesia ha manipulado nuestro lenguaje y creencias, pero sí podemos apreciar su influjo observando el enorme poderío que ejerce sobre la sociedad.

A través de la manipulación de la historia y el lenguaje las religiones han tratado de subestimar la divinidad humana promoviendo conceptos de superioridad con respecto a los fieles de otras religiones y de inferioridad con respecto a Dios; establecen la desvalorización del hombre, a quien, para considerársele hijo de Dios, se le enseña a vivir con miedo. «Dios es el único ser inmortal y Jesús su único hijo», asegura la Iglesia, menospreciando la inmortalidad del alma humana y nuestra propia cualidad divina. Además, la mayoría de las religiones se asumen como el único sistema de creencias válido y verdadero, por lo que también incitan al desprecio entre los hombres, dado que los fanáticos religiosos, automáticamente consideran que quienes no piensan como ellos son personas desviadas que viven en el error y el pecado.

Si seguimos analizando las palabras que permean nuestra forma de concebir la religión, encontraremos que el término *culto* proviene del verbo latino *colere* (del que derivan colonia, colono, colonizar, colonialismo) y tiene su origen en la raíz griega *kol* que en principio significa «podar» y que finalmente decantó hacia el *culto-cultivo* de las personas;[77] lo que en otras palabras podría significar que a través de la cultura religiosa intentan modelarnos y alinearlos de acuerdo a ciertos principios, como si fuéramos plantas forzadas a crecer dentro de una maceta; sin embargo, si esto fuese lo que Dios quiere de nosotros, ¿por qué nos dotó de libre albedrío?

Al echar un vistazo en la historia, encontraremos que las primeras civilizaciones surgieron tres o cuatro milenios antes de Cristo,[78] lo que nos da un parámetro de qué tan antigua es la humanidad. Si consi-

---

77. Joan Corominas (1967), *Breve diccionario etimológico de la lengua castellana*. Madrid, Gredos.

78. Hay muchos criterios para considerar a qué se le llama «civilización», pero en general todos coinciden en que las civilizaciones surgieron tras el establecimiento de las poblaciones en un territorio, la aparición del poder político, la división del trabajo, el surgimiento de un sistema religioso y las primeras prácticas de comercio. «Huellas de un pasado lejano», en *Investigación y Ciencia*, septiembre de 2008, ISSN 0210136X, p. 19.

deramos que la medicina comenzó a formalizarse como ciencia en el siglo XVI, tras la aparición del método científico,[79] y que la medicina moderna no se estableció hasta la segunda mitad del siglo XIX,[80] sería oportuno preguntarnos, ¿cómo se trataban las enfermedades durante los miles de años en que no existieron formalmente los médicos?

Por mucho tiempo, la espiritualidad y las prácticas médicas estaban fuertemente ligadas; por ejemplo, el chamanismo en el mundo indígena o el concepto de *ayurveda*[81] en el hinduismo. También «otras etapas muy importantes en el desarrollo de la medicina y la acción de sanar se inician con la historia del cristianismo, por tanto, desde la predicación del propio Cristo se encuentra patente la relación entre él y la medicina».[82]

Magia, espiritualidad y medicina siempre estuvieron ligadas, sin embargo, conforme se formalizaron la religión y el Estado, estas prácticas se obstaculizaron, pues se las consideró una amenaza hacia jurisdicción de estas instituciones porque reconocían la existencia del espíritu y la capacidad del humano para sanarse a sí mismo. Durante siglos, magos, hechiceros y médicos alternativos fueron perseguidos y sometidos a los castigos más infames, acusados por la Santa Inquisición de desafiar los supuestos mandatos de Dios. Para el siglo XIX, la medicina se instituyó como la única ciencia responsable de la salud, desacreditando, satanizando y ridiculizando a las terapias holísticas.

---

79. Ricardo Rafael Contreras (2006), «Francis Bacon, Galileo Galilei y el método científico», *Revista de la VIII Escuela Venezolana para la Enseñanza de la Química.*

80. Lo que se conoce como medicina moderna tiene raíces muy antiguas en la historia, pero es a partir de la segunda mitad del siglo XIX cuando la medicina científica se establece de forma definitiva como la corriente principal del conocimiento y la práctica médica. Ruy Pérez Tamayo (1997), *De la magia primitiva a la ciencia moderna,* Ed. Fondo de Cultura.

81. El término sánscrito *ayurveda* está compuesto de los vocablos *ayuh:* «duración de la vida» y *veda:* «verdad, conocimiento». La medicina ayurvédica incluye dieta y herbolaria, haciendo hincapié en el uso del cuerpo, la mente y el espíritu en la prevención y el tratamiento de enfermedades. Su premisa es despertar el natural equilibrio del sistema mente-cuerpo para que el paciente se cure a sí mismo. Todd Caldecott (2006), *Ayurveda: The Divine Science of Life,* Editorial Mosby Elsevier.

82. Norma Pavía-Ruz (1998), «Magia, religión y medicina», *Rev. Biomed,* 9:192-198. Disponible en: http://www.uady.mx/~biomedic/revbiomed/pdf/rb98937.pdf.

Tras una previa y rigurosa aprobación eclesiástica, la separación entre la espiritualidad y la medicina se consolidó. Esta intromisión de la Iglesia en la medicina continúa hasta el día de hoy, al establecer como *bueno* o *malo* el uso de medicamentos o terapias, controlando aspectos esenciales del ser humano como son la sexualidad, la alimentación, la maternidad, entre otros.

El origen religioso de los conceptos de *bueno* y *malo* se relaciona directamente con la autoridad, la ambición y el poder, pues el control sobre las voluntades humanas es la fuente de riqueza de las religiones. Desde su perspectiva, Dios es un ser soberbio y autoritario que se impone sobre su creación y desea que se lo obedezca; sin embargo, como ya hemos visto, Dios sólo quiere conocer y conocerse a sí mismo a través de nuestras acciones, por lo que pedirnos que actuemos de uno u otro modo sería limitar su propia consciencia en expansión.

La universa funciona mediante un sistema jerárquico donde Dios ocupa la posición más elevada, pero esto no quiere decir que sea un ser autoritario. Me detendré un momento para explicar por qué *jerarquía* y *autoridad* son términos distintos. Mientras que el primero es una forma de organización útil, pacífica y respetuosa, basado en honrar el libre albedrío, la autoridad se basa en el poder y en el uso de la fuerza para imponer su voluntad sobre los otros, por lo que tiende a tornarse violenta, intolerante y represiva. La espiritualidad, que es la relación de cada persona con la divinidad, parte de un principio jerárquico para mediar nuestra relación con *la universa*. Por otra parte, la religión se fundamenta en la autoridad y su recurso más empleado es el miedo para generar desigualdad e intolerancia.

Aplicar los conceptos de *bueno* y *malo* es negar nuestra propia existencia. Cualquier religión que use estos conceptos es autoritaria. El afán de control no sólo se realiza juzgando nuestras *malas* acciones, sino también enfatizando y premiando las *buenas* de manera que sigamos haciéndolas. El límite entre lo *bueno* y lo *malo* se establecerá con apenas una acción que sea desaprobada por la parte controladora. Esta dinámica se reproduce en todo tipo de dinámica en la que alguien desee ejercer dominio sobre sus semejantes, por ejemplo, en las escuelas, las familias o las relaciones de pareja ocurre cuando alguien usa su autoridad para juzgar a los demás y castigarlos o premiarlos por sus acciones.

La divinidad está en todos y es lo que nos hace iguales, sin excepción de credo, raza o profesión. Dios, dentro de su inmensa y amorosa sabiduría, nos creó, expandiendo con ello su consciencia y amor hacia cada uno de nosotros por igual, sin importar si somos catalogados como *buenos* o *malos,* porque en su sabiduría los juicios humanos no existen. Dios y su creación son una unidad, sin embargo, en el momento en que se presenta el juicio, se produce la ilusión de la separación.

Como hemos explicado hasta ahora, la religión ha tergiversado el concepto de Dios, remplazando el amor por el juicio, produciendo como consecuencia la segregación, la violencia y el miedo. Por ejemplo, en el hinduismo, *los intocables* o *dalits,* la casta[83] más discriminada de su sistema religioso, pueden ser golpeados e incluso asesinados sin que el agresor tenga sanción legal.[84] Estas acciones se justifican en la creencia de que los dalits han nacido del polvo que levantan los pies de *Brahmá* y están destinados eternamente, junto a sus descendientes, a trabajos forzados y sucios.[85]

India es considerada una de las regiones más espirituales del mundo, pero su sistema social está basado en el poder, el dinero, la religión

---

83. El sistema de castas es una forma de organizar la sociedad. Las personas que pertenecen a una casta no pueden casarse fuera de ella. Cada casta tiene su ocupación fija. La casta se hereda; por tanto, uno nace en una casta determinada. Este sistema está basado en el concepto de pureza e impureza ritual.

84. Aproximadamente, uno de cada seis habitantes de India es dalit. La mayoría de «intocables» viven extrema pobreza, con menos de un dólar al día, y sufren no sólo de desigualdad económica, sino de discriminación social. Su estatus en la vida, y sobre todo sus derechos, están predeterminados desde el nacimiento debido al sistema de castas, una antigua forma de opresión y segregación que aún pervive. «Dalits: miseria desde el cordón umbilical», http://www.eldiario.es/desalambre/Dalits-miseria-cordon-umbilical_12_216048394.html.

85. Según el hinduismo las distintas castas surgen de las distintas partes de la persona primordial o Brahmá: los brahmanes nacieron de la boca, los chatrias de los brazos, los vaisias de los muslos y los sudras de los pies. Los dalit no nacieron de Brahmá y no forman parte de él. Por eso, son impuros e intocables. Michael Amaladoss (2000), *Vivir en libertad: las teologías de la liberación del continente asiático.* Verbo Divino.

y la autoridad. Esto ha ocasionado que muchos dalits se conviertan al budismo o al cristianismo; pero la solución no está en cambiarse de religión, sino en la aceptación de uno mismo como divinidad, en calidad de seres iguales que comparten el mismo origen y destino. Otra religión no cambiará su situación si ellos mismos no creen en sus capacidades espirituales.

Por su parte, en la religión católica, el mandamiento de «Honrar al padre y a la madre», se establece como otro imperativo religioso de subordinación y autoridad, el cual afecta principalmente a los niños, quienes son considerados como seres incapaces de tomar sus propias decisiones y, por tanto, niegan su valor y aplastan su libre albedrío. Se pide honrar a los padres, pero no hay quien honre a los pequeños; aunque el mensaje de Cristo era claro: «Dejad que los niños se acerquen a mí. No se lo impidáis, porque el reino de Dios es de los que son como ellos» (Marcos 10, 14). Los niños son seres que aún no han aprendido a juzgar y viven de acuerdo a su verdadera naturaleza espiritual; y es precisamente a eso a lo que se refiere la Biblia al decir que «el reino de los cielos es de los que son como ellos».

Constantemente se establecen lazos entre poder, autoridad y religión, que fortalecen el juicio y debilitan la capacidad de amar, la cual es la esencia de toda espiritualidad, y si reflexionamos un poco, no se encuentra en el poder ni en la autoridad, como tampoco en la religión. A continuación analizaremos brevemente las religiones con más adeptos a nivel mundial.

Hinduismo: Considerada una de las religiones con mayor cantidad de variantes, tiene como máxima divinidad a *Brahmá*, el Dios creador del universo. Si bien existe una multiplicidad de dioses y semidioses, la influencia del Trimurti (trinidad de dioses en la mitología hinduista), *Brahmá, Vishnú* y *Shivá,* es la que rige casi toda la sociedad brahmánica. Estos tres dioses representan los procesos de la creación, conservación y destrucción. *Brahmá* es el dios más importante del hinduismo, al ser el creador de *la universa;* sus devotos lo consideran el Dios supremo y para ellos todas las demás manifestaciones divinas son expansión del mismo *Brahmá*.

Vishnú es el dios conservador que para cumplir su misión de equilibrar el *bien* y el *mal*, cuenta con la asistencia de sus avatares o enviados. Sus avatares son manifestaciones corpóreas como *Rama, Krishna, Caitanya,* etc. En el hinduismo se cree que *Vishnú* se va a reencarnar diez veces en diversos avatares, de los que ya han aparecido nueve.

El décimo avatar es *Kalki,* quien vendrá sobre un caballo blanco a eliminar a los impuros y pecadores, a destruir el *mal* y promover el *bien* eternamente. Con *Kalki* termina una etapa de la creación y comienza una renovación que mantendrá sobre la Tierra sólo a los representantes del *bien,* mientras que los *malvados* serán eliminados. Cuando se produzca la décima reencarnación, se acabará la era actual y comenzará un nuevo mundo.

Shivá es el dios destructor de *la universa.* Su forma es temible, se muestra envuelto por demonios y collares de calaveras y es parte fundamental de la *Trimurti,* ya que sin destrucción no hay renacimiento.[86]

En India, estas tres manifestaciones y sus diversas funciones dentro de *la universa,* tienen su grupo específico de adoradores. La influencia de *Vishnú* sobre las multitudes es la que más se manifiesta, incluso en la cantidad de templos existentes.

El hinduismo anhela que el alma posea como objetivo último la extinción del deseo, con la finalidad de dar término al ciclo de reencarnaciones. La disciplina ascética y la castidad son principios necesarios para la obtención de un estado de consciencia que conlleve al conocimiento y la consiguiente ruptura de la rueda de reencarnaciones o *Samsara.*[87]

Como describimos anteriormente, la casta es una realidad religiosa y social inevitable en India. Quien nace *brahman* posee misericordia de Brahmá, pero quien nace *dalit* es marginado a las labores más bajas, ya que se cree que nunca formó parte del dios creador. Los ideales éticos hindús aspiran hacia la paz a través del camino que conduce a *Brahmá,*

---

86. Dilip M. Menon (2006), *Readings in History Cultural History of Modern India.* Social Science Press.

87. *Samsara* representa el ciclo de vida, muerte y reencarnación en el que cada persona lleva consigo su propio karma. Cada ciclo es una oportunidad para alcanzar el equilibrio. Por lo tanto, una persona puede experimentar efectos de sus vidas pasadas a través de circunstancias totalmente diferentes. De hecho, muchos hindús creen que el estado terrenal de una persona depende de sus vidas pasadas. De igual manera, las acciones «buenas» también pueden liberar a una persona. Este ciclo no es eterno, sino que finalmente, cuando la persona ha purificado su espíritu totalmente, alcanza la experiencia de *moksha,* que es la liberación espiritual cuando el ser se convierte en uno con Dios. Gabriel Arquilevich (2011), *World Religions.* Teachers Created Resources, Inc.

el cual se expresa en pureza, verdad, no violencia, misericordia y compasión hacia todo ser vivo. Por consiguiente, podemos entender que a los dalits no se los considera como seres dignos de alcanzar las virtudes brahmánicas.

Budismo: El Buda, tras haber alcanzado el Nirvana[88] bajo el árbol Bodhi, dictó a sus discípulos las Cuatro Nobles Verdades que se le revelaron durante su meditación e iluminación: 1. Existe el sufrimiento, 2. La causa de todo sufrimiento es el deseo, 3. Se puede cesar el sufrimiento y 4. El camino que lleva al cese del sufrimiento es el Noble Óctuple Sendero, que consta de ocho preceptos básicos: comprensión *correcta*, pensamiento *correcto*, palabra *correcta*, acción *correcta*, ocupación *correcta*, esfuerzo *correcto*, atención *correcta* y concentración *correcta*.

La esencia de la práctica budista es vivir el momento presente, porque vivir en el pasado o en el futuro alimenta el deseo, el apego y el sufrimiento, pero este último se puede eludir con el seguimiento de los dogmas primordiales y respetando a todas las formas de vida, pues cada una es dada por la naturaleza y posee idéntico valor.

El sentimiento de felicidad no es permanente ni eterno, por lo que es necesario estar preparado para cualquier suceso que cause desdicha, y esto se puede lograr practicando el desapego y entendiendo que cada acto *bueno* o *malo* es recompensado o castigado en esta u otra vida. Ningún karma se borra, pero desarrollando la naturaleza de Buda, inherente a todos los seres vivos, se hará más fácil la ascensión.

---

88. *Nirvana* es el estado más elevado que puede alcanzar la consciencia, y una vez que llega a ese estado, el ser se libera del sufrimiento y del ciclo de renacimientos. El escritor argentino, Jorge Luis Borges narró de forma espléndida cómo Buda alcanzó el Nirvana: «El demonio y sus huestes de tigres, leones, camellos, elefantes y guerreros monstruosos le arrojan flechas. Cuando llegan a él, son flores. Le arrojan montañas de fuego, que forman un dosel sobre su cabeza. El príncipe medita inmóvil, con los brazos cruzados. Quizá no sepa que lo están atacando. Piensa en la vida; está llegando al Nirvana, a la salvación. Antes de la caída del sol, el demonio ha sido derrotado. Sigue una larga noche de meditación; al cabo de esa noche, Siddharta ya no es Siddharta. Es el Buddha: ha llegado al nirvana». Alejandro Martínez (2015), *Borges sobre Buda, Karma y Nirvana*. Pijama Surf http://pijamasurf.com/2015/04/borges-sobre-buda-karma-y-nirvana/.

Buda enseñó que la vida es inseparable del dolor, por lo cual propuso la extinción de todo deseo para alcanzar el estado de nirvana, que se traduce como el punto máximo de unión y encuentro con la divinidad, luego de que el ciclo de reencarnación termine y hayamos equilibrado a su totalidad el karma.

La moral del budismo establece cinco actos del *mal* que están absolutamente prohibidos: matar, robar, cometer adulterio, mentir y embriagarse. A su vez, establece diez pecados: asesinato, robo, fornicación, mentira, difamación, injuria, charlatanería, envidia, odio y error dogmático. Para la superación de estos aspectos *malvados,* el budismo recomienda la práctica de seis virtudes trascendentales: la limosna, la moral perfecta, la paciencia, la energía, la bondad y la caridad o amor al prójimo.[89]

Judaísmo: El judaísmo es una de las religiones más antiguas y de ella se desprenden el islamismo y el cristianismo. Posee una serie de normas y

---

89. Juan Arnua (2008), *Antropología del budismo.* Kairós.

celebraciones muy rigurosas, destinadas siempre a establecer la absoluta superioridad de Dios sobre el ser humano. Muchas de estas normas sirven para conservar una conducta ética que permita a los judíos estar más próximos a Dios.

Su libro de escrituras sagradas es la Torá o Pentateuco, compuesto por cinco libros y que a su vez es uno de los tres libros que conforman el Antiguo Testamento. Los judíos creen que la Torá fue entregada a Moisés y que desde esa época fue guardada y custodiada por los profetas. La tradición oral, que también fue entregada a Moisés, dio nacimiento al Talmud[90] y posteriormente a la Halajá o ley judía.[91]

Fundamentalmente creen en un Dios omnisciente, providente y omnipotente que eligió al pueblo judío para declarar sus diez mandamientos. Es una religión concebida por Dios para un pueblo específico, aunque hay conversos en todas partes del mundo. Se considera además como una tradición y una cultura. En otras palabras, se es judío casi exclusivamente por nacimiento.

Otras de las reglas establecidas por la Torá son únicamente normativas de higiene y alimentación que el judío no debe debatir, ya que acatarlas es muestra de autodisciplina y rigurosidad. Esta autodisciplina es la que hace del judío un individuo capaz de preservar cada una de sus creencias de modo apasionado.

Desde esta doctrina, el hombre es visto como imagen de Dios y ha sido dotado de libertad desde el mismo instante en que fue creado; si peca, puede obtener el perdón divino con el arrepentimiento y la reparación del *mal* causado. La recompensa o el castigo tienen lugar en esta vida terrenal y también después de la muerte.

---

90. La palabra hebrea *Talmud* significa «enseñanza recibida por un discípulo». «Discípulo» en hebreo se escribe «Talmid». Es una obra que recoge las discusiones rabínicas sobre leyes judías, tradiciones, costumbres, narraciones y dichos, parábolas, historias y leyendas. Adin Steinsaltz (2000), *Introducción al Talmud*, Riopiedras Ediciones.

91. *Halajá* es el término general para la ley judía, está basada primordial y fundamentalmente en las ordenanzas bíblicas y en los mandamientos de la Torá escrita y oral. La palabra *Halajá* en sí significa: «el camino por el cual uno marcha». Rabbi Haym Halevi Donin (sa) *La Halajá - El camino judío* www.tora.org.ar/contenido.asp?idcontenido=429.

Islamismo: «No hay más Dios que Alá y Mahoma es su profeta». Ésta es la oración que sintetiza la esencia del islam; todo aquel que recite este credo ante dos testigos se someterá a Alá, preparándose para la práctica establecida, cuyos deberes espirituales se resumen en los llamados cinco pilares: confesión de fe, oración, ayuno, limosna y peregrinación a La Meca.[92]

Para los musulmanes existe un juicio final, una resurrección, un cielo y un infierno. Cada uno de los seres humanos será juzgado y medido; si el valor de las acciones realizadas durante toda su vida es catalogado como *bueno,* entonces logrará el ingreso al cielo y conseguirá la gratificación y placer sensorial que allí existe, pero si es catalogado como *malo,* conocerá los sufrimientos más grandes del inframundo.

Catolicismo: Para los católicos, existen dos tipos principales de pecado: el pecado mortal, que hace referencia a la transgresión de alguno de los diez mandamientos, y el pecado venial, infracción leve que deteriora la relación del hombre con Dios, arriesgándolo a caer en pecado mortal, lo que terminaría de alejarlo por completo del *buen* camino y de Dios.[93]

La Iglesia Católica basa su doctrina en la supremacía de un ser divino, considerando al resto de los seres humanos como siervos al servicio de sus representantes. Este ser único y superior es el creador de todo cuanto existe, incluso de nuestra propia vida y nuestras experiencias o «destino». Un ritual característico de esta religión es el bautismo, el cual representa sumisión ante Dios. El bautismo parte de la idea de que todos nacimos con un pecado original, es decir, se nos dice que desde que vinimos al mundo somos *malos;* entonces, en teoría este rito simboliza la purificación del espíritu y el nacimiento y entrada hacia una nueva vida dentro de la Iglesia Católica.[94]

Al momento de nacer, el bebé tiene su chakra coronario totalmente abierto, lo que le permite establecer una conexión directa con la fuente creadora y con otros niveles de consciencia. Sin embargo, durante el

92. Ernest Yassine Bendriss (2013), *Breve historia del islam.* Ediciones Nowtilus.

93. Francisco Lacueva (2001), *Diccionario teológico ilustrado.* Editorial Clie.

94. Justo L González. (2011), *Diccionario manual de teología.* Editorial Clie.

bautismo el séptimo chakra se invierte y se nos convence de que somos pecadores por naturaleza y que debemos comportarnos de acuerdo a las leyes católicas para ser seres dignos del amor de Dios.

Según el catolicismo, la creación divina fue perfecta hasta que la primera pareja desobedeció a Dios, imposibilitando a sus descendientes para ser partícipes de la vida eterna, por lo que para quitar el peso de este pecado original, Dios envió a su único hijo hecho hombre a padecer en la cruz. De ahí se desprende la tradición de bautizar a todos los bebés, ya que al nacer pecadores están privados de la vida eterna. Se afirma en el Génesis que el hombre sufrirá con el trabajo forzado de la tierra y la mujer padecerá los dolores más terribles a través del parto, así como el dominio del hombre durante toda la eternidad.

A la mujer le dijo: «Tantas haré tus fatigas cuantos sean tus embarazos: con dolor parirás los hijos. Hacia tu marido irá tu apetencia y él te dominará». Al hombre le dijo: «Por haber escuchado la voz de tu mujer y comido del árbol del que yo te había prohibido comer, maldito sea el suelo por tu causa: con fatiga sacarás de él el alimento todos los días de tu vida. Espinas y abrojos te producirá, y comerás la hierba del campo. Con el sudor de tu rostro comerás el pan, hasta que vuelvas al suelo, pues de él fuiste tomado, porque eres polvo y al polvo tornarás».[95]

Éste no parece el mensaje de un padre amoroso que nos permite actuar libremente, sino más bien una intervención humana de control sobre los hombres y las mujeres. Dios no es un ser castigador ni vengativo, pero el texto original ha sido manipulado hasta tal grado que millones de personas a lo largo de la historia han estado sometidas al miedo y la culpa.

Una de las instituciones católicas más poderosas que promueven la idea del ser humano separado de su propia divinidad es el Opus Dei. Este grupo asegura que Jesús vivía en la pobreza, colocándolo como ejemplo a seguir de humildad y sumisión, haciéndole creer a los devotos que las riquezas impiden una devoción sincera hacia Jesús, pero ¿qué ocurre entonces con los grupos Opus, que conforman la parte más rica de la sociedad occidental? ¿A qué se debe que el Vaticano

---

95. Génesis 3, 16-19.

sea calificado como uno de los Estados con mayor acumulación de riqueza?[96] Si Dios creó *la planeta* pródiga y rica para que todos pudiéramos experimentar la abundancia, ¿cómo perdimos la capacidad de manifestarnos a nuestro gusto?

La mayoría de las religiones que he estudiado expresan sus deseos de controlar a sus adeptos mediante el temor y la culpa, emociones que traen como consecuencia la enfermedad y la muerte. Quizá podríamos encontrar una excepción en el sijismo, el cual es una de las corrientes religiosas más espirituales que existen, pues su doctrina está basada fundamentalmente en estas palabras: «Ek Ong kar» que significan: «Hay un solo Dios».[97] El sijismo nació en el estado indio de Punjab, hace aproximadamente 500 años, como síntesis del movimiento hindú y de la espiritualidad islámica; es absolutamente monoteísta, niega el sistema de castas, el sacerdocio, abole el sacrificio y tiende a un carácter netamente pacifista. Los sijes practican las virtudes de la caridad, la amabilidad y la humildad contra los vicios de la ira, la gula, la conexión mundana y la lujuria, procurando un estilo de vida considerado como positivo y optimista.[98]

Para los practicantes fundamentalistas del sijismo,[99] el cabello y demás vellosidades son partes del cuerpo tan importantes como cualquier otra, por ello sus principios no les permiten cortarse el cabello o afeitarse la barba, pues hacerlo equivaldría a despojarse de algo que les ha sido dado por Dios. Los hombres están obligados a mantener su cabello sin cortar toda su vida y cubierto por un turbante. Por ejemplo, existen sijes cuyo turbante excede tres veces el tamaño de su cabeza, y

---

96. Irene Savio (2013), «Las finanzas "impuras" del Vaticano», *Revista Forbes,* http://www.forbes.com.mx/las-finanzas-impuras-del-vaticano/.

97. Agustín Pániker (2012), *Los sikhs: historia, identidad y religión,* Kairós.

98. Miguel Ángel Mari (2012), *Recepción y apoyo de la comunidad Sij en el aula de acogida.* Tesis para el Màster en Formació del Professorat d'Educació Secundària Obligatòria i Batxillerat, Formació Professional i Ensenyament d'Idiomes de la Universitat Poltitécnica de Catalunya, https://upcommons.upc.edu/bitstream/handle/2099.1/19951/80582_Memoria.pdf?sequence=1&isAllowed=y.

99. Se considera que sólo aproximadamente un 15 por 100 de los sijes son miembros del núcleo ortodoxo del sijismo, también llamado Khalsa (ídem).

cargan sobre sí el cabello crecido durante décadas. ¡Imaginemos nada más el volumen del turbante de un sij de ochenta o noventa años! Ahora cabe preguntarnos, ¿suena lógico que a Dios le parezca importante nuestro corte de cabello? ¡Por supuesto que no! Si por algo nos dotó de libre albedrío.

Luego de este recorrido por las principales religiones, podemos concluir que las doctrinas religiosas fundamentadas en el juicio y en la dicotomía *bueno-malo* promueven la creencia falsa de que estamos separados de la divinidad, lo cual contradice nuestra verdadera naturaleza espiritual y nos aleja de la felicidad que existe cuando somos uno con Dios.

¿Fe o confianza?

Imagina por un momento los átomos con los que está formado tu cuerpo, ahora piensa ¿dónde más has visto esas órbitas en forma de elipse? ¡Claro! Es la misma estructura de nuestro sistema solar. Nosotros somos como *la universa:* infinitos. En palabras de Osho, «¿Cómo puedes tener sentido del tiempo si tienes disponible la eternidad?».[100]

La eternidad no nos aguarda en un más allá desconocido, sino en nosotros mismos; esto es a lo que denominaremos *confianza*. Creer con firmeza en nuestras capacidades creativas y de manifestación es un poderoso recurso para realizar nuestros propios milagros; sin embargo es común que debido a nuestras creencias confundamos la «confianza» con la «fe».

La fe nos enseña a obedecer a personas e instituciones que promueven las ideas de *bien, mal,* infierno, culpa, demonios, etc., con el único argumento de que «así lo quiso Dios». Entonces, cuando la institución o las personas fallan, la fe se ve debilitada y por ende nosotros también porque depositamos nuestra certeza en algo externo a nosotros. A lo largo de la historia, los personajes santificados por las religiones se han hecho parte fundamental de esta energía denominada fe, pero lo que se interpreta como milagros es en realidad una manifestación de lo que nosotros mismos hacemos posible con la fuerza de la confianza.

La confianza es creer en nosotros y reconocernos como seres divinos, orientándonos hacia la relación fundamental con nuestro Ser Su-

---

100. Osho (2001), *El libro de la vida y la muerte*. Editorial Kairós.

perior. Si confiamos en nuestras capacidades, no existirá nada que nos limite y obstaculice. Es decir, si todos nos reconectáramos con nuestra divinidad, ¿quién necesitaría de estampitas de santos, amuletos, talismanes y demás objetos donde depositar la fe?

La capacidad de sanación, por ejemplo, está basada en el simple hecho de reconocer nuestro origen divino. Esta certeza nos regresa a nuestro estado natural de armonía, ya que en la naturaleza humana y divina no existe la enfermedad. En el proceso de manifestación de enfermedades es fundamental la presencia constante de una emoción porque son las emociones las que pueden alterar nuestro nivel vibratorio y, en consecuencia, nuestro equilibrio energético. Por esta razón, terapias alternativas como la risoterapia o las sanaciones con Luz Dorada[101] no son quimeras, al contrario, son tan reales como cualquier otra de las creaciones humanas.

La superstición y la fe son dos caras de la misma moneda porque ambas parten de nuestra baja autoestima. ¿A qué me refiero con esto? A que las dos se fundamentan en la falta de autoconfianza, pues cuando dudamos de nuestra capacidad para resolver situaciones, transferimos la responsabilidad de nuestros problemas a otro persona, personaje u objeto, cediendo nuestra energía porque pensamos que no somos capaces de dirigir el curso de nuestras vidas. Si tengo fe reconozco que afuera existe algo que rebasa mis propias capacidades; de la misma manera ocurre con las personas que creen en supersticiones, argumentando que su *buena* o *mala* suerte depende de una fuerza ajena a ellos.

La fe suprime nuestra posibilidad de cuestionar y vuelve rígida nuestra consciencia, pues si no nos permitimos hacer preguntas, ¿cómo llegaremos a nuevos entendimientos? Lo que creemos es lo que vivimos, de modo que si creemos que otro ser creará las alegrías y logros por nosotros, estaremos alejándonos de nuestra naturaleza divina y re-

---

101. La sanación energética con Luz Dorada es un método natural que utiliza la energía cósmica dorada de *la universa* para limpiar nuestro ser en sus cuatro niveles de existencia: físico, mental, emocional y espiritual. El terapeuta de Luz Dorada retira con sus manos los bloqueos que están en nuestro sistema energético, es decir, el aura y los chakras, llevando a nuestro espíritu hacia dentro del cuerpo para ayudarnos a regresar a nuestro estado natural: la salud.

nunciando a nuestro libre albedrío, y eso es precisamente lo que las religiones desean de sus adeptos, que sean personas sumisas y fáciles de manipular.

Si vosotros, al igual que yo, crecisteis en el seno de un hogar judeo-cristiano, muy probablemente conocéis desde pequeños el mito de la creación de Adán y Eva, los primeros humanos en la Tierra. En síntesis, Dios creó a Adán y le permitió vivir en el paradisíaco jardín del Edén con la única condición de que no comiera el fruto del árbol del *conocimiento del bien y el mal,* o de lo contrario moriría. Luego, al verlo tan solo, Dios decidió usar una costilla de Adán para crearle una compañera, Eva.

Ambos vivieron felices y desnudos durante un tiempo hasta que un día la serpiente le ofreció un fruto del árbol prohibido a Eva,[102] y la convenció de probarlo con el argumento de que, contrariamente a lo que dijo Dios, ellos no morirían por comerlo, pero sí despertarían en sí mismos la capacidad para discernir el bien y el mal, tal como Dios lo hace.[103] Eva accedió y de inmediato lo compartió con Adán, surgiendo en ellos la vergüenza ante su desnudez, pues ahora que habían probado el fruto eran capaces de distinguir que estar desnudos «era malo». Dios, enfurecido por su desobediencia, castigó a hombre, mujer y serpiente y condenó a todos sus descendientes a padecer los mismos escarmientos que ellos.

Si asumimos este mito de manera literal, tal como la mayoría de las religiones nos enseñan, en realidad no tendría el menor sentido. En principio, si Dios no deseaba que los hombres probaran el fruto de tal o cual árbol, ¿por qué lo puso en el huerto? ¿No habría sido más prudente dejarlo fuera del alcance del hombre? ¿Será acaso que quería poner a prueba a su propia obra? Dios es sabiduría y amor absoluto,

---

102. Comúnmente se hace referencia a que el fruto prohibido era una manzana, sin embargo, en la Biblia no se hace ninguna mención específica a esta fruta. Esto se debe a un error de traducción, pues bien-mal en latín se escribe *bonum-malum,* y *malum* también significa «manzana». Introducción a la lectura de La Biblia (sin año) El Pentateuco: Génesis-La Creación http://www.parroquias-manga.org/biblia/tema20.PDF.

103. En palabras exactas de la Biblia: «[...] el día que comáis de él, serán abiertos vuestros ojos, y seréis como Dios, sabiendo el bien y el mal» (Génesis 3, 5).

por lo que no parece lógico que dudara de Adán y Eva, porque hacerlo sería dudar de sí mismo. Tampoco suena sensato que Dios osara castigarlos sólo porque usaron el libre albedrío que él mismo les otorgó.

Esta historia, más que una crónica fiel de cómo surgió la humanidad, para mí es una metáfora del origen de la vida. Antes de existir todo, existía Dios. En su infinita curiosidad, Dios quiso experimentarse en otra forma su consciencia y el impulso por descubrirse fue recibido por su misma consciencia en expansión. La fuerza de expansión es un movimiento masculino, mientras que la recepción es un principio femenino; cuando estos dos movimientos confluyeron, se creó *la universa*, representada por Eva.

Simbólicamente, Eva representa la fuerza creadora manifestada en la Tierra y Adán es la representación de la humanidad encarnada en el mundo. Para que Adán pudiera conocer *la universa,* Eva le ofreció un fruto del árbol del conocimiento, que históricamente ha sido representado como una manzana; por algo era esta fruta, y no una piña o un melón, lo que solíamos llevar a nuestros profesores del colegio. El mensaje dentro de la metáfora se relaciona más con la capacidad autoconsciente que nos permite conocer *la universa* y conocernos a nosotros mismos que con el juicio del bien y el mal. De hecho, ese árbol prohibido que en el libro del Génesis es nombrado «del conocimiento del bien y el mal», surgió como una tergiversación con que la religión buscó culpabilizar a Adán y Eva por desobedecer a Dios y por tratar de saber lo que él sabe, creando así el mito de que defraudamos a Dios desde la creación de nuestra especie, razón por la cual, supuestamente, somos herederos del *pecado original.*

Reconocer la existencia de un pecado original implica necesariamente juzgar. Lo que pasó con el mito de Adán y Eva es la muestra de cómo los seres humanos distorsionamos las acciones para perseguir el poder y promover la manipulación. Lo *bueno* y lo *malo* fue impuesto por la Iglesia, la cual se concedió a sí misma la autoridad de interpretar, explicar y difundir los misterios del conocimiento.

Considero oportuno aclarar que la noción del pecado original no tiene nada que ver con el sexo, como usualmente se suele creer; de hecho, considerar a la sexualidad pecado sería contradecir la cita bíblica que afirma: «Sed fecundos y multiplicaos» (Génesis 1, 28). Sin embargo, al correr de los años y ante el empeño de las religiones por controlar el libre albedrío de las personas, el pecado original se vinculó con el sexo como un recurso para someternos, satanizar el placer y tratar de gobernar nuestro cuerpo.

Con la quimera del pecado original, la Iglesia estableció que el acto sexual es *maligno,* que conlleva a la perdición y abre la puerta al mundo de los placeres, lo que (desde su lógica) representa un agravio contra la voluntad de Dios. En mi opinión, esto es un total absurdo, pues estoy convencido que Dios tienen mejores cosas que hacer que reprimirnos y vigilarnos; pero para la Iglesia, la manipulación de consciencias es un arte que ha perfeccionado durante siglos, a través de una reacción en cadena basada en el juicio y el temor, que evita que sus seguidores experimenten plenamente la libertad de sentir, actuar, pensar y hacer con su cuerpo lo que les plazca. La verdadera esencia del cristianismo es el amor, no obstante, la Iglesia no basa su doctrina en él, porque no genera tantos ingresos como el miedo y la culpa.

La propagación de la creencia del pecado original también se ha utilizado como un recurso para justificar el machismo y controlar nuestro libre albedrío. El machismo entiende la sensibilidad femenina como una debilidad y niega el principio femenino que se manifestó en *la universa* por temor a la divinidad que representa. La mujer es la representación de la creación y la materia, por lo que históricamente el hombre ha tratado de someterla y controlarla para ejercer poder sobre ella.

En la escena bíblica de Adán y Eva, quien persuade a Eva o la conduce a la tentación es una serpiente, que nada tiene que ver con el *diablo* o con el sexo. La imagen de la serpiente ha sido recurrente en diversas culturas antiguas de India, Egipto, China y la región de Mesoamérica. Una forma sumamente mística de representarla es a través del *uróboros,*[104] la serpiente que come su propia cola, símbolo que existió en Egipto y Grecia, y representa el ciclo de la vida y la alegoría de nuestra eternidad; por ello no es de extrañar que en las religiones no esté presente, pues éstas nos incitan a ignorar nuestra propia inmortalidad.

---

104. El uróboros es un antiguo símbolo observado en Egipto y en Grecia y en los tratados alquímicos (en los que simboliza un ciclo completo que sin embargo empieza infinitamente). También simboliza la unidad primordial o la persistencia de esta unidad en el tiempo, sin desgastarse ante el cambio: recreándose a sí misma. Alejandro Martínez (2014), «Un uróboros en la vida real: la sagrada autofagia de la serpiente», Pijamasurf, http://pijamasurf.com/2014/04/un-uroboros-en-la-vida-real-la-sagrada-autofagia-de-la-serpiente-video/#.

Distintos símbolos religiosos.

Leyes: El disfraz de la religión

En una ocasión, una de mis alumnas de los seminarios de Luz Dorada me contó que durante toda su infancia había asistido a un colegio de monjas católicas. Desde pequeña, ella era muy curiosa y deseaba descubrir y comprender el mundo, pero cada vez que cuestionaba a sus profesoras respecto a, por ejemplo, por qué no se debía comer carne durante la Cuaresma o por qué las mujeres no podían ser sacerdotes, siempre obtenía la misma respuesta: «Porque así lo quiso Dios. Ésa es su ley y voluntad.» ¿A vosotros os parece eso una explicación lógica? ¡Por supuesto que no! Y así como mi alumna, millones de personas recibieron esta clase de argumentos para convencerlas de aceptar las leyes religiosas sólo porque alguien dijo que eso es lo que Dios quería de nosotros.

El origen de la palabra *religión* es un tema tan controvertido como la religión misma. A la fecha, los estudiosos del lenguaje no han llegado a un consenso sobre su etimología, sin embargo, la versión más aceptada se inclina hacía *religare* que quiere decir «ligar o unir» y alude al vínculo trascendental de las personas con Dios.[105] Por otra parte, el término *ley* viene del latín *Lex,* que deriva de *legere* el cual, dentro de sus muchas acepciones, significa «obligación» o «atadura».[106] Tomás de Aquino define *ley* como: «Ordenación de la razón destinada al bien común y debidamente promulgada por el que tiene a su cuidado la comunidad»;[107] mientras que en inglés, *ley* es «law», palabra que proviene del nórdico antiguo y significa algo fijo o inamovible.[108]

Algunos teóricos consideran que existe una relación entre la raíz de los dos términos, lo que tiene sentido si consideramos que ambos evocan una unión rígida y a la vez un deber, el deber de ser uno con Dios. No obstante, si Dios es fundamentalmente amor, ¿por qué querría imponernos algo si nos ha dado la libertad de elegir?

A través de estas etimologías podemos ver claramente que la idea de *ley* parte del concepto rígido de autoridad, el mismo modelo que han adoptado las religiones al promover la imagen de Dios como un ser autoritario. Esa conceptualización se hizo en parte por la intervención de diversos científicos que, tratando de entender cómo funciona *la universa,* concluyeron que opera con base en leyes, lo cual querría decir que si Dios es una autoridad, tiene bajo su dominio tanto al universo como a todo lo existente en él.

La universa no funciona con base en leyes, sino en principios. Este asunto no es exclusivamente denominativo sino también semántico, pues ambos términos significan algo diferente. Los principios orientan la conducta humana, pero a diferencia de las leyes, éstos parten de nuestra propia voluntad, es decir, nosotros elegimos activamente participar en ellos mientras que las leyes usan una presión coercitiva y externa para obligarnos a actuar de cierto modo. La idea de ley implica juicio e indica que los participantes están sometidos, además, las leyes

---

105. *Enciclopedia católica* (1953), Editorial Sansoni.

106. Carmen Teresa Pabón (sin año), *Sobre la etimología de* Lex, Universidad de Murcia.

107. Louis Lachance (1953), *El concepto de derecho según Aristóteles y santo Tomás,* Graneris.

108. John Murray (1921), *An Etymological Dictionary of Modern English.*

promueven la desconfianza porque no contemplan la posibilidad de que las personas actúen de acuerdo a su albedrío, sin que el miedo y el castigo sean el único motor de su comportamiento.

Nadie es libre de modificar la estructura legal a la que está sometido. Si cualquier persona va al Congreso a proponer una ley, en el remoto caso de que se considere su propuesta, los congresistas la modificarían y asignarían los castigos o penalidades atribuidos a quien viole dicha ley. De la misma manera ocurre en la Iglesia en cuanto a los pecados y penitencias, de hecho, de acuerdo a esta institución, uno puede ser considerado transgresor solamente por el contenido de sus pensamientos, como lo expresa el Evangelio de Marcos (7, 21-23): «[...] Adentro, del corazón humano, salen los malos pensamientos, la inmoralidad sexual, los robos, los homicidios, los adulterios, la avaricia, la maldad, el engaño, el libertinaje, la envidia, la calumnia, la arrogancia y la necedad. Todos estos males vienen de adentro y contaminan a la persona».

Dios no creó ninguna ley para limitar la divinidad de nadie; si Dios hubiera inventado algo similar, sería porque se hubiera sentido amenazado, lo cual no tiene el menor sentido, ¿cómo Dios va a sentirse amenazado por alguien o por algo? Cabe aclarar que nosotros no somos únicamente sus hijos, sino también sus semejantes, cocreadores, no tenemos el mismo tamaño macrocósmico de Dios, pero funcionamos en una estructura similar a nivel de microcosmos; en esencia, somos lo mismo, tenemos la misma capacidad para crear, observar y comprender nuestra creación. Es fundamental que entendamos que Dios no inventó ninguna ley, ya que éstas nos quitan el carácter divino con el que nacimos; Él creó principios y nosotros somos copartícipes de su perpetuación porque elegimos hacerlo, por esa razón nos dio cualidades divinas con las que podemos crear nuestra propia manifestación. Sai Baba, líder espiritual de India, solía expresar con claridad esta idea: «Tú también eres Dios. La única diferencia entre tú y yo es que yo estoy consciente de ello».[109]

Dios no creó la ley de la gravedad o la de conservación de la energía ni ninguna otra, porque todas ellas son sólo una interpretación huma-

---

109. «Spiritual leader Sathya Sai Baba passes away» (2011), *The Times of India,* http://timesofindia.indiatimes.com/india/Spiritual-leader-Sathya-Sai-Baba-passesaway.

na respecto a los fenómenos de *la universa*. Una ley, como vimos en la definición de la palabra en inglés, representa algo inamovible e inalterable, así que esta definición no es compatible con *la universa* ni con Dios, pues ambos están en constante transformación. Aunque parezca un tanto difícil de creer, la ciencia también está basada en la fe hacia sus mismos métodos científicos y justifican que «es así porque es así, porque así es, porque siempre ha sido así»; característica que comparte con la religión, que también se considera poseedora de la verdad absoluta.

En mi opinión, las ciencias están incompletas porque no incluyen al espíritu dentro de sus consideraciones. Quizá parezca un poco contradictorio decir que la ciencia se basa en un concepto religioso mientras que al mismo tiempo refiero que le hace falta incluir el aspecto espiritual; sin embargo, quiero aclarar que el espíritu nada tiene que ver con la religión porque nuestro espíritu no está regido por ninguna creencia, sino que es consciente de su propia libertad. La religión trata de fungir de mediador entre nosotros y Dios, imponiendo reglas y preceptos; y por el contrario, la espiritualidad es nuestra propia relación con la divinidad.

Así es como las leyes, con su conceptualización religiosa y autoritaria, rigen nuestra vida desde que nacemos porque son una enseñanza que ha trascendido a las generaciones, y eso es lo que nuestros padres han conceptualizado como modo de vida; ellos han aceptado la mentira de que sólo hay una manera de vivir y quieren enseñar a sus hijos cómo ser «buenos» de acuerdo a lo que ellos han aprendido; sin embargo, ¿qué pasaría si pudiéramos obrar sin que se nos juzgara como buenos o malos? ¿Cómo sería el mundo si dentro de nosotros mismos encontráramos la sabiduría y certeza para ejercer nuestro libre albedrío sin violentar el de terceros? Si también te has hecho estas preguntas, me alegra informarte que estás en camino de descubrirlo.

El *bien* y el *mal* a través de la historia

Hace tiempo vi una película que me impresionó profundamente, era una historia basada en hechos reales que relataba cómo era la vida en los Asilos de las Magdalenas en los años sesenta. En estas instituciones establecidas en Irlanda eran internadas mujeres que habían ejercido la prostitución, madres solteras, chicas cuyo comportamiento era considerado «suelto y pecaminoso», víctimas de abuso sexual y demás mujeres que, según la estricta moral irlandesa, habían atentado contra las «buenas costumbres». La intención de estos lugares era recluirlas para que a través de arduo trabajo no remunerado lavaran «los pecados» cometidos por ellas e incluso por sus familias, pues las descendientes de madres solteras solían padecer el mismo estigma.

En estos lugares, las internas eran sometidas a abusos psicológicos, físicos y sexuales por parte de las religiosas que dirigían el lugar. Se las violentaba por haber expresado su sexualidad, por hacer uso del libre albedrío o por razones tan absurdas como «incitar el deseo de los hombres». ¿Tiene sentido que las mujeres sean confinadas mientras que los hombres que las violentaban no recibían ninguna clase de sanción? Si Dios es infinitamente amoroso, ¿por qué querría castigar a alguno de nosotros? ¿Quién decidió que fueran las religiosas de esta congregación las juezas y verdugos del resto de las mujeres irlandesas? De manera contundente e irónica, en Latinoamérica esta película fue titulada *En el nombre de Dios*.[110]

A lo largo de la historia, la humanidad ha sido testigo de múltiples violaciones a su libre albedrío por parte de las religiones y el Estado. Desde las matanzas y persecuciones de la Inquisición bajo el pontificado de Gregorio IX, hasta las producidas por cuestiones políticas durante la década de los setenta en América Latina. A mi parecer, esta clase de conflictos siempre ha tenido relación con el control que ciertas instituciones desean ejercer sobre otros seres humanos, a nivel físico, moral e ideológico.

Antes de la llegada de los españoles, las poblaciones indígenas vivían de acuerdo a una cosmogonía que incluía a todos los seres vivos y los elementos de la naturaleza dentro del espectro de la divinidad, combinando de manera coherente el medio ambiente, *la universa* y el mundo sobrenatural en la vida del hombre.[111] No obstante, tras la

---

110. El título original es *The Magdalene Sisters*. Fue dirigida por Peter Mullan y estrenada en 2002.

111. Guadalupe Vargas Montero (sin año), «La cosmovisión de los pueblos indígenas», http://www.sev.gob.mx/servicios/publicaciones/colec_veracruzsigloXXI/AtlasPatrim onioCultural/05COSMOVISION.pdf.

evangelización y las nuevas costumbres cambió radicalmente su forma de vida, logrando modificar, hasta nuestros días, el carácter de esta parte del continente.

Muchos términos que utilizamos actualmente hacen referencia directa a este período de ocupación, los cuales, sin que reflexionemos sobre su procedencia real, se han convertido en parte de nuestro lenguaje cotidiano. Por ejemplo, hay mujeres que se alegran de ser «conquistadas» por un hombre y es común escuchar comentarios como, «Él me conquistó», «Me dejé conquistar» o «Él es un conquistador». No nos hemos detenido a pensar en el origen del término que estamos aplicando a nuestras vidas. Si una mujer se alegra de haber sido conquistada por su pareja, también se alegra de haber sido dominada, invadida, invalidada y sometida. Y después nos preguntamos por qué aún existe el afán de dominio de algunos hombres sobre las mujeres.

Latinoamérica siempre fue un territorio colmado de biodiversidad y recursos considerados riquezas desde la perspectiva de los europeos, quienes, poseídos por la avaricia, explotaron cuanto les fue posible la tierra que los recibió. Mucho se ha dicho que los primeros españoles colonizadores eran criminales que obtuvieron su libertad a cambio de emprender el arriesgado viaje hacia el Nuevo Mundo; sin embargo, no hay registros que corroboren cabalmente esta información. Lo que sí podemos asegurar es que gran parte de ellos eran personas que, a falta de oportunidades para ascender en la escala social española, buscaron en América las riquezas y recursos que no tenían en su lugar de origen. Por otra parte, si a esta ambición le agregamos el hecho de que en las primeras décadas del período de conquista no había una organización social que regulara la conducta de españoles e indígenas, podemos suponer que la sociedad era un caos en la que los colonizadores se regían bajo la lógica de «Dios está en el cielo, el rey está lejos y yo mando aquí».[112]

---

112. Cristián Camacho (sin año), «El origen social del conquistador español y sus objetivos económicos y sociopolíticos en Venezuela», http://www.saber.ula.ve/bitstream/123456789/23094/1/articulo3-5.pdf.

Igualmente, si profundizamos en el desarrollo histórico de España, nos encontramos con un pueblo que logró su libertad después de constantes y sangrientas luchas tras siglos de invasión árabe. Ellos también fueron víctimas de un sistema de avasallamiento, en el cual se vieron obligados a aceptar la influencia del islam dentro de sus propias costumbres,[113] integrando las prácticas de dominio y sometimiento a su ideología y cultura.

La imposición de creencias no sólo ha significado para la humanidad un importante atraso en educación, economía e información, también se ha visto afectada en el área de nuestro desarrollo de consciencia, pues sustentamos nuestra realidad en las categorías morales de *bueno* y *malo*, pero ¿quién establece esos parámetros? ¿Quién decide lo que es correcto saber, tener, pensar, investigar, criticar, hacer, comer, decir o desear?

La mayoría de estas disposiciones son prejuicios que han contribuido a que desarrollemos un escaso amor propio como consecuencia de sentirnos constantemente en evaluación y de la necesidad de buscar que los demás aprueben nuestras acciones. Por ejemplo, si yo le dijera a mi esposa que tiene exceso de peso o a mi madre que tiene un aliento desagradable, probablemente reaccionarían de una manera negativa y me lo reprocharían porque, de acuerdo a su experiencia, lo que dije no estuvo *bien*. En estos casos, las personas aludidas no poseen suficiente amor propio como para reaccionar neutralmente ante las críticas porque hemos sido programados para afrontar este tipo de situaciones mintiendo. En situaciones similares, la mentira es el primer pensamiento que por lo común nos viene a la mente, pero recordemos que lo común no necesariamente es lo natural.

Si nosotros hemos desarrollado nuestro pensamiento, autoestima, creencias, preferencias, condiciones, opciones y valores según un sis-

---

113. En el año 711, grupos provenientes de Oriente y del norte de África (árabes, sirios y bereberes), de religión musulmana, derrotaron al rey visigodo don Rodrigo en la batalla de Guadalete. Empezó así la dominación árabe de la Península Ibérica, que se prolongaría durante ocho siglos, hasta 1492, momento en que el último rey nazarí entregó Granada a los Reyes Católicos. A. Castro (1965), *La realidad histórica de España*. México, Porrúa.

tema de valores que divide nuestras acciones en dos categorías *bueno-malo,* ahora imaginemos qué sucederá con la vida de nuestros niños cuando intenten ejercer su libre albedrío, pues también están siendo programados para reproducir este sistema caduco que se basa en el juicio y en la negación de nuestras capacidades divinas.

Conservar nuestra integridad intacta se logra teniendo total acceso y dominio sobre nuestro libre albedrío. Cuando alguien comienza a ejercer sobre nosotros algún grado de control con el que no estamos de acuerdo, nuestro séptimo chakra (el de la voluntad) empezará a bloquearse, pues se estará violentando nuestro derecho más básico. Por ello, para no interferir ni dejar que interfieran en el libre albedrío es importante que al momento de tomar decisiones mantengamos la confianza en nuestra divinidad y en nuestro ser espiritual o Ser Superior. Al asumirnos como seres divinos y eternos no sentiremos la necesidad de ejercer control sobre los demás porque seremos capaces de reconocer que ellos son igualmente divinos.

En cuanto a las cosas materiales ocurre algo semejante: creemos tener control sobre ellas. Asumimos que la casa, el auto o el terreno nos pertenecen sólo porque poseemos un documento legal que certifica que todo es definitivamente nuestro, pero aunque pagamos por esas propiedades, el documento que avala nuestro derecho sobre ellas es apenas un acuerdo cultural cuyo significado sólo tiene validez en una sociedad determinada, la cual no necesariamente es la única ni será la regirá en el futuro. Nadie más que la Madre Tierra es dueña de sí misma. ¿Cuántos seres humanos pelean aún por límites territoriales o marítimos, cuántos se matan, se persiguen, sin comprender que todo es de todos y al mismo tiempo, nada nos pertenece? Somos parte de la totalidad, pero la única cosa sobre la que tenemos control es nuestra propia capacidad de elección. Mientras sigamos pensando que la satisfacción se encuentra fuera de nosotros jamás encontraremos alivio ni felicidad porque estaremos buscando en el sitio equivocado. Todo se encuentra dentro de nosotros mismos, incluso el amor y la abundancia que deseamos. Podemos ser Bill Gates y todavía estar preocupados por el dinero o el futuro. Somos la medida de nosotros mismos y amarnos significa ser los dueños y arquitectos de nuestra vida.

Nada es *bueno* ni *malo,* simplemente es

En mis tiempos de estudiante, me interesé demasiado en investigar el verdadero significado de las palabras, en particular de la palabra *pecado.* Durante meses busqué en cientos de diccionarios y fuentes, pero ninguna definición me pareció convincente hasta que en un viejo diccionario etimológico encontré que pecado significa «error en el pensamiento». Al principio me costó descifrar a qué se refería esto, pero luego comprendí que el error en el pensamiento ocurre cuando tratamos de verter nuestra propia experiencia en un objeto neutral. Permitidme explicar esto más en detalle con un ejemplo. Imaginemos que mi esposa me invita a comer a su restaurante favorito, y aunque yo le agradezco el gesto, a mi parecer el lugar, el servicio y la comida son pésimos. ¿Podría decirle que sus gustos son *malos* o que hizo una *mala* elección? ¡Por supuesto que no! Determinar que un lugar, situación u objeto son *malos* sólo porque a mí no me agradan es absurdo, pues resulta imposible que algo externo y neutral incorpore mi experiencia. Ése es un error común en el pensamiento y por lo tanto es un pecado. Si lo pensamos a detalle, lo errado no son las acciones en sí mismas, sino la manera en que las interpretamos, en palabras de la escritora Barbara Brennan: «El único pecado es olvidar quienes sois. El único pecado es la ilusión de estar en él».[114]

Pongamos otro ejemplo acerca de la confusión que existe cuando tratamos de externalizar nuestra experiencia respecto a un objeto. Supongamos que bebo un vaso con agua y me gusta la sensación que me produce, entonces, yo digo «Me gusta el agua»; porque la experiencia del agua existe en mí, en mi boca, en mi lengua, en mi nariz. Pero cuando yo digo «El agua es buena», estoy volcando mi sensación sobre el agua y estoy enviando el mensaje de que «lo bueno» está en el agua cuando en realidad se trata de un tema de preferencias. Lo que me produjo bienestar no fue el agua en sí misma, sino la sensación que produjo al entrar en contacto conmigo, lo que no quiere decir que siempre me gustará el agua, pues si me estuviera ahogando mi experiencia con

---

114. Barbara Ann Brennan (1994), *Hágase la luz. Manos que curan 2*, Ed. Martínez Roca, Barcelona, p. 234.

el agua sería absolutamente diferente. A mí me gusta el agua, el agua es buena *para mí;* sería imposible obligar a otros a que piensen lo mismo del agua, mas sí puedo invitarlos a probarla y permitirles sacar sus propias conclusiones.

Son dos las grandes confusiones con las que crecemos: en primer lugar, asumimos que el mundo es sólido, cuando en realidad estamos rodeados de moléculas y luz en constante movimiento. En segundo lugar, creemos en la existencia del *bien* y el *mal* y nos juzgamos en relación a esta creencia constantemente. La primera es un error de entendimiento, mientras que la segunda es una mentira absoluta. No existe el *bien* o el *mal,* y el mundo es en realidad luz, consciencia y energía; cuando logremos comprenderlo y apliquemos nuestros conocimientos, reconoceremos nuestra semejanza con Dios.

El dicho «a imagen y semejanza de Dios» no hace referencia a que Dios tenga apariencia humana, sino a la similitud creativa que compartimos, la cual, en nuestro caso, suele desactivarse como consecuencia de las programaciones con las que fuimos educados. Esa imagen y semejanza de la que se habla, también alude a los componentes de nuestra totalidad. Somos Dios, tú, yo y todos los que nos rodean. Es aquí cuando comprendemos que el rol que nos ha asignado la cultura, no es necesariamente el mismo que nos brindó *la universa.*

Como ya hemos visto, la soberanía eclesiástica y el Estado autoritario han aniquilado la verdadera imagen de Dios con el fin de preservar su poder sobre los seres humanos. Por ejemplo, una conceptualización de Dios, como la describo en este libro, provoca el temor y la desconfianza de muchas doctrinas, puesto que no está en sus planes ampliar criterios o reconocer que el espíritu humano también es divino, que el pecado no existe, que somos libres y que su verdad no es necesariamente *la Verdad.*

La mayoría de las religiones censuran la mentira y el robo. También se penalizan desde perspectivas morales, espirituales y legales, sin embargo, esto resulta paradójico si consideramos que al mismo tiempo permitimos que nos despojen de nuestra libertad, que nos *roben* el libre albedrío y que nos mientan constantemente con el cuento del *bien* y el *mal.* Si seguimos perpetuando estos comportamientos que fungen como dispositivos de poder y control, difícilmente llegaremos a un entendimiento del entorno y, más importante, de nosotros mismos.

En el mundo existe una cantidad infinita de formas de proceder, algunas nos parecen normales, pero otras resultan inconcebibles desde la óptica de nuestra cultura. Lo mismo ocurre a la inversa, lo que para nosotros es lógico, para un grupo étnico distinto sería aberrante. Por ejemplo, en Occidente la mayoría de las mujeres viste con pantalón, *short* o falda, no obstante, esta conducta sería duramente sancionada en un país con ideología musulmana. ¿Quién podría determinar qué cultura es la correcta? Quizá haya alguien que pueda responder qué es lo *bueno* y lo *malo,* pero siempre sería a partir de un juicio de valor basado en una sola perspectiva. Antes de intentar responder, recordemos que la vida no sólo se constituye de nuestros actos, sino de aquellos ejercidos por toda una comunidad. Por ejemplo, ¿qué pasa con los caníbales?... ¡Ups! Es una de tantas preferencias culturales que sólo podríamos entender si la apreciamos desde su contexto.

Incluso los actos de mentir y robar son relativos. La mentira es practicada con más frecuencia de la que estamos dispuestos a admitir.[115] Mentimos constantemente incluso con cosas sencillas, como cuando alguien nos pregunta «¿Cómo estás?» y en automático respondemos «Bien» aunque en realidad nos sintamos tristes o enojados. También es común que dos personas que afirman hablar con «la verdad», mantengan versiones distintas del mismo hecho por la sencilla razón de que cada uno lo atestiguó desde su posición. Aunque no coincidan entre ellos, podríamos concluir que ambos están siendo veraces, pues hablan desde su propia versión de *la verdad.*

---

115. El intelectual y periodista peruano Marco Aurelio Denegri mencionó en un artículo que: «en ninguno de los idiomas más importantes existe el antónimo de mentir...», por lo que se pregunta: «¿La verdad es tan ajena que ni siquiera se nos ha ocurrido un verbo para decirla?». Si con el lenguaje construimos nuestros pensamientos y nuestra realidad, ¿es posible alcanzar la verdad sin un verbo que la represente? ¿Qué quiere decir que no exista un verbo que corresponda al sustantivo «verdad»? Desde la perspectiva de Marco Aurelio «al hombre, [...] le es completamente ajena la verdad, y no sólo porque le gusta y le conviene la mentira, sino porque siempre le han ocultado la verdad». Harold Moskovitz (2016), «La verdad». Artículo completo en: facebook. com/Desarrollo.Luz.Dorada/posts/10153895217698955.

Por otra parte, el acto de robar se basa en nuestro sentido de propiedad, pero ¿qué pasaría si no existiese la noción de la propiedad privada? A la fecha todavía existen tribus en África, conocidas como bosquimanos,[116] que no tienen gobierno, políticos ni propiedad privada. Ellos son el pueblo más antiguo del mundo y sobreviven con base en la recolección y la caza. En su idioma, la noción de «robar» no existe porque consideran que como hijos de La Tierra lo que ella nos da nos pertenece a todos por igual.

El significado de las cosas depende de la cosmovisión y necesidades de cada comunidad, por lo que un caníbal o un hindú vegetariano jamás estarán en condición de ser juzgados como *buenos* o *malos* por sus costumbres alimenticias, ya que pertenecen a una cultura determinada que enmarca sus acciones. Dios no toma parte en esta dinámica porque él es el creador y nosotros sus cocreadores; mientras que lo *bueno* y lo *malo* son construcciones sociales que dividen nos dividen, matan el autoestima y roban nuestra libertad.

El juicio del *bien* y *mal* que tanto han promovido las religiones se reproduce en muchos otros aspectos de nuestra vida; por ejemplo, si alguien nos dice: «Qué fea es tu camisa», podríamos reaccionar de manera positiva, negativa o neutral. Nuestra respuesta puede ser reír, llorar, enojarnos o simplemente permanecer inmutables, pero los únicos responsables de la reacción somos nosotros. Seguramente interpretaremos la opinión de la otra persona como *correcta* o *incorrecta, buena* o *mala,* cuando en realidad no es nada de eso, sino que simplemente *es.*

Este mismo comportamiento es el que presentan las células ante algún estímulo, trayendo como consecuencia la manifestación de enfermedades o, por el contrario, la creación de nuestra salud. Tener una respuesta positiva, negativa o neutral provoca una reacción emocional en el organismo que modifica nuestro nivel vibratorio y, por ende, la

---

116. Bajo las arenas del desierto del Kalahari donde vive la mayoría de los bosquimanos, se han encontrado las principales reservas de diamantes del mundo. Acosados por el Gobierno de Botswana y por las multinacionales de las piedras preciosas, se han convertido en una de las tribus más amenazadas del planeta. Organización Survival (2015), «Botsuana: los bosquimanos sufren las consecuencias de la minería de diamantes», http://www.survival.es/noticias/11029.

relación con nuestro cuerpo y entorno. Por lo tanto, es equivocada la idea de responsabilizar a otros de nuestros sentimientos y reacciones; ¿cuántas veces hemos escuchado la expresión «Me hiciste sentir mal»? ¿Cuántas veces le hemos dicho a alguien «Me haces muy feliz»?, sin considerar que todo surge de nosotros mismos y de las imágenes y creencias que guardamos en el aura desde la infancia.

No hay hijos *buenos,* tampoco *malos*

Una mis alumnas del curso de Clarividencia me contó que cuando era niña asistía a una escuela privada cuya colegiatura tenía un costo muy alto. Ella es muy inteligente y curiosa y aprobaba con facilidad sus exámenes, sin necesidad de estudiar arduamente. Sin embargo, sus papás constantemente la presionaban para que estudiara más y más, y obtuviera «buenas» calificaciones porque consideraban que de ese modo retribuiría lo que ellos estaban invirtiendo en su educación. A veces le prohibían salir a jugar con sus amigos o dedicar tiempo a otras actividades de su preferencia con el pretexto de que eso la distraía de sus estudios. A la larga, ella egresó como una estudiante sobresaliente, pero a nivel personal era insegura, tímida y profundamente exigente consigo misma porque aprendió que debía «hacer las cosas bien» para complacer a sus padres.

Tras escuchar su caso, le pregunté si ella había decidido estudiar en esa cara escuela. ¡Por supuesto que no! Ésa fue elección de sus padres. Entonces ¿por qué estaba obligada a cumplir con lo que otros quisieron para ella? Después la cuestioné respecto al efecto que habían tenido sus «buenas» calificaciones en su vida. Quise saber si la habían hecho sentir más feliz o más plena. Su respuesta fue contundente: «No. Yo me sentía presionada y llegué a temer que si no obtenía las notas que mis papás me pedían, entonces me dejarían de querer». Mi alumna satisfizo las expectativas de sus padres a costa de su propia felicidad. ¿Es esto lo que queremos para nuestros hijos?

Cuando somos niños manifestamos una gran curiosidad por descubrir el mundo, y durante ese proceso los padres son nuestros guías y formadores (o deformadores, según sea el caso). Si los adultos, tanto en el hogar como en la escuela, basamos la crianza en el juicio y la autoridad, resultará sumamente difícil aspirar a una sociedad libre e igualitaria. Si ponemos a prueba, si condicionamos, si juzgamos y catalogamos las acciones de nuestros niños ¿cómo lograrán ejercer con sabiduría y certeza su libertad?

Con excepción de las acciones que representan una transgresión hacia el libre albedrío del prójimo como mentir, robar, violar o matar, lo demás son preferencias culturales que nada tienen que ver con la noción de *bueno* y *malo*. Si bien la perspectiva de una cultura marca ciertas preferencias, éstas no significan obligaciones de comportamiento. Verbigracia, si decimos: «Tal cosa posee este valor» o «Su idea es válida o inválida», estaremos colocando nuestra perspectiva sobre el objeto, como si ésta fuera un requisito para que algo sea *bueno;* entonces, cualquier objeto o idea que no se relacione con la nuestra será *mala,* porque estamos considerando la realidad desde un sólo punto de vista y, por ende, estamos participando en la gran mentira que rige en el mundo; no obstante, salir de ella es más fácil de lo que creemos si incluimos en nuestro entendimiento frases mágicas como: «Desde mi perspectiva», «En mi opinión», «Según yo», «En mi experiencia», etc. Por supuesto, no basta con hacerlas parte de nuestro lenguaje, sino también aplicarlas diariamente en nuestra vida, permitiéndonos apreciar que todo enfoque es tan valioso como el nuestro.

Quiero aclarar que no estoy sugiriendo que asumamos íntegramente la perspectiva de los demás, ya que ello implicaría anular el valor de nuestra experiencia. Anularnos por complacer a otro ser humano nos debilita espiritual e incluso físicamente y lo más grave de esta situación es que negar nuestra existencia no sólo nos reduce a nosotros mismos, sino que progresivamente repetimos este patrón en nuestra relación con los otros y sin proponérnoslo de manera *consciente*[117] terminamos

---

117. El término «consciente» está en cursiva porque en realidad somos seres divinos y existimos en plena consciencia, no tenemos inconsciencia y, contrariamente a lo que afirman algunas voces de la psicología, tampoco manifestamos estados inconscientes. Dios es absolutamente consciente, puesto que de otro modo no experimentaría su propia creación, y nosotros como sus semejantes también lo somos. Cuando Freud acuñó el concepto de «inconsciencia», éste fue utilizado como una justificación moral para comportamientos no admitidos por la sociedad victoriana, la cual se caracterizó por

por anular a quienes nos rodean. Por ejemplo, el mensaje que se entrega a un niño al decirle «pórtate bien» o «sé buen niño», es que el concepto de «bien» que nos ha impuesto la cultura y la religión está antes que la persona y el espíritu, cuando, lo más sensato sería hacerlo de forma inversa. Sin detenernos a pensar en las consecuencias, constantemente situamos a nuestros niños en esta dinámica con la que condicionamos el amor que les brindamos al cumplimiento de nuestras exigencias.

Bajo esta lógica, cada niño que desee el amor y la aprobación de sus padres desarrollará una baja autoestima y sentirá dudas respecto a su propia existencia. Progresivamente hará propias estas prácticas y creencias que reproducen la mentira de *bueno* y *malo,* hasta que interiorice la falsa premisa de que su valor como persona depende de la opinión ajena y no de sí mismo. En tales circunstancias, no es de extrañar que los niños entren en conflicto y expresen su rechazo a ser sometidos con berrinches, tristeza, timidez, rebeldía e incluso enfermedades.

Cabe aclarar que confiar en nuestros hijos y honrar su libre albedrío no quiere decir que les permitamos hacer cualquier cosa que ellos deseen, pues nuestra función como padres es protegerlos al mismo tiempo que los guiamos en el descubrimiento de sus preferencias, enseñándoles a honrar las preferencias de otros y mostrándoles las posibles consecuencias de sus actos.

Guiar con base en *preferencias y consecuencias* implica compartir nuestros gustos con los niños, invitándoles a probar la experiencia por sí mismos, pero permitiéndoles generar su propia opinión. Mostrémosles que las acciones no son *buenas* o *malas,* sino que pueden gustar o desagradar a los otros. Por ejemplo, si le explicamos a nuestro hijo que si toma el juguete de su amigo sin pedírselo prestado podría ocurrir que su amiguito se moleste, que ya no quiera jugar con él o que

---

ser profundamente conservadora. Aunque intentó profundizar en el tema, no logró comprender la existencia de los variados niveles vibratorios o de consciencia y se limitó a hablar del inconsciente, término que se instaló fácilmente entre la población porque les restaba responsabilidad respecto a sus acciones y pensamientos, promoviendo con ello la negación de nuestro libre albedrío y la separación de nuestra espiritualidad. Somos un sistema integral interrelacionado, lo que nos caracteriza es la unión; cada una de las partes que integran esta estructura están enlazadas, haciendo de nuestra existencia una red de conexiones perfecta. El inconsciente es un nivel más de esta estructura.

le pierda la confianza, entonces estará más preparado para tomar sus propias decisiones porque conoce las probables consecuencias de su conducta. Esto es más enriquecedor que decirle simplemente «No tomes el juguete porque está mal».

Cuando les enseñamos preferencias, perspectivas posibles y consecuencias de sus acciones, los niños aprenden con integridad, honor y amor, de esta forma no sólo toman sus decisiones pensando en ellos, sino que también son capaces de reflexionar respecto a cómo se sentirán sus semejantes. Por ejemplo:

—Hijo, quizá tu amigo se moleste si no le devuelves a tiempo la bicicleta, como habíais quedado.

—Entonces, ¿qué hago?

—Tal vez podrías llamarle y explicarle que se la devolverás mañana...

—¿Tengo que hacer lo que él quiere? No quiero hacerlo...

—Si no lo haces, podrías perder su amistad, recuerda que él te prestó la bici porque te tiene confianza...

—No importa.

Un día después, el hijo dice:

—No llamé a mi amigo para explicarle lo de la bicicleta y ahora está enojado y dice que ya no me volverá a prestar nada.

—Yo te dije que eso podía pasar.

—Y ahora ¿qué hago?

—Habla con él y pregunta cómo pueden arreglar la situación.

—Mami, ¿lo puedes hacer tú?

—No, hijo, no es mi amigo, es tuyo. Puedo acompañarte, pero es tu responsabilidad hacerlo. Esto pasa cuando tomas decisiones sin considerar que pueden afectar a alguien que quieres. No tengas miedo, yo te apoyo.

Este ejemplo demuestra que es posible cambiar toda nuestra programación para vivir en armonía con uno mismo y los demás. Si encontramos difícil plantearnos la vida sin *bueno* y *malo,* no es porque sea irrealizable, sino porque estamos programados para creerlo así. La meta de mis cursos es que, si hacemos algo y alguien nos pregunta «¿Es bueno?», respondamos:

—No sé, pero me gusta.

—¿Piensas que todos deberíamos hacerlo?

—Quien quiera puede hacerlo.

—¿Obtienes buenos resultados?

—Para mí, sí.

—Quiero hacerlo, pero no de la misma forma que tú, ¿está mal si lo hago de otro modo?

—¿Por qué estaría mal que lo hagas a tu manera?

Parece sencillo ¿no? No obstante, el juicio está tan profundamente arraigado en nosotros que la mayoría de las veces no nos percatamos que su presencia enmarca cada una de nuestras decisiones. Es como si hubiésemos aprendido a ver el mundo en blanco y negro, o en otros términos, en *bueno* y *malo,* sin imaginarnos la infinita gama de colores que existen. Vivimos manteniendo mentiras y aprendemos a imponerlas porque las instituciones que ostentan el poder nos han convencido de que «así debe ser». De este modo, perpetuamos su autoridad y al mismo tiempo buscamos obtener la nuestra al someter e infundir el miedo en nuestros propios hijos.

Cuando somos niños, pocas veces nos preguntan si estamos de acuerdo con algo. En general se nos enseña con «No, no, no», en vez de «Sí, sí, sí». Nos dicen: «No toques eso», pero casi nunca dicen: «Toca esto». ¿En qué momento procuran nuestra creatividad en vez de restringirla? Es primordial que consideremos esto antes de gritarles, menospreciar o castigar a nuestros niños, de esta manera evitaremos la anulación de aquella personita que intenta enseñarnos a amar mediante cada uno de sus gestos.

El amor de nuestros niños es siempre incondicional, porque ellos, como todos los seres espirituales, nacen sin juicio. Están incluso en disposición de anular sus preferencias para complacernos y aceptar lo que nosotros les digamos que es «correcto». He dicho ya que todos en *la universa* estamos capacitados para manifestar nuestro libre albedrío. Como adultos, exhortamos a nuestros hijos para que actúen *correctamente,* complaciendo nuestros deseos, sin meditar un momento respecto a sus propias aspiraciones, sin siquiera darles la oportunidad de descubrir y experimentar sus propias preferencias.

Cuando los juzgamos estamos negándoles y manipulando el amor que les brindamos, pues les ponemos condiciones y restricciones. Ejercemos control sobre nuestros hijos por simple costumbre, los criamos como fuimos criados, con base en un modelo de autoridad en el que siempre hay alguien que impone sus preferencias sobre otro, desdeñando que ellos confían en nosotros de modo incondicional. Al tratarlos con autoridad les enseñamos dependencia y desconfianza, alejándolos de su identidad e incluso forzando a su espíritu a que abandone su cuerpo sin imaginarnos que con ello promovemos su propia muerte. ¿A qué me refiero con esto? A que, tras ver constantemente anuladas sus emociones, gustos y preferencias, los niños empiezan a dudar de su propio valor: «Si me dicen que mi opinión no vale sólo porque soy un niño, entonces ¿para qué nací?».

Por lo general, la principal preocupación de los padres en cuanto al comportamiento de sus hijos se basa más en el que *¿qué dirán?* que en las propias emociones del niño. ¿Por qué sucede esto? ¿Cómo es que llega a ser más importante el juicio de los demás que la felicidad de nuestro propio hijo? Bueno, esto se debe a la baja autoestima de los padres. Por ejemplo, cuando alguien reprueba la conducta de un niño, no es de extrañar que surjan comentarios como: «¡Ay! ¡Cómo han de ser sus papás!» o «¿Qué le habrán enseñado sus padres?»; este tipo de expresiones resultan especialmente agudas para una persona que no tiene confianza en sí misma, y si consideramos que la mayoría de nosotros aprendimos desde la infancia que nuestro valor depende de la aprobación de los demás, no es de extrañar que nos sintamos afectados por la perniciosa opinión ajena.

Este afán de control sobre las creencias y expectativas de los niños también se refleja en el actual sistema educativo. Mediante condicionamientos, evaluaciones y restricciones tratamos de limitar su creatividad y amoldarla de acuerdo a lo que la sociedad espera de ellos. Lo riesgoso de esta situación es que cuando un niño se resiste a obedecer ciegamente los patrones que le imponen los adultos, entonces caen sobre ellos un montón de adjetivos y etiquetas, tal como ha ocurrido con el popular diagnóstico del trastorno por déficit de atención e hiperactividad, mejor conocido como TDAH.[118]

A mi parecer, este tipo de comportamientos no son patologías que deban ser tratadas con medicamentos, sino reacciones emocionales ante un sistema caduco que conlleva a profesores y padres a catalogar a los niños como *buenos* o *malos,* según su capacidad de obediencia y desempeño. En cuanto al tratamiento para «combatir» dichas emociones, nos encontramos ante una realidad insostenible para nuestra época. Con el fin de eliminar la «hiperactividad», se estimula el sistema nervioso central de los niños mediante fármacos basados en sustancias altamente controvertidas, sin importar que hoy en día muchos especialistas de las neurociencias afirmen que el TDAH no existe como enfermedad, sino como una categorización subjetiva de nuestros niños. El especialista en psicología clínica Marino Pérez afirma que no existen pruebas clínicas ni de neuroimagen o neurofisiológicas que de forma específica sirvan para su diagnóstico porque este supuesto trastorno carece de entidad clínica, de manera que la medicación, lejos de ser propiamente un tratamiento, es en realidad un dopaje.[119]

Se ha comprobado que estos medicamentos podrían causar problemas cardíacos en el futuro, así como inducir trastornos del sueño y la alimentación, ya que consisten en estimulantes simpaticomiméticos o derivados anfetamínicos. Son productos que fueron utilizados en milita-

---

118. Es un patrón persistente o continuo de inatención o hiperactividad e impulsividad que impide las actividades diarias o el desarrollo típico. Las personas con TDAH también pueden experimentar dificultades para mantener la atención, la función ejecutiva (o la habilidad del cerebro para comenzar una actividad, organizarse y llevar a cabo tareas) y la memoria de trabajo. American Psychiatric Association (2013). *Diagnostic and statistical manual of mental disorders (DSM-5),* Washington, D. C.: American Psychiatric Association.

119. Carlota Fominaya (2014), «El TDAH no existe y la medicación no es un tratamiento sino un dopaje», http://www.abc.es/familia-padres-hijos/20141020/abci-trastorno-deficit-atencion-201410171200.html.

res durante la segunda guerra mundial con el fin de lograr un mayor rendimiento de las tropas en combate,[120] y a pesar de que esta información es del dominio general, nadie parece haber advertido a los padres. Ellos acuden con especialistas confiando en que sus hijos recibirán el medicamento adecuado para su «problema», sin imaginarse que son drogas de alto nivel que afectarán su ánimo y personalidad para el resto de su vida.

¿Cómo es posible que seamos capaces de someterlos a tratamientos tan agresivos sólo por justificar nuestro afán de control? Los efectos van desde insomnio, pérdida de apetito y peso, hasta volverse fármaco-dependientes. Un caso impresionante es el de Estados Unidos, en donde entre 1990 y 2000 (período de gran auge del TDA y el TDAH), hubo 186 muertes relacionadas con el Ritalín y las anfetaminas:[121] «Los fármacos de primera línea son los psicoestimulantes y aunque se han comprobado fehacientemente los excelentes beneficios de la dosis a corto plazo que se obtienen en los niños y en algunos adolescentes con SH/DA,[122] los estudios longitudinales no han podido demostrar que sus efectos sean permanentes».[123]

Aceptemos que no estamos frente a una epidemia, sino ante la lógica respuesta de los niños hacia un sistema que no les brinda la atención que requieren. No existe realmente el déficit de atención, sólo se trata de desinterés y apatía de los niños hacia los añejos modelos de enseñanza y de los adultos hacia las necesidades actuales de nuestros hijos. ¿Cuántas veces hemos visto a los pequeños pegados por horas a un aparato electrónico mientras sus padres los ignoran? ¿Cómo esperamos que pongan atención en la escuela si nosotros mismos no les ponemos

120. Lurdes Duñó Ambrós (2014), *TDAH infantil y metilfenidato: Predictores clínicos de respuesta al tratamiento.* Universidad Autónoma de Barcelona, https://ddd.uab.cat/pub/tesis/2014/hdl_10803_316025/lda1de1.pdf.

121. Fundation for a Drug-Free World (2009), *La verdad sobre el metilfenidato,* http://f.edgesuite.net/data/www.drugfreeworld.org/files/truth-about-ritalin-booklet-es.pdf.

122. Abreviatura médica de síndrome hiperquinético y síndrome déficit atencional, respectivamente.

123. Al Ronstain (1991), *Attention deficit disorders in children and adolescents.* En: «Difficult Diagnoses in Pediatrics. Pediatric Clinics of North America». Vol. 38, Philadelphia, Saunders.

ni un poco de atención a ellos? Todo lo anterior no es más que la consecuencia de una sociedad donde los niños no son tratados como personas completas, sino como objetos de nuestra propiedad, pero aunque nos asombre, los niños no son nuestros, y para explicarme, me remito a este hermoso poema de Jalil Gibran:

Tus hijos no son tus hijos,
son hijos e hijas de la vida
deseosa de sí misma.

No vienen de ti, sino a través de ti,
y aunque estén contigo,
no te pertenecen.

Puedes darles tu amor,
pero no tus pensamientos, pues,
ellos tienen sus propios pensamientos.

Puedes abrigar sus cuerpos,
pero no sus almas, porque ellas
viven en la casa de mañana,
que no puedes visitar,
ni siquiera en sueños.

Puedes esforzarte en ser como ellos,
pero no procures hacerlos
semejantes a ti
porque la vida no retrocede
ni se detiene en el ayer.

Tú eres el arco del cual tus hijos,
como flechas vivas son lanzados.
Deja que la inclinación,
en tu mano de arquero

sea para la felicidad
Pues aunque él ama
la flecha que vuela,
ama de igual modo al arco estable.[124]

El juicio destruye el amor

En todos mis años de experiencia como terapeuta y sanador energético, he tratado a cientos y cientos de personas que se sienten profundamente inconformes e infelices en sus matrimonios. También en las terapias del Centro de Desarrollo Luz Dorada he observado que los temas por los que muchas parejas discuten están muy relacionados con reclamos que ellos le harían a sus padres, volcando sobre el otro los asuntos no resueltos con su propia familia. Esto me recuerda una frase que dice, «cuando dos se casan, hay seis en la cama», la cual no es precisamente una orgía de placer, sino el choque de las creencias que ambos han aprendido desde la infancia. Los juicios con los que crecimos nos los llevamos hasta lo más íntimo de la vida en pareja y sólo nos sirven para crear expectativas basadas en lo que vimos en nuestros padres. En vez de permitirnos compartir con nuestra pareja tal como ella o él es, caemos en reclamos infantiles del tipo «Por qué no eres como mi mamá». Nos olvidamos de que el amor no tiene condiciones y acepta a las personas tal como son, si pedimos algo a cambio del amor que ofrecemos, no estamos amando, sino manipulando.

Muchas de las personas que hoy se sienten desdichadas en su relación llegaron al matrimonio con la idea de que serían felices por siempre, sin embargo, una vez que las creencias contrastan con la realidad, la vida en pareja comienza a volverse complicada. Desde la infancia, nuestros padres nos enseñan a interpretar el mundo a partir de los conceptos de bueno y malo, de este modo somos programados para juzgar y juzgarnos de acuerdo a lo que hayamos aprendido que es «bueno». Como adultos, reproducimos este patrón negativo y juzgamos a la pareja partiendo de creencias propias. Las discusiones se producen

---

124. Gibran Jalil Gibran (1923), *El profeta*. Alfred A. Knopf.

cada vez que intentamos imponer al otro el valor de nuestra experiencia, enfocándonos en demostrar que tenemos la razón sin tratar de entender cuál es la necesidad del otro y poco a poco, los juicios y las creencias van destruyendo las relaciones.

En Estados Unidos, entre el 50 y el 55 por 100 de los matrimonios se divorcia.[125] Probablemente, muchas de las personas que deciden continuar viviendo en pareja lo hacen (aunque se sientan infelices) porque consideran que esto será lo mejor para sus hijos; y otro tanto por razones de dinero, ya sea porque comparten su fuente de ingresos con la pareja o por dependencia económica. La ley estadunidense establece que en caso de divorcio, la persona que goce de mejores ingresos apoye económicamente a su expareja. Si estas condiciones fueran similares en todo el mundo, quizá los divorcios incrementarían en otros países.

Considerando esta estadística, podríamos aventurarnos a concluir que la mayoría de las relaciones de pareja no funcionan, pero ¿es el divorcio un fenómeno actual? ¿Acaso hace 100 años no existía el juicio y la intolerancia dentro de la pareja? Hace un siglo el juicio era tan común como ahora, sólo que la posibilidad de tener apoyo legal o inserción social después de un divorcio era nula, por lo que las mujeres continuaban casadas y sometidas a la conveniencia con su esposo, siendo confinadas únicamente al cuidado del hogar y los hijos. Lógicamente, el amor no era el motivo para preservar su matrimonio, sino la falta de oportunidades para separarse, el temor al estigma social o incluso el interés por la manutención.

Hoy en día, la independencia femenina es una realidad innegable, lo cual de alguna forma explicaría el aumento de divorcios alrededor del mundo, la baja en la tasa mundial de natalidad, así como la existencia de un mayor número de mujeres solteras sin prisa alguna por casarse. No es que ahora haya más motivos para el descontento dentro de los matrimonios, sino que han cambiado las condiciones de vida para las mujeres, mejorando sus posibilidades de automanuntención y autonomía.

---

125. National Center for Health Statistics (2015), http://www.cdc.gov/nchs/nvss/marriage_divorce_tables.htm.

Muchas personas viven diariamente la experiencia de una relación destructiva porque basan la convivencia y sus decisiones de pareja en los conceptos de *bueno* y *malo*. Esto se debe a que desde la infancia fuimos juzgados negativamente y aprendimos por imitación a juzgar a los demás, de manera que progresivamente consolidamos y nos apropiamos la mentira de «Yo tengo la razón y tú no». ¿Podemos imaginar qué ocurre cuando dos personas con esa postura se encuentran? ¡Claro! Es una pelea perpetua que sólo podría terminar cuando decidiéramos cambiar la forma de nuestro pensamiento, practicar la honestidad y establecer el principio de «preferencias y consecuencias» en vez del juicio.

Dentro de este contexto, otra mentira recurrente es considerar que hombres y mujeres somos opuestos, cuando en realidad estamos hechos del mismo material energético. Todo en *la universa* contiene tanto energía femenina como masculina; fuimos hechos distintos para complementarnos y construir juntos entendimientos más amplios; pero al juzgar nuestras diferencias partiendo de valores negativos sobre el otro género, construimos una imagen de antagonismo con nuestra pareja, en vez de apreciarla como lo que es, un ser que elegimos para enriquecer nuestra experiencia en la Tierra. Esto se aplica también en las relaciones de personas homosexuales, pues incluso siendo del mismo sexo, muchas parejas siguen reproduciendo esta dinámica basada en el juicio y el poder.

Si juzgamos a los demás negativamente porque son distintos a nosotros, entonces nuestra pareja, que es diferente, en vez de ser un aliado automáticamente se convertiría en un enemigo, por lo que sería necesario probar que él o ella está equivocado. En suma, nos preparamos para un enfrentamiento que se justifica en ideales como: «En la guerra y en el amor todo vale» y colocamos la rivalidad y el desafío donde podría estar el amor y la comprensión.

En las relaciones de pareja, también es importante considerar el vínculo que tuvimos con alguien en vidas anteriores y el que compartimos con ellos mismos actualmente. Pongamos un ejemplo: nuestro hermano nos maltrataba en una vida pasada, y esta situación quedó fijada en nuestra aura como una imagen que aún está presente aunque no la recordemos «conscientemente». Luego, después de reencarnarnos

nos encontramos con él, pero en esta vida, es nuestra pareja y la amamos profundamente; sin embargo, por pequeñas situaciones asociadas al juicio de *bueno* y *malo* vamos generando desconfianza, rabia y resentimiento inexplicables. Lo que quiero decir es que nuestras relaciones se vuelven conflictivas cada vez que permitimos que las emociones que vienen de otras vidas se interpongan en nuestra vida presente. Las imágenes de cada una de nuestras existencias anteriores se almacenan en el aura sin que podamos evitarlo, pero lo que sí está en nuestras manos es neutralizar las emociones que nos producen para que no influyan en nuestras nuevas acciones.

Por el contrario, si en nuestra vida pasada tuvimos una relación muy agradable con nuestra pareja, es posible que ahora decidamos experimentar lo contrario, pues la riqueza del aprendizaje está en la variedad de situaciones que vivamos. Incluso si tenemos una gama amplia de experiencias respaldándonos, esto no nos asegura un éxito infalible en el amor, pues si bien vida a vida nos vamos puliendo como diamantes, nada nos garantiza que lograremos ser amados por quien amamos, porque incluso el desamor es un situación de la que podemos aprender.

A menudo, la gente elige como pareja a personas que actúan de forma muy similar a su padre o madre porque son el primer modelo de comportamiento que todos recordamos. Cuando esto sucede significa que existe la necesidad de resolver asuntos o conflictos pendientes desde la infancia. Por ejemplo, si elegimos como pareja a un alcohólico, es probable que lo hagamos porque nuestro padre o madre era así y en cierto nivel de consciencia buscamos estar con alguien que comparta las características de la gente con la que crecimos para así sanar las heridas que nos provocaron cuando niños. En la mayoría de estos casos intentamos cambiar la situación, pero sucede que estamos más perdidos que antes, sin lograr salir del mismo ciclo. De forma contraria, otras personas rechazan drásticamente esas imágenes de su infancia, se casan con una persona totalmente alejada de patrones conocidos y dan un giro a esos recuerdos que los lastimaban.

En todo caso, elegir a alguien con el mismo comportamiento que nuestro papá o mamá, muy probablemente nos llevará a repetir la misma historia para nuestra vida; por ejemplo, si nuestros padres nos enseñaron que la vida era una guerra constante, ya sabremos qué nos espera si decidimos casarnos con alguien con esta misma ideología. Insistiendo en los mismos patrones de conducta, no lograremos que el amor se manifieste porque lo estaremos limitando con los juicios que aprendimos cuando niños.

Por otro lado, cuando pasamos por una decepción amorosa, principalmente después de una relación de muchos años, lógicamente experimentamos sentimientos de intensa tristeza. Habitualmente ante la pesadumbre, nos negamos a salir de casa, nos sentimos inconsolables, devaluados y rodeados de soledad, y este cambio en nuestra frecuencia vibratoria afectará nuestra salud. Incluso escuchamos canciones con letras depresivas que sólo hablan de: «No puedo vivir sin ti», «No valgo nada si te vas», «Si me dejas me muero...» y otra sarta de sandeces que no hacen más que repetir la mentira de que necesitamos de alguien para estar completos. ¿Nos damos cuenta de lo que generan estas canciones? ¿Realmente estamos disfrutando este sentimiento de tristeza?

Si hacemos un poco de memoria, casi todas las canciones de desamor promueven amargura y añoranza y culpan a la expareja y al amor de la tristeza propia, pero el amor siempre es perfecto. Estas sensaciones que suceden a una pérdida o al término de una relación se producen porque tenemos baja autoestima. La autoestima es un factor fundamental en el momento de atravesar una situación conflictiva con la pareja porque nos subestimamos e idealizamos a la persona que está con nosotros, esperando que supla la parte que no logramos llenar nosotros mismos. Si nuestro amor propio es limitado, esperamos que la otra parte lo incremente, y si no lo logra, juzgaremos la relación como un fracaso. Generalmente no estamos dispuestos a dar mientras consideremos que la otra persona no ha hecho su parte, y es que nuestro concepto de amor se mantiene condicionado a las actitudes del otro sin ser conscientes de que la única persona que nos puede llenar somos nosotros mismos.

En la intimidad de las relaciones, también encontramos fuertemente el efecto de la programación de lo *bueno* y lo *malo*. En algunas religiones, por ejemplo, el contacto físico y el sexo son practicados únicamente para la procreación, manteniendo toda manifestación de placer circunscrita al pecado. Para dar cariño a la persona que amamos, el contacto físico es inevitable, los besos y caricias son reacciones naturales del amor y su prohibición suele generar conflictos en uno mismo y en nuestra relación con los demás.

Para ejercer control sobre las personas y su cuerpo, la religión le otorgó un valor negativo a la sexualidad; y así, al cargar de «pecado» algo tan natural como el sexo, trataron de negar la divinidad innata de las personas y las incitaron a rechazar su sexualidad como una condición para complacer a Dios. Sin embargo, esta creencia resulta absurda, dado que si Dios creó hombres y mujeres con genitales y libre albedrío, ¿cómo es posible que el sexo sea algo de lo que debamos avergonzarnos?

El sexo trae consigo múltiples beneficios a nuestro ser. A nivel biológico, propicia la liberación de endorfinas, sustancias que nos provocan la sensación de placer y bienestar. Practicado con integridad y honor, es una expresión de deseo y amor hacia el otro, que además de satisfacer el gusto de ser tocado, ayuda a la persona a sentirse valorada y más conectada con su pareja. Después de todo, el orgasmo es el regalo que nos dejó Dios para recordarnos nuestra divinidad.

Hay un tipo de amor que se da cuando al ver alguien sentimos una energía inexplicable. Comúnmente lo llamamos *amor a primera vista* y surge porque espiritualmente reconocemos a otro ser con el que compartimos alguna experiencia en vidas anteriores. Quizá se trate de alguien que fue nuestra pareja, un pariente, un amigo o puede ser una persona que nos hizo daño, pero aun en este caso, la emoción por reconocerle es igual de intensa. El espíritu no guarda rencor ni mira las cosas negativas, por eso es posible amar en esta vida a alguien que, por ejemplo, nos asesinó en una vida pasada. También es posible que nos encontremos a quien amamos intensamente en otra vida, pero que en ésta no nos entendamos debido a nuestros juicios y creencias.

Antes de llegar a *la planeta,* los espíritus pasan por una especie de oficina de migración donde se revisan las últimas condiciones para permitirle encarnarse. Algunos espíritus están tan llenos de energía que no cabrían en un solo cuerpo, y en estos casos, «migración» les sugiere dividirse y distribuir su energía en dos cuerpos. De este modo surge lo que conocemos como *alma gemela,* media naranja, medio kiwi o como se prefiera llamarlo.

Por mi parte, creo que cuando alguien siente que encontró a su alma gemela, seguramente se trata de una persona a la que conoció en alguna vida anterior. La atracción usualmente se genera por las experiencias compartidas y a través de las imágenes pueden reconocerse y atraerse a nivel espiritual. Al encontrarse, un espíritu le dirá al otro: «Pero si yo ya te he visto antes, te reconozco, ¡tanto tiempo! ¿Cómo estás?». En ese instante volvemos a sentir la esencia de la otra persona, reconociéndola espiritualmente, sin importar la clase social, la raza o la apariencia.

Por cuestiones culturales, se nos ha dicho que al encontrarnos con nuestra media fruta caeremos enamorados de inmediato; sin embargo, ésta sólo es una impresión romántica de este encuentro. Es posible que en esta encarnación, las medias toronjas sean personas del mismo sexo o de edades radicalmente diferentes o incluso que una de ellas sea sólo un bebé; pero aunque no se den las condiciones para que un amor romántico se manifieste, estos seres se identifican y reconocen en el otro los acuerdos construidos a niveles astrales.

Cuando alguien no logra mantener una relación estable, ya sea amistosa, laboral, amorosa o de cualquier otra índole, es porque los patrones y programaciones que lleva consigo le indican que ésta es precisamente la forma de crear una relación, con base en la inestabilidad. Como ya sabemos, nuestras imágenes proceden de las enseñanzas de nuestros padres, por lo tanto, si la relación con nuestra madre ha sido agradable, entonces buscaremos a una mujer con sus características, si por el contrario, no logramos llevarnos bien con ella, transmitiremos imágenes negativas dentro del aura que funcionarán como imanes para relaciones igualmente conflictivas. Desprogramarnos de lo *bueno* y lo *malo* y neutralizar las emociones negativas mediante las técnicas que yo enseño, nos otorgan la ayuda necesaria para retirar del aura las imágenes que obstaculizan nuestro camino hacia la relación que deseamos.

¿Por qué existen personas que constantemente están rodeadas de otras tan alegres y positivas como ellas? ¿Por qué algunas personas logran cada una de las metas que se proponen? ¿Por qué ellas sí pueden y nosotros no? Generalmente, nuestra primera reacción cuando conocemos a alguien con quien existe atracción es el juicio y condicionamiento, como si dijéramos: «No quiero conocerte hasta que firmes este contrato, éstas son mis condiciones». A lo que la otra persona responde: «¿Cómo voy a firmar si no te conozco?».

Una gran parte de las personas que no pueden mantener una relación estable tienen en común que se quejan frecuentemente, exigen demasiado y comparan a su pareja con alguno de sus padres, ya sea positiva o negativamente. La otra persona, al notar esta actitud, se siente invalidada y decide alejarse. También hay quienes buscan deliberadamente el fracaso porque son adictas a la tristeza. Cada uno de nuestros conflictos emocionales, juicios, acusaciones y exigencias evidencian una privación autoinfligida de la libertad que se manifiesta en nuestras actitudes hacia los demás y afecta las relaciones que podemos crear con ellos.

Por otra parte, es frecuente encontrar grupos sociales cuya cohesión se basa en los juicios que emiten hacia los demás. Es el caso, por ejemplo, de los neonazis, algunas sectas religiosas, el Ku Klux Klan e incluso muchas parejas que se unen porque comparten el desprecio hacia sus semejantes. Estas personas tienen en común la creencia de que sólo hay una verdad y la poseen en ellos, por esa razón se sienten cómodos agrupándose a través del juicio sin importar que esto los aleje del resto de la gente, lo que les suele llevar al fracaso en la mayoría de las relaciones, ya que inevitablemente comenzarán a juzgar incluso a los que piensan como ellos. La costumbre de emitir juicios se convierte en una avalancha de críticas e intolerancias que arrasa el amor, la amistad y las relaciones familiares.

El amor es libertad

A la mayoría de las personas que asisten a mis cursos le es un tanto difícil asimilar la idea de que amar a alguien implica antes que todo honrar su libre albedrío. Esto se debe a que desde la infancia fueron programados para creer que amar es igual a procurar el «bienestar» del ser amado, pero nadie les dijo que la experiencia de bienestar es diferente para cada persona. Cambiar de paradigma llega a ser especialmente complejo para muchas madres que tienen arraigada la imagen de que ser *buena madre* significa manipular a sus hijos de acuerdo a lo que a ellas les enseñaron que es *bueno*. En una ocasión, una señora compartió su inquietud respecto a la vida personal de su hijo. A continuación comparto la trascripción íntegra de su testimonio:

Harold, estoy muy preocupada por mi hijo y quisiera saber cómo ayudarlo en su situación. Él está casado y tiene dos hijos, pero hace tiempo me confesó que tiene otra mujer con la que ya lleva dos años de relación y dice que se siente enamorado de ella y quiere dejar a su esposa. Yo no sé qué hacer, ni qué decirle, pues no quisiera que mis nietos crezcan sin padre y además me siento muy molesta con él porque esos no son los valores que yo le enseñé. Dime, Harold, ¿por qué me hace esto? ¿Por qué tira por la borda todo lo bueno que le enseñé?

Yo la escuché con atención, le di tiempo para desahogarse, y cuando la noté más tranquila, tomé la palabra y le dije lo siguiente:

Muchas gracias por compartir tu experiencia. Escuchando lo que me cuentas, presumo que tu hijo ya es un adulto, por eso me parece muy interesante que te sientas tan preocupada por alguien que está absolutamente facultado para elegir y construir su propia vida. Quizá las decisiones que está tomando no concuerdan con lo que a ti te habría gustado que tu hijo experimentara, pero recuerda que cada quien es el autor de su propia vida. Tú no sabes por qué razones se casó tu hijo, es probable que lo haya hecho por complacer a otros o por razones externas a él, pero ahora él está asumiendo el control de su vida y sólo él puede experimentar las consecuencias de cada una de sus elecciones; si le mintió a su esposa actual o a la mujer de la que está enamorado, es una situación que sólo los implica a ellos e incluso puede que entre los tres haya asuntos karmicos de otras vidas que están interesados en resolver en esta encarnación. Por otra parte, respecto a tus nietos, te sugeriría que no te preocupes, pues no depende de ti que su padre se mantenga cercano a sus vidas; lo que sí está en tus manos es decidir si tú como abuela quieres relacionarte con ellos independientemente de las decisiones que tome tu hijo. Por último, quisiera recordarte que incluso antes que el amor está la libertad, entonces, cuando amamos a alguien lo hacemos incondicionalmente, tú puedes seguir amando a tu hijo, aunque no te gusten sus decisiones.

Es probable que en un nivel de consciencia mi respuesta no haya sido enteramente de su agrado, pero varias semanas después la señora se acercó para contarme que después de mucho reflexionar, había optado por honrar la decisión de su hijo y él estaba muy agradecido con ella porque, aunque no aprobara su decisión, lo estaba apoyando en esa dura etapa de separación. «Gracias por amarme a pesar de todo, mamá» fueron las palabras que escuchó de su parte, las cuales la conmovieron profundamente.

Ahora os propongo otro ejemplo: imaginemos a un hombre que mató a diez personas y que hoy se encuentra ante el tribunal; la hija de este hombre está presente y el juez le pregunta qué piensa de los actos de su padre. Ella responde: «No sé qué deberían hacer con él. Es probable que si lo dejan libre siga matando. No estoy de acuerdo con sus acciones ni con su forma de ver la vida, pero lo amo porque es mi padre». ¿Es posible amar a alguien que le ha hecho daño a otros e inclusive nos ha lastimado a nosotros? ¡Por supuesto que sí!

Hace algunos años atendí el caso de una mujer que a través de una terapia de hipnosis recordó que su papá la violó cuando era muy pequeña. Si bien este hecho transformó las creencias y recuerdos de su infancia, me dijo que lo seguía amando. Cuando compartió lo sucedido con sus amigos más cercanos, ellos desaprobaron el amor que todavía sentía hacia su padre, diciéndole cosas como: «¿Cómo puedes querer a alguien que te hizo tanto daño?», «¡¿Por qué no ves que él es un mal hombre?!». Entonces me preguntó si era necesario romper la relación con él, a lo que yo respondí con otra pregunta: «¿Tú quieres romper la relación?». Ella respondió que no. «Si no lo deseas, no tienes por qué hacerlo. No es necesario que te gusten sus actitudes, pero igual puedes amarlo. Tienes la libertad para hacerlo». Ella se sintió mucho mejor y pudo relacionarse con su padre de la manera que quería, aun sabiendo lo que había ocurrido.

Una mamá me contó que después de asistir a mi seminario de Sanación I, comenzó a aplicar el principio de «Preferencias y consecuencias» y dejó de castigar a sus hijos. Cuando los pequeños advirtieron su cambio de actitud, uno de ellos le preguntó: «Mamá, ¿aún me quieres?». Ella contestó que sí, a lo que el niño respondió: «Y por qué ya no me regañas como antes, como hacen todas las mamás..., eso es amor ¿no?». Con tranquilidad, la mamá le dijo: «Si tú quieres, te puedo castigar, pero también te puedo dar otro tipo de amor, como tú prefieras...». Al niño sólo le tomó unos segundos elegir: «No, mami, mejor sigue queriéndome como me quieres ahora». Esta situación ejemplifica cómo el juicio de *bueno* y *malo* puede volverse adictivo. Funciona de manera un tanto similar a la adicción que produce la heroína porque perjudica gravemente el organismo, pero también crea una ilusión temporal y distorsionada del amor. El juicio, igual que lo hacen las drogas, destruye nuestra esencia divina y merma nuestro libre albedrío.

Después de todos mis años de investigación, consultas y seminarios, he observado que nuestra vida actual está rodeada y conectada con la energía de entre 4 y 6 vidas pasadas, por lo que las personas que se encuentran a mi alrededor actualmente muy probablemente compartieron espacio conmigo en vidas anteriores.

Todos nosotros somos capaces de aprovechar el aprendizaje de otras vidas desde una perspectiva espiritual donde no existe lo *bueno* y lo *malo,* donde es posible experimentar sin juicio las consecuencias de nuestras respectivas acciones y comprender la riqueza que aporta cada situación a nuestra existencia. Por ejemplo, en el caso de un niño abandonado podríamos comprender su situación desde sus antecedentes kármicos: tal vez este bebé es quien abandonó a sus padres en alguna vida anterior y necesita aprender de esas acciones en la actualidad. Recordemos que el karma no consiste en venganza ni castigo, sino en una oportunidad de concebir una experiencia desde otro enfoque.

Retomando el caso anterior de la mujer que fue violada por su padre, quiero ahondar en las imágenes que observé en su aura. En vidas pasadas, ella mató a quien ahora es su padre, además, en otra de sus vidas, ella fue una prostituta que sentía orgullo por su oficio en la misma medida que culpa. En una vida distinta, ella presenció una violación ante la que no reaccionó ni denunció. Tras tantas experiencias, su segundo chakra había acumulado imágenes de violencia y sexo, pero sólo en esta encarnación había sentido la inquietud de neutralizarlas en la búsqueda de su desarrollo espiritual.

En *la planeta* hay más de 7000 millones de habitantes,[126] y por asombroso que suene, no existen dos personas iguales; incluso los gemelos idénticos manifiestan diferencias en personalidades y gustos. Si vivimos en un mundo tan diverso y vasto, entonces ¿por qué existe la discriminación y la desigualdad? Conceptos como razas y clases sociales son sólo algunas de las ideas que incrementan nuestro retroceso espiritual, individual y colectivamente. Solemos realizar distinciones basándonos en nuestra programación cultural, hasta el grado de ser capaces de rechazar a otro ser humano por el simple hecho de no compartir el mismo color de piel o las mismas costumbres, y justificamos nuestro proceder en la «moralidad», pues creemos que nuestro modo de ver la vida es el único correcto.

Moralidad, de la raíz latina *mos* o *mores,* quiere decir «costumbre»[127] y hace alusión a lo que en determinado lugar es común, cotidiano y aceptado. Como podemos observar, la moral nada tiene que ver con la integridad de las personas; por algo en México es frecuente escuchar la expresión «La moral es el árbol que da moras». Se considera «moralista» a quien se sujeta a lo que en su contexto se considera correcto, por ejemplo, alguien podría abstenerse de tener relaciones sexuales hasta el matrimonio tal como dicta la moral católica, pero no por eso se convierte en una persona íntegra; simplemente es alguien que intenta mantener una tradición aunque esto implique ir en contra de sus propios deseos, su libre albedrío y, en consecuencia, de su naturaleza espiritual.

Para mí, la integridad es la concordancia entre lo que somos, percibimos y pensamos, con lo que hacemos, decimos y como actuamos. Es la cualidad de estar íntegro, o sea, completo, siendo uno mismo con Dios y, por consiguiente, viviendo de acuerdo a nuestra naturaleza espiritual. Al experimentar la integridad, no sólo nos reconocemos como parte de Dios, sino como parte de toda su creación, por lo que se vuelve natural apreciar y honrar la integridad de quienes nos rodean. Cuando nos reconectamos con nuestra divinidad, somos capaces de

---

126. U.S. and World Population Clock (2016), http://www.census.gov/popclock/.
127. José Ferrater (1985), *Diccionario de filosofía.* Madrid: Ariel.

identificar nuestras propias preferencias y construir nuevos entendimientos que nos permitan vivir de acuerdo a nuestra esencia.

Generalmente, cuando un invento, un descubrimiento o cualquier idea novedosa irrumpe en nuestras vidas, provoca sospechas y escepticismo dentro de las instituciones más poderosas, como la religión y el Estado, porque significa una amenaza a su poderío. Estamos acostumbrados a rechazar lo que nos parece extraño, somos propensos a aceptar las novedades hasta que se convierten en costumbre. Cimentamos nuestra realidad sólo en lo común. Si me crece una tercera pierna, por ejemplo, la ciencia y la comunidad me verán como una aberración, un fenómeno, pero si esta tercera pierna le crece a diez mil personas más, seguramente se reconocerá como una nueva capacidad de los seres humanos. Lo mismo ocurre con las costumbres, ya que el castigo radica en censurar lo nuevo con base en la idea de que es *malo,* es decir, diferente. Ante tal censura, no es de extrañar que exista cierto temor y resistencia a generar nuevos pensamientos.

La noción de *bueno* y *malo* restringe la imaginación, y lo grave de esto es que lo hace desde que somos niños. Por ejemplo, si un día le contamos a nuestra madre que hemos visto un hada en el jardín, creerá que es un invento infantil y nos juzgará de locos. A través de la programación con la que fuimos enseñados a interpretar el mundo nos han convencido de que lo que percibimos más allá de los sentidos es mentira o simple fantasía. Sin embargo, la imaginación es la capacidad para crear nuestra propia realidad, y nosotros como seres espirituales, somos *imaginadores* innatos, pues es nuestro espíritu quien nos muestra las imágenes que luego serán interpretadas por el cerebro. Imaginando hacemos una proyección de la vida en la forma en que deseamos crearla. Por tanto, podemos decir que *la universa* es como un lienzo y nosotros somos el pintor.

Hemos hecho a la mentira de *bueno* y *malo* la estructura de nuestros valores, religión y ciencia, y en esta misma dinámica basamos las relaciones afectivas. Permitimos que los sentimientos hacia nuestros amigos, parejas, hijos y padres incurran en conceptos limitantes y perdemos grandes posibilidades de desarrollo por observar la vida con un enfoque único que va en contra de nuestro pensamiento holográfico original, el mismo que nos permite apreciar las cosas desde múltiples perspectivas, como el situarnos en la posición de otros y en la propia al mismo tiempo. Dios no es moralista ni lo somos nosotros cuando somos niños porque nuestro pensamiento original se basa en la naturaleza del amor, el cual es ilimitado e incondicional.

Para la mayoría de las personas, vivir sin *bueno* ni *malo* es dar paso a una vida caótica y anárquica, pero no imaginan que a través del amor y la integridad se logra evitar más fácilmente el robo, el homicidio, las mentiras y las violaciones al libre albedrío ajeno. Cuando reconocemos la divinidad en nosotros mismos y en todo lo que nos rodea, empezamos a confiar en nuestros semejantes y somos capaces de honrar cada aspecto de la vida.

Sin *bueno* ni *malo,* todo se reduce a preferencias y consecuencias. Si el tiempo y el espacio, que son la base de nuestro nivel de consciencia, son relativos, entonces todo lo es. Quizá este principio podría parecernos complicado porque se opone a todo lo que hemos aprendido; pero lo realmente complicado es vivir como lo hemos hecho todo este tiempo, creyendo en la ilusión de *bueno* y *malo.*

Disonancia cognitiva - Técnica 4

---

*Si te sientes muy confundido y estás empezando a comprender que has aprendido muchas cosas con las que has estado de acuerdo, pero quizás ahora estás empezando a estar en desacuerdo, o te das cuenta de que has vivido tu vida de la manera en que alguien más te ha dicho que lo hagas, te enseñamos una técnica en los seminarios de sanación llamada **Separación.***

Aquí hay una versión corta, pero sigue siendo muy efectiva: pon el brazo derecho frente a ti a la altura del hombro con la palma mirando hacia afuera.

Al mismo tiempo, pon tu mano izquierda en el centro de tu pecho (el chakra de tu corazón), y di, con énfasis en tu mano derecha,
mamá (o papá o quien sea), tus emociones son TUYAS.

Tus creencias son TUYAS.

(Mantente con la mano derecha en el aire y la mano izquierda en el corazón)

Tu enojo es TUYO.

Tu miedo es TUYO.

Tu culpa es TUYA.

Tu ansiedad es TUYA.

(O rellena con las emociones negativas que estén presentes)

Cada vez que digas «SUYO», empuja tu mano derecha lejos de ti mientras mantienes tu mano izquierda sobre tu corazón.

Luego di, soy (tu nombre) y mis emociones y mis creencias son MÍAS.

Cada vez que dices MÍO, enfoca tu energía en tu mano izquierda sobre el corazón, con tu mano derecha en el aire.

Mi alegría es MÍA.

(Dejo la mano izquierda en el corazón y mantengo la mano derecha en el aire) Mi autoestima es MÍA.

Mi gratitud es MÍA.

Mi serenidad es MÍA.

Mis pasiones son MÍAS.

Mi delicia es MÍA.

*Mi amor es **MÍO**.*

*Mi vida es **MÍA**.*

O usa cualquier emoción positiva que te venga a la mente.

Para concluir:
con la mano izquierda sobre el corazón y haciendo hincapié
en la mano derecha en el aire, di:

TU vida en TU cuerpo.

Con la mano derecha en el aire y la mano izquierda
sobre tu corazón, di:

MI vida en MI cuerpo.

Capítulo V

La salud es mi creación

Hace algunos años conocí a una mujer de 35 años a quien le habían diagnosticado cáncer en la tiroides; ella no podía creerlo y llegó a mi consulta muy angustiada. Me dijo que los médicos le descubrieron un quiste fibroso de 2,5 centímetros y le dijeron que la única manera de tratarlo era una riesgosa cirugía.

Al escuchar su caso, lo primero que hice fue indagar sobre su infancia. Me contó que cuando era niña, su madre había sido extremadamente crítica con ella, no le permitía hablar y si lo hacía, siempre menospreciaba lo que decía con comentarios como: «Si para eso quieres hablar, mejor quédate callada», «Dices puras tonterías», «Calladita te ves más bonita», etc. Estas imágenes negativas fueron almacenadas y registradas en su quinto chakra, el que gobierna la comunicación. Puesto que las críticas eran asociadas a su capacidad para hablar y escuchar, la afección se localizó en este y no otro chakra. Si durante nuestra niñez nos mantenemos constantemente ansiosos, enojados o sintiéndonos culpables debido a la programación, nuestro cuerpo tenderá a desarrollar la misma emoción, porque fue de ese modo como fuimos condicionados a responder. En el caso de esta mujer, emociones negativas como frustración y resentimiento se acumularon en su garganta, y como resultado de años de tener en desequilibrio su quinto chakra, desarrolló una serie de quistes que seguramente habrían provocado su muerte si no hubiera reconocido que la causa de sus afecciones tenía su origen a nivel emocional.

Antes de decidir operarse, practicó las técnicas que había aprendido en mis seminarios de Sanación y en poco tiempo logró neutralizar las imágenes de su infancia que tenían atrofiado su quinto chakra. En menos de cinco meses, el tumor se disolvió por completo y como efecto colateral de su renovación energética, su estatura aumentó el equivalente al tamaño del quiste porque al estimular la tiroides despertó la producción de las hormonas del crecimiento.

Éste es un claro ejemplo de que la «cura» no está en eliminar la célula afectada, cortar el tejido o retirar el órgano, sino en modificar la frecuencia vibratoria de nuestro sistema energético. Existen terapias y tratamientos médicos que surten efecto y otros que no. Esto se debe a que son las emociones lo que subyace detrás de cualquier padecimiento. Si pasamos por alto el aspecto emocional, estaremos tratando los síntomas, pero no su origen.

La causa de los conflictos en nuestra salud radica en las emociones asociadas a las imágenes que guardamos en el aura desde que somos niños, por ello, decir que la gripe, el dolor lumbar, las adicciones e incluso el cáncer son situaciones que «llegaron a nosotros como podrían haber llegado a cualquier otro ser humano» es una aseveración totalmente falsa. No busquemos excusas: la enfermedad la originamos nosotros mismos del mismo modo en que somos nosotros quienes podemos elegir estar sanos.

Es importante aclarar que, aunque la salud es nuestra responsabilidad, no es nuestra «culpa» estar enfermos porque ser culpables implicaría que hicimos algo «mal», y como ya hemos explicado reiteradamente, EL MAL NO EXISTE. La culpa sólo conduce a más enfermedades; por ello yo prefiero hablar de *responsabilidad,* que es la capacidad de responder por nuestras acciones, asumir sus consecuencias, aprender de nuestros errores y construir nuevos entendimientos.

Medicina: La guerra contra nuestro cuerpo

Muy probablemente, más de alguna vez habréis escuchado hablar de Louis Pasteur, químico francés que a mediados del siglo XIX refutó la teoría de la generación espontánea y propuso que las enfermedades infecciosas se desarrollan por gérmenes que se encuentran en el ambiente.[128] Sus descubrimientos revolucionaron la historia de la medicina y representaron un punto de inflexión para que las enfermedades fueran consideradas producto de agentes externos y no como creaciones personales.

Pasteur afirmaba que las bacterias ingresan al cuerpo desde el exterior provocando la enfermedad, no obstante, al hacerlo pasó por alto cuánto hacemos nosotros mismos para generar los desequilibrios que afectan nuestro cuerpo. Esta forma de entender la enfermedad fue adoptada por la ciencia médica y, tras el descubrimiento de la penicilina hecho por Alexander Fleming en 1928, se propagó rápidamente, y todavía un siglo después se mantiene vigente.

A mi parecer, el ser humano no es víctima de la invasión de bacterias desconocidas, sino que con sus emociones crea dentro de sí las condiciones para alojarlas. Cuando nos encarnamos, la energía de *la universa* permanece en nosotros y da forma a nuestro sistema energético y luego a nuestro cuerpo físico. Durante el resto de nuestra vida, la energía sigue ese camino y cada cosa que creamos a nivel espiritual finalmente se expresará a nivel físico. Entonces, así como una manzana al caer del árbol llama a los microorganismos que la ayudarán a descomponerse, también nosotros atraemos bichos energéticos cuando nos desconectamos de la energía vital.

Los virus y las bacterias, como cualquier otra forma de vida, también son susceptibles de experimentar transformaciones. Buscando su propia supervivencia, muchos de estos microorganismos han creado resistencia a la penicilina, lo cual, aunado a las creencias y emociones negativas de las personas, ha desatado diversas pandemias en los últimos años.

Como he dicho antes, la sanación no se logra eliminando las células anómalas, sino regresándolas a su equilibrio natural. Retirar un tumor del cuerpo nunca será la solución si antes no se sana el entorno de la persona, de otro modo reaparecerá o se expandirá, y cuando esto ocurra, los médicos se preguntarán: «¿Qué hacemos ahora con este otro

---

128. M. Madigan (2005), *Pasteur y la teoría de la infección microbiana. Diez teorías que conmovieron al mundo: de Copérnico al Big Bang*. Argentina: Capital Intelectual.

tumor? ¿Aplicamos un tratamiento más agresivo? ¿Intervenimos nuevamente?». Pero si el sistema, en vez de haber sanado, fue mutilado y debilitado, ¿qué probabilidades de recuperación hay?

Detrás de esta violenta forma de tratar la enfermedad, se encuentra firmemente arraigado el concepto de *bien* y *mal*. El hecho de pensar que una célula es *mala* nos lleva a pensar que podemos «combatir el cáncer», «ganar la batalla contra el VIH», «vencer la diabetes», etc. Como si se tratara de una guerra que se pelea dentro de nuestro cuerpo. Es así como el paradigma médico actual está más orientado a la muerte que a la salud. Por ejemplo, los tratamientos más usuales para el cáncer consisten en aplicar los componentes de la bomba atómica pero a menor escala, como ocurre con la radiación o la quimioterapia.

Muchos avances de la medicina se han visto limitados por la arrogancia científica que no da cabida a las propuestas y hallazgos logrados con métodos alternativos de sanación. Buscando extraer del cuerpo los elementos «ajenos» y perjudiciales, la medicina moderna ha creado tratamientos agresivos, rápidos y sobre todo lucrativos para quienes comercializan con ellos. A causa de esta dinámica, durante siglos hemos ignorado nuestra capacidad innata de autosanación. Así como creemos que las enfermedades vienen de afuera, también asumimos que conseguiremos mejorar nuestra salud comprando medicamentos.

En la actualidad, la sola mención de la palabra «cáncer» basta para asustar a cualquiera debido a lo larga, destructiva y costosa que es esta enfermedad. El cáncer ha llevado a la crisis económica a miles de hogares en el mundo, pero al mismo tiempo ha enriquecido a un reducido grupo de personas que se lucra a costa de la salud y vende medicinas y tratamientos a precios exorbitantes.

La medicina nos prescribe fármacos «contra» la enfermedad y nos incita a «luchar» por nuestra salud. En medio de este enfrentamiento contra nuestro cuerpo, debilitamos tanto nuestras funciones naturales como nuestro estado emocional, lo cual facilita la creación de nuevas enfermedades. Esta belicosa dinámica está tan promovida por la ciencia médica y la industria farmacéutica porque en términos económicos sería una auténtica catástrofe para ellos que la humanidad se reencontrara con su capacidad de autosanación.

Cambiando mis emociones, cambia mi vida

Muy probablemente vosotros, igual que yo, habéis escuchado muchas veces en vuestra infancia frases como: «Obedece», «Pórtate bien», «Tú no sabes», «Haz lo que yo te digo». Al escuchar tantas palabras «alentadoras», el mensaje que recibimos realmente es que nuestra experiencia, opinión o preferencias carecen de valor. Entonces, nuestro sistema energético comienza a responder en sintonía con el ambiente. Cuando reconocemos que están invalidando nuestra experiencia, lo primero que sentimos es temor frente la amenaza de que otro ser humano trate de imponernos su experiencia mediante la autoridad y la fuerza. Luego sentimos enojo al ver violentado nuestro libre albedrío. Después nos entristecemos ante la decepción de no sentirnos aceptados ni valorados en la familia, la sociedad y *la planeta* donde elegimos encarnarnos; y finalmente, tras pasar por estas emociones, se despierta en nosotros la duda respecto a nuestro lugar en el mundo y la importancia de nuestra propia existencia.

Durante todos nuestros años de experiencia en este planeta, seguramente ya nos hayamos percatado de que hay muchas maneras de interpretar los mensajes del entorno, por ejemplo, podemos hacerlo con enojo, tristeza, neutralidad, alegría, paciencia, culpa, etc. De acuerdo al tipo de interpretación que hagamos será la manera en que responderá nuestro organismo a nivel celular.

El biólogo Bruce Lipton, en su libro *Biología de la creencia,*[129] afirma que el «cerebro» de la célula no está ubicado en el núcleo (como siempre se había creído), sino en la membrana, es decir, en la piel, órgano que recibe, interpreta y responde a los estímulos que rodean la célula. Nuestra reacción ante los estímulos externos produce una vibración energética que puede ser positiva, negativa o neutral, y de acuerdo a ésta será la respuesta de la célula. Es decir, que si sentimos miedo, enviaremos esa frecuencia vibratoria a la célula y ella responderá de acuerdo al mensaje que le acabamos de mandar. Posiblemente interprete el miedo como una señal de que estamos en peligro y active cierta respuesta de defensa que, si no es necesaria, generará un desequilibrio

---

129. Bruce Lipton (2005), *Biología de la creencia,* Editorial Gaia.

constante en el sistema afectado. Por tanto, si la célula muta, se reproduce o se degenera es debido a un proceso de percepción y no por la información contenida en los genes, ni por los virus, ni por azares del destino ni mucho menos por la voluntad de Dios.

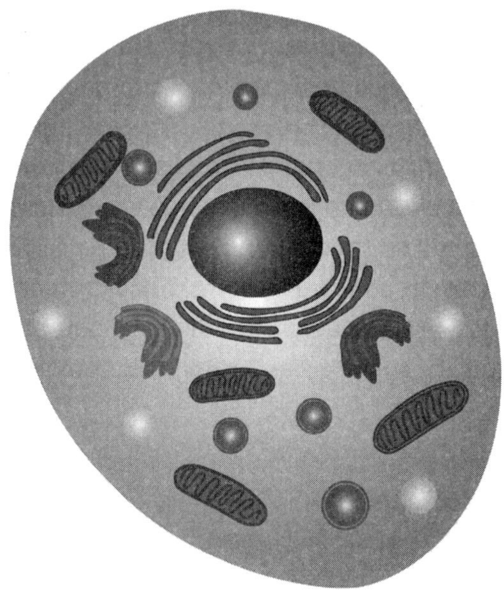

La constitución de la célula.

El cerebro humano es una potente fábrica de muchos y muy variados químicos que lo mantienen en funcionamiento, pero específicamente es en el hipotálamo donde se producen las reacciones emocionales y donde existen unas cadenas de aminoácidos llamadas «péptidos», así como sus derivadas, «neurohormonas», que se liberan y viajan a través de la sangre cada vez que experimentamos una emoción.[130] Si yo me enojo, produzco una respuesta química, igualmente si estoy triste, feliz o enamorado. Nuestros conectores sinápticos reciben esta información y la envían a distintas partes de nuestro cuerpo, de tal modo que éste reacciona

---

130. Barret, Barman, Boitano y Brooks (2010), *Ganong fisiología médica*. México: McGraw-Hill.

a nuestras emociones. En este proceso sucede que dichos conectores sinápticos, tras recibir constantemente la misma información se acostumbran y crean un patrón, provocando que las células respondan de uno u otro modo de acuerdo a nuestras emociones. Por ejemplo, si son emociones de tristeza o enojo ¿cómo crees que será la reacción de la célula?

La neurocientífica y autora del libro *Moléculas de emoción*, Candace Pert,[131] explica que: «Cada célula es un pequeño hogar de conciencia. Una entrada de un neuropéptido en una célula equivale a una descarga de bioquímicos que pueden llegar a modificar el núcleo de la célula».

Neurológicamente, si nosotros nos acostumbramos a una descarga de neuropéptidos en particular, lo que sucede es que creamos conexiones neuronales que se refuerzan con la emoción asociada a esa descarga. Un proceso similar ocurre cuando la persona es adicta a alguna droga, pues el cuerpo se acostumbra a la sustancia química que ésta le da. Entonces, cuando estamos habituados a sentir determinada emoción o a liberar determinados neuropéptidos, nuestro cuerpo espera recibir esa sustancia, y si no lo hace emite señales de disconformidad por no haber recibido eso a lo que estaba acostumbrado; es como si dijera: «Algo no anda bien aquí, me hace falta algo...». En otras palabras, el cuerpo se hace adicto a nuestras emociones.

Así como una persona puede desarrollar una adicción por el alcohol o la cocaína, también podemos ser adictos a la tristeza, al enojo o la culpa. Quizá conocemos a alguien que siempre está triste, estresado o enojado, esto es porque esas personas dependen de sus emociones negativas para victimizarse, responsabilizar a otros por sus decisiones o sumirse más y más en su propia realidad distorsionada.

A menos que por motivos kármicos hayamos elegido nacer con una enfermedad, la mayoría de nosotros llega a *la planeta* sano y feliz, cargado de la energía amorosa y neutral de *la universa*. Sin embargo, conforme pasa el tiempo comenzamos a desarrollar enfermedades como respuesta al ambiente y las emociones de quienes nos rodean.

Durante los primeros años de vida, los niños habitan dentro del aura de sus padres y absorben las vibraciones energéticas que ellos

---

131. Candace Pert (1997), *Moleculess of Emotion*, Simon & Schuster.

producen; esto quiere decir que si generamos vibraciones de tristeza, angustia o enojo, estamos creando un cordón energético que conecta nuestras emociones negativas a los chakras del niño, desequilibrándolos y trayendo como consecuencia que se manifiesten las enfermedades. Por ejemplo, si somos demasiado controladores y deseamos dominar el libre albedrío de nuestro hijo, estamos empujando energía hacia su tercer chakra (Yo hago) y probablemente le provocaremos una gastritis. Del mismo modo, la gripe se presenta cuando el niño recibe demasiada tristeza en su cuarto chakra (Yo soy).

Por otra parte, los padecimientos congénitos y las enfermedades crónicas que se presentan en los primeros años de vida son originados por un tema kármico. El karma es un asunto que no quedó resuelto en una vida pasada y que espiritualmente deseamos afrontar en una nueva encarnación. De esta manera, antes de encarnarse, el espíritu produce un efecto genético (no defecto), para limitar en cierto grado el libre albedrío del cuerpo físico y con ello crear la condición de vida que le permitirá enfocar la consciencia en el aprendizaje que está buscando.

Somos nosotros, a nivel espiritual, quienes decidimos qué queremos experimentar a nivel físico. El cuerpo sólo es la nave que usamos para conocer el mundo material. Por ejemplo, por las mañanas cuando suena el despertador, ¿qué quiere tu cuerpo? ¡Claro! Dormir un poco más, pero entonces, ¿quién es el que le dice: «¡Anda! Ya levántate»? Así es, ¡eres tú quien da las órdenes! Digamos que tú eres el conductor y el cuerpo es tu vehículo, ya depende de ti determinar qué tipo de energía usas para su mantenimiento. Entonces, si podemos elegir cómo deseamos vivir, ¿por qué elegimos a partir de emociones negativas?

Si las emociones negativas nos enferman, entonces ¿qué hacemos con ellas?

Quiero compartir un caso que traté en Cochabamba, Bolivia. Se trataba de un hombre de negocios que padecía diabetes. Era una persona sumamente disciplinada en cuanto al cuidado de su salud, revisaba los niveles de azúcar e insulina tres veces al día y nunca descuidaba su alimentación. Un día, esta persona fue a una pequeña fonda que estaba cerca de su casa, pidió un café y desde una mesa al fondo del lugar, lloró por más de una hora. Aunque de manera «consciente» no tenía ninguna razón para llorar, igual lo hizo con la intensidad de alguien que está viviendo un dolorosísimo luto.[132] Al día siguiente, midió sus niveles de insulina y los encontró absolutamente normales, como desde hace años no los registraba. Esto fue debido a que, literalmente, con su llanto exprimió todo el exceso de agua que había en su páncreas.

Durante algunos meses gozó de una excelente salud e incluso rompió su dieta y recuperó su gusto por la comida, sin embargo, lo que no cambió fue su patrón de tristeza. Siguió interpretando la vida como una situación aciaga y la diabetes volvió a manifestarse en él. Cuando acudió a mi consulta le expliqué por qué drenar la tristeza no es una solución permanente si seguimos produciendo la misma emoción.

Etimológicamente, la palabra «emoción», viene del latín *emotio,* que significa «movimiento o impulso»,[133] esto quiere decir que al producirlas nos activamos para responder de acuerdo al tipo de energía que hemos creado. La energía de nuestras emociones se manifiesta con distintos colores y densidades en nuestro sistema energético. Imaginemos que los chakras son como estanques en los que fluye la energía cósmica. Cuando en ellos caen emociones negativas, que son más oscuras y densas que las positivas, la energía no fluye debidamente y se altera su equilibrio, lo que propicia que las enfermedades se manifiesten. Por ejemplo, si en determinado momento nuestra aura se manifestara en color gris, estaría indicando la presencia de un sentimiento de culpa que muy probablemente terminaría por generar cáncer. La cólera se muestra en rojo oscuro, la tristeza en azul marino y el miedo en blanco. Por otro lado, las emociones positivas lucen más brillantes, como el naranja de la creatividad y el rosa/dorado del amor.

Examinemos una enfermedad bastante común en nuestros días: la colitis, que es la inflamación y ulceración del colon. Generalmente,

---

132. Respecto a esta situación, quiero compartir una frase que se le atribuye a Mario Benedetti: «Tengo la teoría de que cuando uno llora, nunca llora por lo que llora, sino por todas las cosas por las que no lloró en su debido momento».

133. A. González-Valle (2010), *Emociones desde una perspectiva psicobiológica.* Monografía de licenciatura no publicada, Universidad Autónoma de Yucatán, Mérida, Yucatán, México.

la gente que tiene esta enfermedad es aprensiva y poco tolerante a las presiones de la vida cotidiana, no obstante, en los últimos años he atendido numerosos casos de esta enfermedad en niños cada vez más pequeños, ¿podéis creerlo? ¿Qué podría estresar a un niño? Si ellos han venido a jugar y descubrir, ¿por qué se están enfermando de colitis?

Imaginemos a un niño de tres años que camina de la mano de su mamá, quien es muy nerviosa y frecuentemente tiene colitis. El niño pequeño la observa, ella es su principal guía y quien le mostrará cómo responder ante los estímulos externos. Después de caminar un rato, llegan a hacer las compras a una tienda que es nueva para ambos; de inmediato ella estará más nerviosa y el niño comenzará a notar el cambio en el estado emocional de su madre. Psíquicamente se comunicará con ella:

—Mamá, siento que tu energía está cambiando. ¿Estamos en peligro?

—No sé hijo, no conozco esta tienda y tengo miedo de que algo diferente nos pase.

—¿Qué hago, mamá? ¿También me asusto?

—Sí, hijo, es mejor estar preparado para lo que pueda pasar.

—¿Y qué hago con el miedo que estoy sintiendo?

—Yo acostumbro poner mi nerviosismo al final de mi colon. Así me enseñó mi mamá y así lo hacemos en la familia.

—Está bien, mami. Te haré caso porque confío en ti.

Sin proponérnoslo, durante generaciones les hemos mostrado a nuestros descendientes cómo manifestar sus emociones; no obstante, el hecho de que pongamos nuestro miedo en una u otra parte del cuerpo ocurre con base en una creencia, una idea o una información del nivel mental. Todas nuestras emociones —amor, alegría, dolor, felicidad, miedo, ansiedad, etc.— son precedidas por una creencia. Para hacer más clara esta premisa, imaginemos a dos personas en una montaña rusa. En un nivel físico, ambas están teniendo una experiencia similar, sienten la subida, la bajada, la aceleración y la desaceleración; pero a nivel emocional están teniendo experiencias muy distintas. Una de ellas está en el éxtasis total, para ella todo es euforia y diversión, mientras que la otra tiene una crisis de pánico porque nunca antes en su vida había sentido tanto miedo.

La persona eufórica mira a su amigo, y al verlo tan aterrado le pregunta: «¿Qué pasa contigo? Esto es muy divertido, todos se divierten, menos tú». Entonces, él voltea a su alrededor y comprueba que todos los demás están evidentemente divertidos, por lo que concluye que la situación no es realmente peligrosa y piensa: «Si todos se divierten, yo también puedo hacerlo». Lo que ha cambiado en él no es la experiencia física, sino la interpretación que hace de ella. Este cambio en la información mental crea una variación en la respuesta emocional que a su vez genera una modificación a nivel físico, logrando que se produzcan los procesos cerebrales que lo llevarán del miedo al placer.

En el caso del niño con colitis, su nerviosismo deviene del miedo, y la creencia que antecede a esta emoción es la de «el mundo es un lugar aterrador». Las creencias son resultado de la información que tenemos contenida a nivel espiritual. Esta información esta guardada en nuestro sistema energético, nuestra aura y nuestros chakras en forma de imágenes; miles y miles de imágenes a las que llamamos recuerdos y contienen todo cuanto hemos aprendido y vivido con nuestra familia, en la sociedad donde crecimos, en esta vida y en vidas anteriores.

En todo momento estamos utilizando la información contenida en nuestra consciencia para actuar, hablar, sentir, pensar y vivir. Es como si fuera nuestra «guía de usuario» para la vida, con la ventaja de que esta «guía» la escribimos nosotros, de modo que podemos cambiarla en caso de que esté causándonos problemas.

¿Alguno de vosotros sería capaz de nombrar con exactitud cuántas veces sus padres le dijeron «Es por tu bien», «No hagas eso», «Siéntate bien», «No dejes nada de comida en el plato», «Pórtate bien», etcétera? ¿Cuántas veces en nuestra infancia escuchamos amenazas como: «No hagas eso o se lo diré a tu padre» o «Tu padre se enojará si no obedeces» o «Pórtate bien o irás al infierno»? Si cada vez que nos lo decían sentíamos miedo, enojo, impotencia, culpa... ¡¿Cuántas imágenes cargadas de emociones negativas habremos guardado en nuestra aura!? Seguramente muchísimas más de las que quisiéramos recordar.

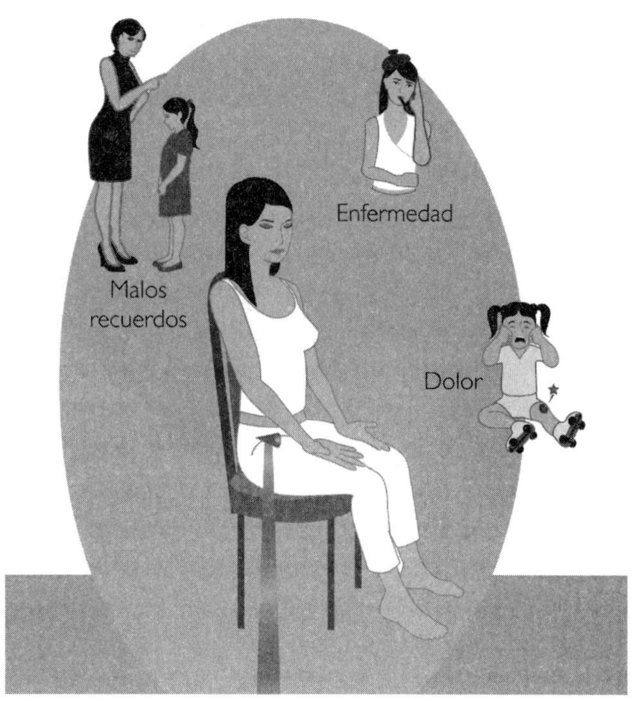

Los conceptos de emoción, imagen, creencia, manifestación.

Los juicios que realizamos hacia los demás se convierten literalmente en cordones de energía que se pegan a nuestros chakras (o a los chakras de la gente que nos rodea), los desequilibran e interfieren en nuestro libre albedrío. La mayoría de los dolores lumbares y migrañas son consecuencia de cordones que permitimos entrar en nuestro sistema energético. Enviar cordones es pasar por encima del libre albedrío del otro, mientras que recibirlos es negar a nuestra propia libertad. Por lo común, quienes más cordones envían son los padres a sus hijos porque existe la creencia de que los hijos deben obedecer ciegamente a sus progenitores. No obstante, si bien siempre es enriquecedor escuchar la opinión de quienes se interesan por nosotros, realmente no estamos obligados a hacer cada cosa que nuestros padres nos piden, pues por algo poseemos libre albedrío. Para que un cordón produzca un efecto, nosotros debemos permitirle entrar, por tanto, podemos dejar de recibirlos y enviarlos si neutralizamos las imágenes que los acompañan.

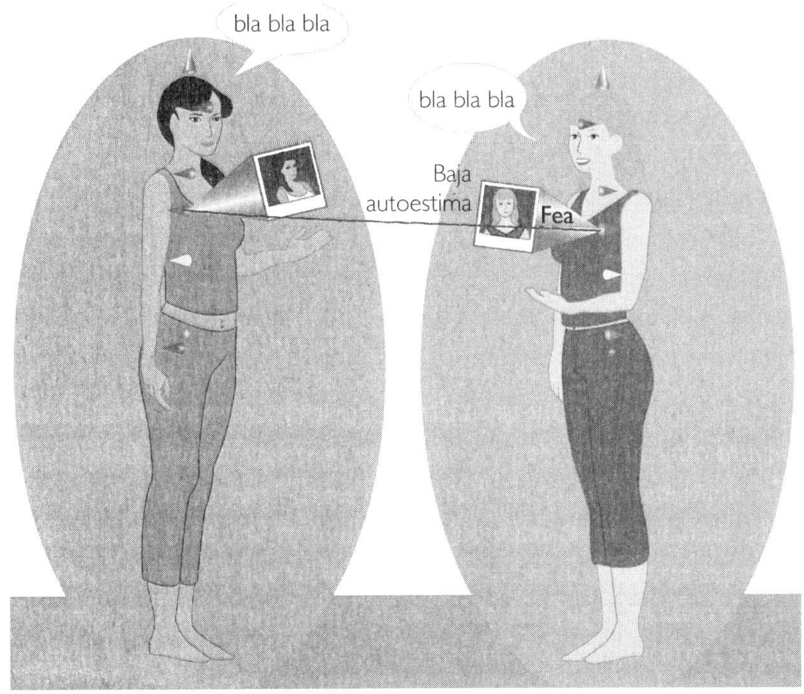

Cordones de energía.

También existen cordones a nivel cultural. Por ejemplo, yo he observado que en México el cordón más común se localiza en el segundo chakra, debido a que en ese país las personas son sumamente emocionales. En Alemania, el cordón está en el tercer chakra, porque sus habitantes han crecido con el hábito de empujar energéticamente a otros para que hagan lo que ellos desean. En Bolivia se ubica en el primer chakra, el de la supervivencia, ya que tienen fuertemente arraigadas creencias de escasez y austeridad.

Los cordones de energía suelen desplazar los chakras fuera de su lugar, pero nosotros tenemos la capacidad divina de restablecer nuestro equilibrio.[134] En las terapias clarividentes que realizamos en los Centros

---

134. En mis seminarios, enseño una técnica sumamente efectiva para restaurar el equilibrio de nuestro sistema energético. La llamo «fluir energía» y consiste en usar la energía de la Tierra mezclada con la energía cósmica dorada de *la universa* para «darle un baño» a todo nuestro sistema energético.

de Desarrollo Luz Dorada, con frecuencia encontramos cordones de energía, lazos sentimentales o viejos sistemas de creencias atorados en el aura; los cuales retiramos con nuestras potentes técnicas de manejo de energía, a la vez que orientamos a las personas para que fortalezcan su aura y eviten que esta energía ingrese nuevamente.

Sabemos que el amor es el estado natural de los seres humanos, los animales, las plantas y todo lo que se encuentra en *la planeta,* puesto que todo cuanto conocemos surgió de él. Si la energía que promueve la vida en *la universa* es el amor, la que provoca la muerte es la culpa. Cuando nos sentimos culpables por un error que cometimos o alguna creencia, llegamos a creer que no somos dignos de estar vivos, olvidándonos de que la mayor evidencia de nuestro valor es nuestra propia existencia porque nosotros, junto con Dios, decidimos existir.

La culpa es sumamente peligrosa para la salud porque envía a nuestro cuerpo el mensaje de que se autodestruya; por ejemplo, pensemos en una mujer que creció en un ambiente muy machista y durante toda su vida sus padres le transmitieron la creencia de que su existencia era menos valiosa que la de sus hermanos varones. Desde que nació le enviaron imágenes de rechazo hacia sus órganos genitales y ella, siendo un bebé, no era capaz de distinguir si esa información era *buena* o *mala; cierta* o *falsa.* Este mensaje de invalidación fue recibido tantas veces que se fijó en la parte del cuerpo que la define como mujer, o sea, en su sistema reproductor.

Siendo pequeña, una vez le preguntó a su papá si podía salir a jugar futbol con sus hermanos, a lo que él respondió: «¡No! No porque eres una mujer». Entonces la niña pensó: «Mis genitales dicen que soy niña, por lo tanto son los responsables de que no pueda salir a jugar... Ojalá pudiera cambiarlos». Con los años esta creencia se consolidó y hasta la fecha ella desea que sus genitales desaparezcan porque «por su culpa» tiene menos valor como persona. A la larga creó una sensación física de desvalorización hacia esa parte de su cuerpo, enviando vibraciones de energía negativa que algún día, si no cambia de patrón energético, se manifestarán como un tumor en la matriz o en los ovarios.

A partir de estudios realizados por la OMS, se ha comprobado que el 60 por 100 de las mujeres mayores de 45 años posee algún grado de osteoporosis. ¡Esto es más de la mitad![135] ¿Qué está ocurriendo? ¿Por qué las mujeres manifiestan tan alto índice de debilitamiento en los huesos? Bueno, en mi opinión esto tiene una explicación cultural relacionada con el machismo. Si durante milenios hemos devaluado a la mujer, hemos tratado de dominarla y de someterla, no es de extrañar que la hayamos debilitado a nivel energético, por lo que muchas de ellas manifiestan estas creencias de desvalorización directamente en sus huesos, que son la estructura que sostiene su cuerpo.

Las emociones negativas también son el origen de muchos hábitos destructivos en nuestra vida diaria. Por ejemplo, en ocasiones comemos en exceso no porque tengamos mucha hambre, sino para calmar nuestra ansiedad, tristeza o miedo. Podemos comer y comer hasta la indigestión o el sobrepeso, pero ese vacío que sentimos jamás se satisfará si no equilibramos nuestras emociones. Lo mismo ocurre con el alcohol, el tabaco, el azúcar y demás sustancias que en sí mismas pueden ser neutrales, pero que lo que hace que tengan efectos nocivos en la salud es la conducta compulsiva de quien las consume.

Cada cosa que creamos desde la consciencia se expresa a nivel físico, por ejemplo, los días en que discutimos con alguien o que estuvimos muy estresados, nos sentimos más cansados que si hubiésemos hecho ejercicio y queremos dormir no sólo para descansar, sino también para evadir nuestras emociones. También hay quienes tienen emociones tan intensas que les es imposible pausarlas para conciliar el sueño.

El insomnio es una especie de locura que le provocamos al cuerpo cuando le enviamos instrucciones que no corresponden con lo que éste está percibiendo. Supongamos que son las cuatro de la mañana de un domingo y alguien está dando vueltas en la cama pensando en la camioneta que le robaron hace tres años; su cuerpo se percibe en reposo, pero la consciencia le indica que se mantenga alerta. A diferencia del espíritu que existe en todos los tiempos simultáneamente, el cuerpo

---

135. Rolando Tinoco (2004), *Hábitos de vida que predisponen a la osteoporosis en mujeres posmenopaúsicas de la unidad de climaterio del Instituto Especializado Materno Perinatal septiembre- noviembre 2003*. Tesis de licenciatura de la Universidad Mayor de San Marcos, http://cybertesis.unmsm.edu.pe/bitstream/handle/cybertesis/2692/Tinoco_ar.pdf;jsessionid=296160AF5CD062EC44E101643C01FC4B?sequence=1.

vive sólo en el presente. Las emociones negativas respecto a eventos del pasado o del futuro generan información que es interpretada por nuestro cuerpo como una amenaza real e inmediata, y éste siente que está en peligro y asume que debe mantenerse alerta para responder a la amenaza. La incongruencia entre lo que la consciencia está proyectando y lo que el cuerpo realmente está percibiendo causa angustia y desequilibrios energéticos que finalmente se manifestarán en enfermedades.

Si el dueño del cuerpo percibe que hay una amenaza de sobrevivencia, por supuesto que no podrá descansar. Ocurre exactamente lo mismo cuando de madrugada escuchamos algún ruido extraño en la sala y no logramos dormir por el temor de que pueda haber algún ladrón dentro de nuestra casa. El cuerpo no entiende lo que estamos pensando, sólo siente nuestro miedo y reacciona.

Por nacimiento, nuestro cuerpo sólo conoce dos estímulos o sensaciones que le producen miedo: los ruidos fuertes y las alturas, los cuales resultan muy útiles para fines de supervivencia. En 1960, los psicólogos estadounidenses Eleanor Gibson y Richard Walk realizaron un experimento acerca del comportamiento de 36 bebés entre 6 y 15 meses de edad. Colocaron a los niños, uno a la vez, sobre una superficie o mesa plana de vidrio. En una mitad de la superficie, justo debajo del vidrio, colocaron una tela a cuadros. Debajo de la otra mitad, a la altura del piso, colocaron otro trozo de la misma tela; la mesa de vidrio estaba a un metro de altura separada del piso. El objetivo era producir el efecto visual de que la mesa terminaba a la mitad y después le seguía un precipicio. Las madres, desde un extremo, incentivaban a sus hijos a cruzar la superficie en dirección a ellas. Los científicos observaron que la mayoría de los bebés no atravesaron la mesa, sino que se quedaron a resguardo en la primera mitad, aquélla con efecto visual de superficie firme. Ellos optaron por no cruzar la mesa y actuaron sin miedo, desde su innato instinto de sobrevivencia. Algunos otros rompieron en llanto al no lograr acercarse a sus madres, negándose a cruzar el supuesto abismo.[136]

Este experimento demostró también que, naturalmente, como be-

---

136. E. Gibson, R. Walk (1960), «Visual Cliff», *Scientific American*, 202(4): 64. doi:10.1038/scientificamerican0460-64.

bés no tememos a lo desconocido. Seguramente hemos observado la reacción natural de un bebé ante algo que no conoce. Si le damos una pluma, lo primero que hará será llevársela a la boca, sin preocuparse si ésta tiene gérmenes o no. El resto de los temores que tenemos son aprendidos. La crianza, la religión y la cultura nos programan para sentir miedo como un recurso para limitar nuestro libre albedrío y favorecer el control social.

Como hemos explicado a lo largo de este capítulo, cada imagen que guardamos dentro de nosotros está asociada con una emoción aprendida y para puntualizar esto me gustaría compartir el testimonio de vida de Benjamín Vallejo, un miembro del equipo de Desarrollo Luz Dorada en Chile. Cuando Benja era niño, no le permitían salir a jugar en los días nublados porque podía resfriarse. Quizá esta restricción suene lógica desde nuestra cultura, pero para un tailandés implicaría estar encerrado y con gripe doscientos veinte días al año. Él, al igual que muchos de nosotros, se llenó de información que aceptó como verdadera sin considerar que cada creencia es relativa a su contexto. Con el tiempo, Benja aprendió a no participar en los días de lluvia y asoció la imagen del cielo gris con la tristeza que le producía la orden de quedarse en casa. A la larga somatizó esta carga emocional y, aun cuando ya no hubiese nadie que le expresara esta prohibición, durante los días nublados se sentía débil y desganado.

En la búsqueda por entender lo que había ocurrido en su infancia, se acercó a Desarrollo Luz Dorada. Con nosotros aprendió a reconocerse no sólo como un cuerpo físico, sino como un perfecto sistema de consciencia que opera a través de las imágenes que almacenamos desde nuestra infancia. Desde el momento en que Benjamín descubrió la relación de las emociones con el proceso de creación de enfermedades, supo también que la capacidad de sanar se encontraba dentro de sí mismo y decidió usarla para sanar sus heridas emocionales y ayudar a sanar a otros.[137]

---

137. Hoy en día, Benja sigue creciendo en Luz Dorada y ahora está a cargo de las prácticas de sanación que hacen los alumnos del curso de Clarividencia en el Hospital San Borja, de la Universidad de Chile. Esta institución abrió las puertas del área pediátrica a los terapeutas y alumnos de Luz Dorada, quienes desde hace años ofrecen gratuitamente sanaciones y lecturas de aura.

Siempre es posible cambiar

Alguna vez alguien me dijo que en esta vida sólo hay dos cosas seguras: la muerte y los impuestos. Si bien este «optimista» tiene su parte de razón, también hay algo más que podemos dar por sentado: **siempre es posible cambiar.** Como hemos venido diciendo, somos los creadores de cada una de nuestras experiencias, ya sean favorables o desfavorables; pero ¿cómo logramos transformar nuestro universo personal?

Seguramente hayáis escuchado a personas que al hablar de sí mismas usan frases como: «Estoy muy enfermo», «Soy diabético», «Sufro de gastritis crónica», «Esto es irremediable», «Lo mío es irreversible», etc. Con sus palabras, decretan que la enfermedad les pertenece, que forma parte de su vida y además asumen que no pueden hacer nada al respecto. El poder del lenguaje es enorme porque se manifiesta en hechos; cada palabra es entendida como un pedido dirigido a *la universa*, por lo que afirmaciones como: «Estoy enfermo», serán cumplidas con la misma intensidad con que creemos en ellas.

La palabra, «creer», en inglés es *belive,* que a su vez, es la combinación de *be,* «ser» y *live,* «vivir». Nosotros vivimos lo que creemos. Quizá la tristeza que siento surgió porque mi mamá me enseñó a interpretar así el mundo, pues ella era quien se sentía triste, pero ahora yo tengo la oportunidad de reinterpretar **mi** mundo de acuerdo a mis propios deseos y experiencias. Yo puedo transformar mis creencias y, por ende, mi forma de vivir.

Desde hace algunas décadas, el campo científico se ha dedicado a realizar estudios tratando de comprender cómo funciona nuestro pensamiento. Mediante electrodos conectados a la cabeza, los neurólogos han medido la actividad del cerebro y se ha logrado descubrir que la respuesta que tiene ante algo «real» en algunos aspectos es idéntica a la que se produce cuando imaginamos.[138] ¡Claro! Esto resulta obvio si consideramos que los humanos creamos nuestra vida con base en imágenes. Cada palabra que usamos es la representación de una imagen,

---

138. Álvaro Pascual-Leone (2009), «El cerebro se modifica con cada pensamiento». Entrevista en el diario español *ABC* (septiembre de 2009), http://www.abc.es/hemeroteca/historico-15-11-2009/abc/Sociedad/alvaro-pascual-leone-el-cerebro-se-modifica-con-cada-pensamiento_1131493590082.html.

incluso antes de tomar cualquier decisión, por insignificante que sea, primero la imaginamos y después la llevamos a cabo. Por ejemplo, si yo quiero desayunar un par de huevos fritos, primero conceptualizo que los quiero, es decir, le doy un nombre al retortijón que sacude mi barriga, entonces me digo «Siento hambre» y me pregunto: «¿Qué quiero desayunar? ¡Ah! Ya sé. ¡Huevos fritos!», inmediatamente los visualizo, incluso puedo percibir el olor y el sabor. Al imaginar, los estoy viendo y después procedo a hacerlos para que se manifiesten y pueda comerlos.

A través de nuestro sistema energético, el aura y los chakras, imaginamos las cosas, las conceptualizamos y las vemos; no es el cerebro el que imagina, éste sólo recibe la información, el que imagina es el espíritu, es decir, la parte de nosotros mismos que está directamente conectada con la divinidad; y desde nuestra realidad material nos comunicamos con él a través de la imaginación. Nuestro cerebro no distingue entre lo que ve y lo que imagina, ya que utiliza la misma información para hacer ambas cosas; en este sentido, el bioquímico Joe Dispenza refiere en su libro *Desarrolla tu cerebro*[139] que: «Para el cerebro es tan real lo que ve como lo que siente». Nosotros, desde nuestra naturaleza espiritual, nunca pensamos que no podemos, esos pensamientos de invalidación han sido sembrados en nosotros por la programación que recibimos desde nuestra infancia a través de nuestros padres y nuestra cultura.

Nosotros poseemos la misma energía creadora que Dios, sin embargo, Dios, a diferencia de nosotros, no juzga su creación ni dice «Esto vale y esto no»; él simplemente creó todo para conocerse a sí mismo, de modo que si limitara su creación con juicios, también estaría limitando su propia consciencia. Si nosotros logramos erradicar de nuestro pensamiento los juicios y la falta de amor hacia nosotros mismos, el proceso de manifestación ocurrirá de manera inmediata y natural.

La mayor parte de las personas lleva consigo una enorme carga de emociones negativas mezcladas con sus recuerdos e imágenes del pasado, es como si fueran arrastrando un almacén de energía cuyo peso les impide desarrollar su espíritu tanto como quisieran. Cuando percibimos el aura de alguien, podemos ver pequeñas unidades de ener-

---

139. Joe Dispenza (2008), *Desarrolla tu cerebro*. Ed. Urano.

gía que los clarividentes llaman *representaciones* porque son cuadros de imágenes en movimiento. Cada una de estas representaciones almacena nuestra información sobre una situación particular y las emociones asociadas a estos recuerdos.

Por ejemplo, si alguien nos habla de su niñez, al mismo tiempo iremos recordando la nuestra y reconstruyendo las imágenes que hubo en ella; es probable que con lo que nos cuente la otra persona recordemos cuando nos caímos de la bicicleta y nos pelamos la rodilla. Utilizamos esta imagen guardada en nuestros recuerdos y visualizamos la representación del cuadro del accidente en bicicleta. Esta imagen contiene una carga de energía particular, y si es de gran alcance, hasta podría hacernos revivir en el presente el dolor que experimentamos en ese entonces, por lo que no es de extrañar que mucha gente bloquee sus recuerdos porque no puede manejar las emociones que siguen ancladas a ellos.

Pongamos otro ejemplo. Imaginemos que estamos a punto de mudarnos de casa. ¿Qué cosas nos llevaríamos a nuestro nuevo hogar? Obviamente, cargaríamos con los electrodomésticos, los muebles y la ropa que necesitamos a diario, pero ¿qué haríamos con aquello que no utilizamos desde hace años y sólo ocupa nuestro espacio? Si nuestros amigos nos están ayudando con la mudanza, muy probablemente nos dirán que tiremos todo lo que no nos sirva. ¡Pues claro! Para ellos sería muy fácil sugerirlo porque no tienen ningún vínculo con nuestras pertenencias. Neutralmente tomarán un paquete y lo llevarán de un lugar a otro, sin ningún problema, recuerdo o emoción. A ellos no les importará que lo que estén tirando sea nuestro vestido de graduación, el ajuar de bodas, la camiseta preferida, la bufanda que tejió la abuela o la chaqueta que nos regaló la expareja.

No importa realmente si la energía de nuestros recuerdos es positiva o negativa, igualmente es un peso que llevamos sobre los hombros, y como hemos podido constatar, cargar con exceso de equipaje nos hace ir más lentos. Al liberarnos de estas emociones, nos permitimos reactivar nuestra energía, nos sentimos con mayor vitalidad y nuestras auras logran iluminarse y clarificarse, literalmente vibramos en otra frecuencia. En palabras de Louis Hay: «Es indudable que el impulso físico puede explicar lo que sentimos a nivel emocional. El aferrarse al pasado nos lastima en extremo y nos crea muchas limitaciones, es mejor soltar y lanzar este accesorio emocional –el apego–, justamente al pasado».[140]

Frecuentemente encontramos patrones de comportamiento antiguos en nuestro campo electromagnético, viejas formas de hacer las cosas que estancan nuestra energía. O bien, mantenemos la energía de nuestros padres dentro de nuestra aura porque fueron ellos quienes dedicaron la mayor parte del tiempo a nuestra enseñanza y educación. De ellos aprendimos lo básico de la vida a nivel físico. Usualmente, cuando un clarividente lee el aura, puede que encuentre algo de la energía de nuestros padres mezclada con la nuestra.

Mantener energía ajena dentro de nuestro espacio puede causarnos complicaciones y confusiones en el momento de tomar decisiones. La energía de amigos, padres, hermanos, tíos o abuelos no nos es de utilidad sencillamente porque somos personas diferentes y por lo mismo nuestra energía tiene sus propias características. Es como si tratáramos de hacer andar con diésel un motor que funciona con electricidad. ¡Por más que lo intentemos nunca va a arrancar!

Cada uno de nosotros es único. En *la planeta* la variedad es el condimento de la vida. Lo que a nuestros padres les gusta comer, la ropa que usan o la música que escuchan no tiene que ser la misma que nosotros prefiramos. Al dejar ir la energía ajena de nuestro campo energético nos permitimos transformar y equilibrar nuestra propia energía, lo cual es sinónimo de crecimiento.

El poder creador es un regalo maravilloso, pero recordemos que también tenemos la capacidad de deshacer nuestras creaciones para dar pie a algo más maravilloso. Hacer y deshacer es un acto cotidiano, tomamos agua y la convertimos en cubos de hielo, logramos que un huevo crudo sea un alimento y que el algodón se transforme en la ropa que usamos. La creación y la destrucción es una dualidad constante en este planeta, la observamos por ejemplo en la naturaleza cuando el invierno toca los campos y las plantas mueren antes de reverdecer en primavera. La esencia de la vida está en el cambio, aunque ello implique destruir lo que había antes.

---

140. Louise L. Hay (2012), *Tú puedes crear una vida excepcional*. Ed. Urano.

Nuestro cuerpo, igual que todo en *la universa,* está cambiando constantemente. Incluso las moléculas de este libro están en movimiento, pero la vibración molecular es tan sutil que no se nota simple vista. Asimismo, la mutación que experimentamos a nivel celular sucede automáticamente, nacemos, crecemos y cambiamos hasta que experimentamos la más grande de las transformaciones: la trascendencia hacia otros niveles de consciencia.

Como consecuencia de la programación, la muerte se considera como algo *malo,* sin embargo, igual que todo en *la universa,* también es nuestra creación. Morir es una decisión profunda que tomamos a nivel espiritual, pues ni siquiera los fallecimientos más inesperados ocurren por accidente. La muerte en el mundo físico es simplemente un paso más en nuestro recorrido espiritual, pero de este maravilloso viaje hablaremos a detalle en el siguiente capítulo.

Capítulo VI

La vida después de la muerte

La muerte toma siempre la forma de la alcoba que nos contiene.
JAVIER VILLAURRUTIA

Hace varios años visité Panamá para impartir un curso. A mitad de la noche recibí la llamada de una alumna de Luz Dorada. Estaba sumamente alarmada y en medio de llanto y lamentos, me solicitó que fuera a visitar a su hija, quien había sufrido un fuerte accidente. De inmediato fui al hospital y encontré a la muchacha en terapia intensiva. Su cuerpo no había sufrido un daño tan serio como su cabeza, la cual estaba absolutamente llena de cables. Al mirarla pude notar que, si bien su cuerpo físico estaba presente, su espíritu no estaba en la sala. Psíquicamente me trasladé hacia la calle donde había ocurrido el accidente y allí vi a su espíritu, estaba asustado y desorientado porque no encontraba su cuerpo físico.

El espíritu de la chica me contó que iba a casarse dentro de un par de días; sus padres ya habían pagado la fiesta y la luna de miel, pero ella había cambiado de decisión respecto a la boda porque acababa de descubrir que su futuro marido le era infiel desde hacía mucho tiempo. El temor a enfrentar la situación fue tan grande que la chica creó el accidente para evitar pasar por ello. Al cabo de los días murió. Su cuerpo estaba sumamente herido y a nivel espiritual ella ya había decidido abandonar este plano.

A través de nuestras experiencias humanas y después de un largo camino, somos capaces de reunirnos con la divinidad como seres espirituales completamente desarrollados. El cese de nuestras funciones vitales significa simplemente dejar ir las cosas materiales y las limitaciones del cuerpo con respecto al espíritu para expresarnos como realmente somos en nuestra forma espiritual.

En este viaje de autodescubrimiento hemos constatado que todo en *la universa* puede formar parte de nuestra creación porque como ella, nosotros también somos divinos e ilimitados; por eso ahora me atrevo a preguntaros: si sabemos que la eternidad es accesible para nuestro espíritu, ¿por qué le tememos a la muerte? ¿Por qué nos asusta despertar a otro nivel consciencia?

El miedo a la muerte es igual a vivir con miedo. Estoy convencido de que si entendiéramos a la muerte como algo natural y no como una tragedia, nuestra creencia al respecto cambiaría y dejaríamos de asociarla con emociones negativas como tristeza, enojo, desolación o desesperanza. Pensémoslo de otro modo, si nosotros nunca hubiéramos asistido a un funeral, ¿qué emociones relacionaríamos con la muerte? Probablemente la veríamos con mayor neutralidad, pues no tendríamos imágenes de llantos, colores oscuros y caras largas asociadas a este concepto. Por ejemplo, en el libro *Un mundo feliz* (1934), del escritor británico Aldous Huxley, los niños eran llevados de excursión a los hospitales y convivían con los pacientes que estaban a punto de morir, en un ambiente donde abundaban globos, dulces y helados. En cierto modo, eran programados para ver a la muerte como algo positivo y agradable.

La principal razón por la que le tememos a la muerte es porque es algo «desconocido» y, como hemos explicado a lo largo de este libro, fuimos programados por la religión y la cultura para temer y rechazar todo lo que está fuera de las experiencias que conocemos y aceptamos como verdaderas. Muchas personas viven con el miedo constante de que cuando mueran serán enviadas al infierno porque se han creído la mentira de que Dios es un juez omnipresente que, en toda la infinita y basta *universa,* no tiene nada más entretenido que hacer que vigilarnos e idear mil tormentos para castigarnos.

Recientemente tuve una experiencia en Perú que puede ejemplificar lo que digo. Estaba en medio de un curso de Sanación y recuerdo que noté a un hombre muy moreno sentado frente a mí. Pese a su piel oscura, era evidente que estaba palideciendo, pues su tez se tornó gris claro. Durante el receso me acerqué a preguntarle si se sentía bien, y antes de poderme responder se desmayó. Como yo era la persona más cercana a él, sentí que era mi responsabilidad brindarle ayuda, así que apliqué las técnicas de sanación con Luz Dorada, limpié su aura, lo anclé a la Tierra y atraje a su espíritu hacia dentro de su cuerpo. Todo ocurrió muy rápido, en menos de un minuto el hombre volvió en sí y lo primero que dijo fue: «Dios, perdóname por todas las cosas que he hecho». En ese momento para mí fue evidente que él le tenía un enorme miedo a Dios, a la muerte y, en consecuencia, a la propia vida.

Este señor estaba tan asustado que con su propia frecuencia vibratoria aumentaba la intensidad de sus síntomas. Incluso llamamos a emergencias, pero no consiguió calmarse ni con un fuerte medicamento y tuvieron que hospitalizarlo. Paradójicamente, su excesivo miedo a la muerte lo estaba acercando rápidamente a ella.

El último viaje

En capítulos anteriores hice referencia a nuestra capacidad innata para transformarnos hasta alcanzar los más altos niveles de consciencia y ser uno con Dios. A este proceso se le llama *ascensión,* pero antes de describirlo me gustaría hablar de su contraparte, el nacimiento.

Cuando nos preparamos para encarnarnos, cada uno de nosotros elige las condiciones materiales que le permitirán desarrollar su consciencia hacia nuevos entendimientos, por eso esperamos en el mundo espiritual hasta encontrar a una pareja cuyas circunstancias encajen con los temas que deseamos experimentar, y una vez que la encontramos iniciamos una negociación con ella. Después de un tiempo, papá, mamá y el nuevo ser establecen el acuerdo de crear una nueva vida. Este proceso, medido en una escala del mundo físico, puede durar de tres a treinta años, aunque hay excepciones como el caso del Dalái Lama, que se reencarna en cuestión de días.

Una vez que los tres seres involucrados en la concepción llegaron a un acuerdo, el óvulo se abre para permitir la entrada del espermatozoide. A niveles biológicos, la ciencia no ha podido precisar por qué ocurre en ese momento determinado, pero en cuanto estas células se encuentran surge una chispa dorada que da la instrucción para que se inicie la creación de un nuevo cuerpo.

Una semana antes del alumbramiento, el alma, que es un cúmulo de energía alojada el cuarto chakra, se abre para recibir al espíritu, y cuando esto ocurre inmediatamente se desprende un rayo de energía que anuncia la existencia de un nuevo ser. Antes de la encarnación, los chakras ya están en el cuerpo: *sé, veo, comunico, soy, hago, siento* y *existo*, pero no se activan hasta que el espíritu entra y conecta el *yo* al sistema energético, para convertir los chakras en *yo sé, yo veo, yo comunico, yo soy, yo hago, yo siento, yo existo.* En el momento de la muerte, este proceso ocurre de manera inversa, el *yo* abandona el cuerpo recogiéndose desde el primer hasta el séptimo chakra y sale a través una columna de energía, la cual es el famoso túnel que tantas personas con experiencias cercanas a la muerte han visto.

Así como el espíritu puede decidir si se encarna antes o después del nacimiento, dependiendo si desea o no experimentar el parto, también podemos elegir abandonar el cuerpo antes de la muerte física, sobre todo si ésta será dolorosa. Un ejemplo de esto es una anécdota que se cuenta acerca del famoso psíquico estadunidense Edgar Cayce,[141] quien estaba a punto de subir a un ascensor, pero decidió no hacerlo porque percibió que las personas que lo ocupaban no manifestaban aura. Al momento de cerrarse las puertas, el ascensor se desplomó y todos los ocupantes murieron. Los espíritus de estas personas decidieron abandonar el cuerpo para no experimentar una muerte dolorosa, porque el dolor físico es una característica del cuerpo, y como espíritus no nos encarnamos para padecer dolor, sino para aprender y vivir nuevas experiencias.

El momento y la forma en que morimos es una creación propia, incluso los accidentes lo son. Somos nosotros mismos quienes tomamos la decisión de cómo y cuándo desencarnarnos. Incluso los bebés toman esta clase de decisiones, como es el caso de la muerte súbita, también

---

141. Edgar Cayce (1877-1945) fue un supuesto vidente y psíquico estadounidense que hipotéticamente poseía la habilidad de responder a preguntas sobre temas tan diversos como sanación, reencarnación, inmortalidad, espiritualidad, guerras, la Atlántida y futuros acontecimientos mientras se encontraba en un estado hipnótico de trance.

conocida como muerte de cuna, que ocurre cuando el espíritu del bebé cambia de parecer respecto a dónde nacer.

Esto significa que las diferentes formas de morir dependen directamente de nuestro nivel de consciencia, de nuestras emociones, creencias, de la forma en que vivimos y de nuestro grado de entendimiento desde que nacemos hasta que abandonamos el cuerpo físico. Durante mis largos años de estudio, he observado que una de las causas de muerte más comunes entre los jóvenes son los accidentes. Psicológicamente, la gente joven es más susceptible a sentirse decepcionada de la realidad y creer que son incapaces de vivir con sus problemas. Aunque «conscientemente» no desean morir, están absolutamente seguros de *no querer vivir* en las condiciones que les ofrece el mundo.

Si constantemente pensamos «No quiero vivir esto», ¿qué mensaje estamos enviando a nuestro entorno? ¡Claro! Le decimos que deseamos autodestruirnos. En este tipo de fallecimientos, el espíritu se separa de forma tan violenta del cuerpo que se queda vagando en un limbo entre la Tierra y el cosmos, entre la vida y la muerte, al que los budistas llaman *Bardo*. Eso fue lo que le ocurrió a la chica panameña del ejemplo. Ella quería huir de este planeta, pero al mismo tiempo se sentía muy enganchada a una situación terrenal.

Como ya hemos dicho, el tránsito a la muerte depende en gran medida del nivel de consciencia de la persona, si se trata de alguien muy enfocado hacia lo negativo, es probable que después de la muerte se quede encerrado en sus emociones, sobre todo si ésta ocurre de forma repentina o violenta. Cuando el espíritu de las personas no quiere separarse del cuerpo físico, ya sea porque tiene asuntos pendientes, porque no tenía planeado morir o porque no quiere dejar ir sus apegos, se estanca en un nivel de realidad al que ya no pertenece. Es el caso de los fantasmas, ellos son vestigios de energía que no ha logrado desprenderse del plano físico.

Si alguien no reconoce su muerte, puede acudir a un guía espiritual, quien lo auxiliará en su proceso de aceptación. Esta situación fue retratada magníficamente en la película *Los otros* (2001).[142] Este film cuenta

---

142. *Los otros* es una película hispano-franco-estadounidense estrenada en 2001, dirigida por el español Alejandro Amenábar y protagonizada por Nicole Kidman.

la historia de Grace, una mujer que vive con sus dos hijos en una misteriosa mansión en la que se sospecha que hay fantasmas. El ambiente se vuelve aún más enrarecido después de que contrata a una pareja para que le ayude con los servicios de limpieza. Conforme se desarrolla la trama, se devela que sí hay otros seres viviendo en la casa, se trata de personas vivas que la alquilaron después que Grace y sus hijos fallecieran. Grace descubre su condición espiritual gracias a la intervención de la pareja, quienes fueron los guías que la llevaron a reconocer y aceptar los hechos que la condujeron a su propia muerte.

Del mismo modo en que permitimos que la energía de otras personas entre a nuestro campo energético y desequilibre nuestros chakras, también dejamos que nos envíen cordones de energía que nos atan a este plano aunque ya hayamos decidido ascender. Hace unos años, en México, una mujer en silla de ruedas vino a consultarme. Ella tenía cerca de noventa años, mentalmente estaba completamente lúcida y alerta, pero su cuerpo manifestaba múltiples afectaciones. Por insistencia de su familia hablé primero con ellos y me dijeron que la señora tenía cáncer terminal desde hacía tiempo, pero no le habían dicho nada al respecto porque no querían sobresaltarla. Luego hablé a solas con la mujer y me llevé una gran sorpresa al escucharla decir que sabía perfectamente la gravedad de su situación: «Ellos piensan que no sé nada, pero sí lo sé. Sé lo que tengo y vengo a que me ayudes a morir. No los aguanto más. ¡Ellos quieren mucho de mí y yo lo único que quiero es descansar!».

Apliqué mis técnicas de sanación y al limpiar su aura encontré cientos y cientos de imágenes de su familia, de sus hijos, nietos, incluso bisnietos, todos pidiéndole ayuda y delegándole muchas responsabilidades, entre ellas, la de mantener a la familia unida y procurar el *bienestar* de todos. Su aura estaba llena de cordones energéticos que la ataban al cuerpo, aunque ella sentía el urgente deseo de dejar este nivel de realidad. Días después de la terapia, la mujer murió. Al neutralizar la carga de la energía ajena que se había apoderado de su cuerpo, liberé su espíritu.

Debido a nuestras creencias y programaciones, tocar el tema de la muerte no es fácil, y mucho menos lo es acompañar a alguien durante este proceso. Si algún día os encontráis en una circunstancia similar, mi única recomendación es que reaccionéis de manera neutral, sin miedo, drama ni desesperanza, porque de otro modo estaremos enviando energía de frecuencia negativa a la persona que está a punto de dar uno de los pasos más relevantes en su desarrollo espiritual.

Nuestro Ser Superior tiene una vida tan larga, que si lo percibimos en tiempo terrenal nos parecería eterno. En el momento de la muerte, el Ser Superior se separa del cuerpo físico para regresar a la Consciencia Universal. Por su parte, el cuerpo se descompone gradualmente para volver a su origen, la Tierra. Es a este proceso al que hace alusión la Biblia cuando menciona: «Con el sudor de tu rostro comerás el pan hasta que vuelvas a la tierra, porque de ella fuiste tomado; pues polvo eres, y al polvo volverás» (Génesis 3, 19).

En el momento en que la consciencia abandona al cuerpo, éste empieza a desintegrarse tal como lo explica el *Libro tibetano de los muertos*.[143] En el proceso están involucrados los cuatro elementos de la naturaleza –fuego, aire, tierra, agua– que ayudan a la transformación del cuerpo y del espíritu. De acuerdo a este libro,[144] la muerte se da de la siguiente manera:

El cuerpo experimenta una sensación similar a la de un trozo de tierra hundiéndose en el agua. La presión a su alrededor aumenta, siente que se hunde, que cae muy profundo hacia adentro, hacia un vacío interno. La persona empieza a sentirse cada vez más pequeña y a contraerse hacia sus propias profundidades. Al mismo tiempo pierde el control de la tensión muscular. Se escucha un intenso crujido. El hilo de plata, el enlace energético que ancla al espíritu al cuerpo, se ha roto.

La fase siguiente es una sensación similar a la del agua cuando entra en contacto con el fuego. Alternamos violentamente entre el frío y el calor, los dientes castañean y sentimos agitación y espasmos, todo esto

---

143. El *Bardo Thodol* o *Libro tibetano de los muertos* es una obra de la sabiduría budista que describe el proceso de la muerte y la transición espiritual hacia un nivel más alto. Su objetivo principal es preparar la consciencia para enfrentar las manifestaciones del mundo espiritual.

144. Robert S. Ellwood (2009), «Bardo thodol». *The Encyclopedia of World Religions,* Editorial Facts on File Library of Religion and Mythology.

efecto de la energía Kundalini que sube desde el chakra raíz, recorriendo rápidamente toda la columna vertebral.

Posteriormente, el cuerpo se siente como si fuera fuego consumiéndose en el aire; se expande hacia arriba y hacia afuera, experimenta una fuerte presión alrededor de la cabeza y percibe cómo la consciencia empieza a expandirse. Se presentan escalofríos en pies y manos: el cuerpo parece estar convirtiéndose rápidamente en un líquido muy fluido, como cera derritiéndose. Respirar es cada vez más difícil. Se escuchan zumbidos, silbidos y truenos; a su vez aparecen alucinaciones, imágenes distorsionadas que van y vienen hasta que se desvanecen. A distancia se observa una luz clara, reflejo de lo ilimitada que es nuestra consciencia. Todo lo que experimentamos cesa y se convierte en una calma infinita; hay quien piensa que así se siente ver a Dios.

Finalmente, el cuerpo se funde hacia adentro de sí mismo. El alma, ubicada en el cuarto chakra, empieza a abrirse a la par que el corazón deja de latir. En este momento el cuerpo pierde veintiún gramos de peso. Todavía podemos escuchar los ruidos del entorno, pero ya no son importantes. Estamos en la antesala de un viaje maravilloso. En este estado entre la vida y la muerte[145] no hay espacio ni tiempo, ni emociones o acciones, sólo hay dicha. El convertirse en Uno con la Luz no significa nuestro aniquilamiento, sino entregar el control de quien creíamos ser para convertirnos en quien verdaderamente somos. Estamos listos para *ir hacia la luz.*

El cuerpo, como todo en *la universa,* es energía en movimiento, por lo que también es posible transmutarlo y llevarlo con nosotros en el momento de la muerte; este procedimiento consiste básicamente

---

145. El término *Bar-do thos-grol,* que da nombre al *Libro tibetano de los muertos,* está compuesto por los términos: *bar do,* que significa «medio», «intermedio» o «liminar» y *Thos grol,* que significa «liberación a través de la audición». Si bien el nombre más común con el cual se traduce esta guía es el primigenio *Libro tibetano de los muertos,* esto ha sido criticado por historiadores de la cultura tibetana, quienes han propuesto una nomenclatura más aproximada como «el gran libro de la liberación natural mediante la comprensión en el estado intermedio», ya que el libro en sí no habla solamente de la muerte, sino del estado intermedio *(bardo)* y funciona como guía para la vida. Das, Sarat Chandra (1902), *A Tibetan-English dictionary with Sanskrit synonym.* Calcuta: Bengal Secretariat Book Depôt.

en convertirlo en luz, energía que, como sabemos, supera las limitaciones humanas espacio-temporales. Existen registros de personas que han logrado hacerlo. Saint Germain, un cortesano del siglo XVIII, es un ejemplo de ello. De él se cuenta que simplemente desapareció de su tiempo para posteriormente reaparecer a voluntad. Hay testimonios que lo describen como un hombre alto, sociable, hermoso y que siempre irradiaba luminosidad. Incluso se rumoreaba que era inmortal. Se anunció oficialmente su fallecimiento el 27 de febrero de 1784 en Prusia y luego fue avistado en 1789 en Francia, justo para el estallido de la revolución.[146]

Así como Saint Germain, todos poseemos múltiples capacidades de transformación, tantas que incluso podemos llevarnos nuestro cuerpo después de la muerte si sabemos dirigir nuestra energía adecuadamente. Existen diversas técnicas de meditación para entrenarnos en las sutiles artes energéticas, por ejemplo, *Iluminación* es una técnica que consiste en concebir y vivir *la universa* desde un enfoque multidimensional que nos permite apreciar su inmensidad y expresarla a través de nuestros pensamientos y acciones en la dimensión del mundo físico. Por otro lado, *Insención* es la habilidad de conducir nuestro espíritu hacia dentro de nosotros mismos y mantenerlo ahí todo el tiempo. ¿Os imagináis cómo sería nuestra vida si practicáramos estas técnicas con constancia? ¡Incluso el hecho de morir sería completamente distinto! Cuando quisiéramos migrar de *la planeta*, el cuerpo también estaría preparado para emprender la ascensión y se iría con nuestro espíritu a recorrer *la universa*.

---

146. El conde de Saint Germain fue un enigmático personaje, descrito como cortesano, aventurero, inventor, alquimista, pianista, violinista y compositor. No se sabe a ciencia cierta dónde ni cuándo nació y se desconoce el origen de la fortuna que lo llevó viajar por diversas partes del mundo. Werner Schroeder (2004), *Ascended Masters and Their Retreats*. Ascended Master Teaching Foundation.

Fotografías reales de personas practicando ascensión.

Una vez que el cuerpo muere, una luz dorada lo cubre en su totalidad. Ésta tiene el propósito de recolectar toda la energía de fuerza vital que queda en el cuerpo y las sensaciones físicas, creencias e imágenes. En caso de que una persona suspendida en el *Bardo* decida volver, la energía dorada mantendrá unida su consciencia en el camino de regreso. En caso contrario, se inicia la descomposición del cuerpo y el resto de nuestra energía va a reunirse con nuestro espíritu, que está recorriendo el túnel que lo llevará a niveles superiores de consciencia.

El despertar de la consciencia

En el túnel se presentan imágenes de su vida e incluso puede encontrarse con guías espirituales que le brindarán orientación en el camino a la transición. En *la planeta* hay 54 niveles espirituales, y al más alto de ellos se lo conoce como Consciencia Crística porque sólo Cristo logró alcanzarla desde la Tierra. En el último nivel se encuentra la puerta de la muerte, y una vez que la pasamos, ya no es posible regresar al cuerpo.

Este túnel, también conocido como *túnel kármico,* ha sido nombrado en los registros akáshicos[147] y según los tibetanos está compuesto de 54 espirales de color negro o negativas y 54 espirales positivas o blancas. El túnel tiene dos lados y las personas depositan cada una de sus experiencias en vida, ya sea del lado positivo o del lado negativo. La consciencia empieza a ver, escuchar y revivir cada evento. Esta experiencia toma entre 3 y 7 minutos, pero puede durar una eternidad porque en este nivel espiritual el tiempo se mueve a la velocidad de *la universa.*

Allí nos encontramos con seres espirituales que nos ayudarán a analizar nuestras experiencias de vida. Estos *señores del karma* o *profesores del karma,* como prefiero llamarlos, nos guían en la comprensión todas nuestras vivencias desde la perspectiva de víctima, victimario y testigo, y juntos logramos armar una visión más completa de lo que fue nuestra existencia. Los *profesores del karma* no juzgan nuestras acciones, sino que nos orientan para tomar una decisión certera para nuestras próximas encarnaciones.

Durante años he estudiado arduamente el tema de la reencarnación y he concluido que la reencarnación no ocurre en la época inmediatamente posterior a la muerte, sino que sigue un orden basado en los temas que han quedado por solucionar antes de morir. Es posible haber compartido una vida pasada con una persona específica hace quinientos años, y durante ese tiempo pudimos haber vivido diez o quince vidas diferentes, que a su vez siguen una secuencia distinta con otro grupo de personas y otro karma. Entonces, si elegimos nacer en una determinada época, lugar y familia, es porque son las condiciones precisas que nuestro espíritu requiere para tratar una situación pendiente y lograr un aprendizaje determinado.

---

147. Los registros akáshicos son una memoria universal de la existencia, un espacio multidimensional donde se archivan todas las experiencias del alma, incluyendo todos los conocimientos y las experiencias de las vidas pasadas, la vida presente y las potencialidades futuras. Este sistema energético contiene todas las potencialidades que el alma posee para su evolución en esta vida y su verdadera razón de ser, el sentido de la existencia. En Egipto se conoce como las «Tablas de Thoth», en la Biblia como «Libro de la vida», en el islam como «Tabla Eterna» y los mayas los denominan el «Banco Psi».

Para ejemplificar cómo elegimos nuestra vida de acuerdo al karma, quiero compartir el caso de un niño de seis años que fue mi paciente. Se le había diagnosticado esclerosis múltiple desde que era un bebé y estaba paralizado de la cintura para abajo. Cuando su papá lo llevó a consulta, me comuniqué con el niño psíquicamente y el nivel espiritual más cercano a su cuerpo me reveló que estaba enojado y no le gustaba estar vivo. Después hablé con otros niveles superiores de su espíritu y me mostraron imágenes de las vidas pasadas del niño. En la vida anterior había sido un soldado muy sádico que golpeaba a las personas hasta inmovilizarlas. Al explicarle a su padre sobre el pasado espiritual del niño, me comentó que en alguna ocasión le había dicho que cuando fuese grande quería ser policía para dispararles a los demás.

En otra vida pasada, el niño fue un marinero de la naval de Francia que perdió las piernas en un accidente de barco. Al volver a su pueblo natal buscó a su prometida y ella decidió cancelar el matrimonio ya que creía que un hombre sin piernas no podría ser el marido que deseaba. Él pasó el resto de su vida con la amargura de sentirse rechazado e invalido por no tener piernas. De manera clarividente, pude ver que quien fue su prometida en la vida anterior, en esta vida es su mamá. El papá del niño me confirmó estas imágenes al compartirme que cada vez que la madre se ausenta, incluso para ir a la tienda, el niño cree que ya no regresará. El temor de ser abandonado por ella lo ha acompañado hasta esta encarnación.

En otra más de sus vidas pasadas, participó en un circo romano y murió cuando los leones desgarraron sus piernas hasta hacerlo desangrarse. Tras ver estas imágenes, le pregunté al espíritu si me permitía realizar una sanación y me dijo que sí, pero sólo a nivel emocional. Estaba de acuerdo en sacar el miedo, el enojo y todas sus emociones negativas, pero no aceptó una sanación a nivel físico porque en esta vida quería aprender que la felicidad no depende de sus piernas, sino de sí mismo.

En lo espiritual, el aprendizaje es mucho más profundo que en lo material, por eso las decisiones que se toman desde este plano son fundamentales para nuestra existencia. La elección del espíritu de ajustar sus genes para crear una enfermedad también involucra a la familia que lo recibirá y juntos establecen un acuerdo a nivel espiritual para formar parte de esta experiencia. Quizá sea una decisión difícil de comprender a nivel de personalidad, pero ésta ha sido definida previamente de manera espiritual. El espíritu de este niño confió en sus padres y los eligió como guías en el plano material.

Después de recorrer el túnel kármico y revisar nuestras experiencias, nuestra energía está lista para entrar a un nivel superior de consciencia, pero a cuál nivel accedamos dependerá en gran medida del desarrollo espiritual que hayamos logrado en vida. Digamos que existe una especie de aduana que nos envía a un «destino» acorde a nuestra frecuencia vibratoria. Por ejemplo, si una persona mantiene odio, resentimiento y oscuridad en su corazón, no podrá aspirar a un nivel muy iluminado porque sólo podemos tolerar la luz en la medida que nos hemos abierto a ella. No obstante, nada de lo que ocurre en nuestra existencia es definitivo, de manera que, independientemente del nivel de consciencia que nos sea asequible, siempre podemos reconocer el peso de nuestras emociones, asumir la responsabilidad de nuestras acciones, perdonarnos y desarrollar nuevos entendimientos para abrirnos paso hacia otros niveles.

Lo que experimentemos tras la muerte es un reflejo de las creencias que nos acompañaron en vida. Recordemos que vivimos lo que creemos, de modo que si nosotros estamos convencidos de que existe un infierno y consideramos que ése es lugar que «merecemos», es probable que nuestra consciencia responda a nuestra frecuencia y cree nuestro «infierno». Para explicar con más detalle esta situación, quiero compartir una anécdota que leí en un libro llamado *Come, reza, ama* (2006)[148] que cuenta la historia del viaje físico y espiritual que hizo la autora Elizabeth Gilbert después de su divorcio. Uno de sus muchos destinos fue un retiro budista en India. Allí conoció a un monje muy sabio que, gracias a años y años de meditación, había logrado recorrer diversos niveles de consciencia desde su cuerpo físico. Elizabeth le preguntó si conocía el cielo. El monje dijo que sí. Luego le preguntó si conocía el infierno. Otra vez dijo que sí. Intrigada, quiso saber cuál era la diferen-

___

148. Elizabeth Gilbert (2006), *Eat, pray, love*. Penguin Books. También existe una película basada en este libro, la cual fue estrenada en el 2010, protagonizada por Julia Roberts.

cia entre ambos. El monje le respondió que eran exactamente iguales: «Lo único que los distingue es la manera en que llegamos a cada uno».

Si habiendo hecho este viaje cósmico decidimos volver a la Tierra a seguir aprendiendo, nuestro espíritu se preparará para iniciar el proceso de reencarnación. Hay quienes deciden encarnarse en otros planetas o en otras formas de vida mucho más complejas, ¡toda opción es posible para tu espíritu!

Al liberarnos de las limitaciones sensoriales de nuestro cuerpo, nos volvemos energía pura fluyendo en el océano de luz que es *la universa*. Por ello hay consciencias que al descubrir que todo en el cosmos está conectado, deciden viajar hacia otras dimensiones, épocas, momentos y distancias. Si no tenemos emociones ni creencias negativas que nos limiten, ¡todo queda al alcance de nuestra consciencia! Para mí, morir es despertar a la *verdad*. Al separarnos de nuestras creencias, todas las mentiras y ficciones que limitaron nuestra consciencia se desmoronan, dejándonos ver la auténtica esencia de la vida.

¿Qué pasaría si pudiéramos vivir en concordancia con nuestra divinidad, sin necesidad de desprendernos del cuerpo físico? Sería maravilloso, ¿no? Sólo imaginadlo, experimentaríamos la inmensidad de Dios desde un cuerpo terrenal que nos ofrece innumerables placeres. Ésa es precisamente mi propuesta: invitar a las personas a que se reencuentren con su divinidad desde un cuerpo físico, ¡a que despierten a su propia vida! Porque ser un cuerpo vacío que no goza la experiencia de existir es otra forma de *morir*.

¿Cuánto tiempo hemos estado *muertos* en vida? ¿Por qué seguimos eligiendo vivir en el nivel más oscuro de nuestra consciencia, desconectados de nuestra divinidad, enfocados en emociones negativas? Si el amor de *la universa* está a nuestro alcance, ¿qué nos falta para atrevernos a tomarlo? De la misma manera en que nosotros decidimos nacer y trascender, también podemos elegir el día y la hora en la persona que siempre deseamos ser. Citando al poeta español Antonio Machado: «Tras el vivir y el soñar, está lo que más importa: despertar».[149]

---

149. Antonio Machado (1917), «Proverbios y cantares», en *Campos de Castilla,* Alianza Editorial.

Un nuevo renacer, un nuevo despertar

¿Es posible entonces que el ser humano sea capaz de autocrear padecimientos y que más del 68 por 100 de la población muera por enfermedades autocreadas, como cáncer, diabetes, neuropatías, enfermedades de los riñones, etc.?

Esta vital interrogante que hicimos al inicio del libro ha sido respondida a lo largo de estas páginas, y en este momento tienes toda la información del porqué estas dolencias son enfermedades autocreadas. Ahora conoces a qué se debe el deseo de morir y cómo es posible que seamos nosotros mismos la fuente de nuestra muerte, y cómo este proceso de búsqueda de la muerte, en la mayoría de los casos, se aprende en la infancia debido a una sociedad basada en creencias religiosas, en deberes y obligaciones no basados en el amor, ni en el respeto ni en honor con nuestra propia divinidad.

El camino al autoconocimiento del ser humano en su plenitud está oculto para la mayoría. Somos una sociedad basada en la muerte, pero la gente no conoce ni siquiera cómo es la muerte de la forma como lo hemos explicado en los últimos capítulos.

La cultura de la muerte ha trastornado la sociedad en la que vivimos, arraigada a emociones de miedo, odio, rencor, frustración, violencia, pena, dolor y culpa. Como lo hemos visto, la muerte está incluso inmersa en la forma como se alimenta el mundo. Las sociedades son más violentas cada día y en ellas el valor y la honra a la vida humana se han desdibujado casi hasta el grado de volverse invisibles. La violencia, como todos los actos que involucran una emoción negativa, envuelve nuestro campo energético, hasta que caemos en la ilusión de que la realidad es de esa manera.

¿Por qué hemos llegado a este límite de desarrollar más la crueldad que la razón? Porque como hemos podido aprender en este libro, vivimos programados, y esta programación basada en creencias ha alimentado un proceso de autodestrucción, sin permitirte identificar la programación a la que has sido sometido, para que a partir de su entendimiento, puedas crear tu propia interpretación y crear tus propios parámetros de vida, en armonía y honor con tu aura, tu cuerpo y *la universa* que habitas.

Como he señalado, si las circunstancias del sujeto cambian, sus emociones también. En otras palabras, si la persona logra desprogramarse de su entorno violento, dejará de ser violenta para comenzar a vivir en armonía consigo misma y, por ende, con los demás.

Ya sabemos que los procesos de enfermedad y muerte son producto de nuestra creación a partir de emociones negativas aprehendidas desde la infancia. Las emociones negativas gobiernan muchas de nuestras decisiones y nublan nuestros entendimientos hasta tal grado que perdemos la perspectiva de las capacidades espirituales que son innatas a cada ser humano. Cada uno es creador de su propia vida o de su propia muerte. Cada uno es creador de su propia enfermedad, o de su propia sanación.

Generalmente, las personas buscamos en otros las respuestas a nuestros propios problemas y por ello solemos decir «Me han dicho que debo hacer....», «He leído que tengo que...», o usamos este tipo de frases: «Como dice María (o cualquier tercera persona), lo que me pasa es esto...».

Todas esas frases justificadoras de nuestros actos denotan que las personan hemos desarrollado una tremenda baja autoestima, hasta tal punto que no nos permite reconocer nuestro propio valor ni nuestro rol como creadores de nuestra vida.

La sociedad educa al ser humano para vivir con miedo. Miedo a lo desconocido, al cambio, e incluso, y lo que es peor, miedo a ser felices, a vivir la experiencia de que somos seres divinos encarnados en un cuerpo, miedo a aceptar que somos dioses, creados a imagen y semejanza, del Creador. Ese miedo maniata al ser humano hasta el punto de impedirle modificar su propio sistema de creencias sólo por no enfrentarnos a la realidad, o peor aún, a la crítica, la burla o al rechazo.

A lo largo de este libro, muchos de vosotros quizás hayáis pasado por vuestro propio proceso de romper paradigmas, de aceptar que somos capaces de crear enfermedades y curarlas a la vez. Algunos habréis sentido el pánico natural a descubrir y despertar a la vida, o incluso miedo a la muerte, o mejor dicho, a entender la muerte de la forma real y natural como lo hemos explicado. Más aún. Muchos habrán experimentado el temor o la angustia de contradecir ideas que les fueron enseñadas e impuestas desde niños por las religiones.

De alguna forma, este libro invita a terminar con una vida basada en creencias y experiencias ajenas, a dejar de vivir fuera de su aura, de cuerpo y de su divinidad. Este libro te invita a renacer, a ser el dueño y creador de tu vida, de tu salud, y reconocer el valor de nuestra divinidad, en armonía con *la planeta* y *la universa*. Invita a disfrutar la vida con honor, sin culpas ni miedos. A reconocer que somos aura, que somos seres espirituales conscientes de nosotros mismos encarnados en el cuerpo que habitamos.

Hemos aprendido y entendido el proceso de nacer, de vivir y de morir en armonía y en honor con nosotros mismos.

Este proceso de entender o renacer lo logras con la experiencia individual de sanar cuando te das cuenta que eres un espíritu divino encarnado, cuando empiezas a darte cuenta de ti mismo, a sentirte, a creer en ti, cuando empiezas a abrir más tu corazón, y empiezas a entender al mundo de manera que tu espíritu entra en tu cuerpo de manera plena y disfrutable.

Una causa de las enfermedades, además de las emociones negativas que hemos visto en el libro, es cuando el espíritu se va. Esto sucede porque el espíritu no participa de las emociones negativas, el espíritu de uno ama el libre albedrío, el espíritu entiende cuáles son las opciones y niveles del libre albedrío. Cuando el espíritu se va del cuerpo, cuando lo divino se va del cuerpo, obviamente, la persona está mal. Para decirlo en términos fáciles, es como un pollo corriendo sin cabeza.

No tiene una forma de dirección, se queda dirigido sólo por sus emociones, corriendo con la única orientación de sus sentidos.

La mayoría de los seres humanos caminan así. Bajo la lógica de lo ilógico. ¿Qué lógica pueden tener los conceptos religiosos basados en creencias impuestas que han llevado al ser humano a creer en leyes y no en principios, a creerse disminuidos de su propia divinidad?

Hace poco atendí la consulta de una mujer que se separó de su esposo porque ella supo que él era infiel. Yo le expliqué el proceso de las relaciones como lo hemos visto en el capítulo cuatro. Luego le pregunté «¿tú eras feliz con tu pareja?». «Bueno, sí», respondió.

Al escuchar la respuesta me di cuenta de que ella no había entendido la pregunta. Estaba confundida, y el resto de sus respuestas estuvieron basadas en el yo quiero, o yo debo. Ella tenía dudas de si realmente era feliz y sólo tenía en su programación que, al conocer de una posible amante, ella debía confrontar y terminar con su relación. Pero que a la par de su decisión de separación, ella aún tenía miedo de perder, de lastimarse. Me di cuenta de que ella había hablado con mucha gente, pero nunca había tenido una conversación con ella misma.

Le hice una sanación, y en el proceso encontró que por la ausencia de su espíritu en su corazón el único recurso que aprendió fue responder programadamente. Ésa es la idea de la programación. Que las personas no interioricen en sí para tomar sus propias decisiones, que no logren tener sus propias interpretaciones de las situaciones que afrontan. La decisión de continuar con la relación o la separación es un proceso posterior al entendimiento de cómo y por qué a nivel individual la persona llegó a donde está, y cómo quiere seguir creando su propia realidad.

La idea completa de la sanación es que el espíritu entre más en tu cuerpo. Cuando el espíritu entra más en tu cuerpo, tu espíritu sana, tu espíritu ve. Cuando logras sanar las emociones, los chakras se estabilizan, tu espíritu empieza a rearmar la fuerza de tu cuerpo y a dirigirlo. También va a hablar contigo y a ser razonable con tus propias emociones, y luego empezarás a entenderte de una forma distinta.

En esto se basa el diseño de la técnica Luz Dorada, en la energía para ayudarte a experimentar que eres espíritu, y que sanando tus emociones, sanas individual y socialmente.

Recuerda que tú tienes valor porque existes, por estar vivo y punto, sin necesidad de probar nada ante ti o ante nadie.

Nos toca entender la autoestima en su dimensión real. Hay personas prepotentes que son sumamente egoístas que confunden la autoestima con sobrestima. Y otras personas que caen en depresión. Por ejemplo, como hemos visto, las enfermedades bajan la autoestima a la persona que no se ama, o que piensa que no se merece. ¿Cómo puede pensar alguien que no se merece?

Si tú existes, entonces eres parte de Dios, y si eres parte de Dios, entonces eres Dios por completo. Por ejemplo, una gota del mar tiene los mismos componentes del mar del océano. La gota es parte del mar y sigue siendo mar aunque no esté en el océano, con sus mismas propiedades, y viceversa. Entonces ambos, tanto la gota como el océano, son mar en su completa composición. Tú eres parte de Dios y eres Dios a la vez. Eres tu propia creación. Eres lo que creas.

Una vez, un alumno me preguntó si una vez reconocida en uno mismo la divinidad, y renacido en espíritu, existe la posibilidad de retroceder. O, por el contrario, si cuando uno logra entender su propia divinidad ya no hay vuelta atrás y la vida realmente cambia hacia adelante.

Le dije que el libre albedrío es el principio básico de la creación. Cualquier persona puede elegir mantener en vida su divinidad o simplemente olvidarla por cualquier razón. La técnica Luz Dorada está diseñada para que la persona reconozca su divinidad y logre sacar la programación que le impide reconocerse a sí misma. Pero en cualquier momento, el libre albedrío puede actuar distinto.

Normalmente, las personas que logran un nivel de autoconfianza, pueden pasar por un momento de tristeza, miedo o culpa, pero no logran enfermarse si no lo quieren porque no permiten que la programación los ciegue otra vez.

Cuando uno sana, lo hace individual y socialmente. Mi experiencia por el mundo me ha mostrado que la mayor parte la gente quiere vivir en armonía, y entonces existe un efecto positivo en el entorno cuando una persona reconoce su divinidad y reconoce en los otros la divinidad que son. Se le puede llamar a esto un efecto dominó o que simplemente la gente prefiere vivir en armonía y que las vibraciones de uno mismo en este estado iluminado –o desarrollado, por decirlo de alguna forma– son vibraciones de armonía. Y estar en armonía es nuestra esencia de ser.

El cuerpo es un vehículo al servicio de un ser divino encarnado, un ser que se encarna desde la máxima expresión de la divinidad, que es Dios. Y Dios es un ser en armonía.

Al finalizar estas páginas, quizás muchos de vosotros empezaréis a sentir con mayor vibración vuestra propia armonía, vuestra propia divinidad, asumiéndoos a vosotros mismos como Dios, creadores de vuestra propia vida y existencia.

Otros quizás empecéis a cuestionar esta posibilidad, cuestionándoos a nivel interno debido a la programación de años en la cual venís viviendo.

Cierra los ojos, fluye energía. Lanza una luz o cordón de contacto con la tierra desde tu primer chakra (debajo de tu coxis) hasta llegar al centro de *la planeta*. Conéctate con esta sensación. Luego respira muy profundamente y recibe un potente rayo de luz dorada que desde *la universa* entra por encima de tu cabeza, e ingresa a todo tu cuerpo a través de tus chakras, y relájate. Mantén los ojos cerrados y en contacto contigo mismo. Pregúntate si realmente prefieres vivir bajo creencias basadas en juicio, obligación, deberes, sumisión, sufrimiento, vivir probándote a ti y a otros que tienes valor, si realmente existe lo bueno o lo malo o si tu ser interno gusta de un mundo donde vales por ti mismo o por ti misma, que vales sólo porque existes. Pregúntate si prefieres vivir en el mundo de la lógica y la sabiduría de tu propia divinidad o bajo la imposición de creencias enseñadas para dominar tu pensamiento y tu libre albedrío, un mundo de religiones diseñado para creer en una fe que proviene de otros, y no para crear y creer en la confianza que proviene de tu corazón para contigo mismo. La respuesta está en tu corazón. Somos hijos de Dios. Sí. Y a la vez somos semejantes a Dios.

Entonces, si aún te sientes confundido es porque todavía tu mente se mantiene aferrada a tu programación por miedo. Si te sientes así, lee el libro de nuevo y regálate la oportunidad de entrar una vez más en tu corazón y en tu propia divinidad.

Nos han obligado desde niños a sentir lo ajeno, lo irreal. Mirad cuando la mamá, por ejemplo, obliga a los niños a comer cuando les dice: «¡Comed! ¡Porque los niños del África no tienen que comer y están sufriendo!». Nos han programado para no aceptar ni vivir nuestras propias experiencias.

Lo mismo ocurre con la felicidad. Estamos programados para no sentirla. La gente está tan desconectada de sí misma que no la reconoce. ¿Por qué soy feliz? Porque siento lo divino, siento amor, me siento a gusto, soy curioso y estoy fascinando por todo lo que está vivo y me rodea. Ser feliz es una decisión. Cuando la gente está feliz, vibra a la frecuencia de su espíritu porque está experimentando lo divino de sí mismo y de la vida.

Una alumna en una clase me preguntó: «¿La creación de uno mismo, de su propia realidad y de su propia vida tiene límites?». No. Hay todavía suficiente libre albedrío en *la planeta,* donde uno mismo puede desarrollarse fuertemente sin límites, y mucha gente lo hace en diferentes formas. Uno puede crear su vida sin límite, en cualquier forma. Es exactamente aquí donde destaca la gran interrogante de la existencia humana. Es saber cuál es el nivel de permiso que nos damos para crear nuestras propias realidades y cuál es nuestra capacidad de denegar este permiso.

Vivir en tu propia divinidad, vivir en conciencia te permite vivir en armonía con los que te rodean. La clave está en la experiencia de estar en comunión con tu espíritu. En conciencia de tu divinidad y en honor a ti mismo, a los demás.

La vida es energía pura. Y la energía de nuestras auras nos permite estar en contacto y armonía los unos con los otros. Al escribir las últimas páginas de este libro, he podido sentir la energía de millones de personas que lo han tenido en sus manos y han logrado entender por qué estamos vivos y cómo podemos ser felices siendo conscientes de nosotros mismos, y hacernos responsables de nuestro cuerpo y nuestra vida.

Un alumno me dijo una vez: «Harold, tu trabajo no es demostrar a la gente qué tan psíquico eres porque eso es bien egoísta y tú no lo eres. Tu trabajo es inspirar a la gente para reconocer qué tan psíquicos son ellos».

Es muy honorable la confianza que la gente me brinda para guiarlos en la experiencia de entrar en sí mismos y enfrentar sus propios miedos. Yo tomo este privilegio, de compartir conocimiento, con la más alta integridad porque quiero enseñarle a la gente a crecer de una forma que funcione para ellos mismos.

A través de estas páginas he podido también conoceros a vosotros, los lectores. Estoy sumamente encantado y agradecido por la oportunidad de ser parte de tu despertar, sumamente alegre, sumamente honrado de ser una parte de este desarrollo de la humanidad. Agradecido de que me hayáis permitido entrar en vuestras vidas de esta forma porque es vuestro libre albedrío el que, en este momento, os está permitiendo abrir una nueva era en vuestra vida.

Muy agradecido a vosotros, a mí, a Dios, a *la universa*.

Este libro es sólo el inicio. Yo estoy fascinado de escucharte también a través de estas páginas y seguir aprendiendo. Felicidades por tu nuevo renacer, por tu nuevo despertar.

HMM

Índice